传媒集刊

中国网络传播研究

数据新闻

China Computer-Mediated Communication Studies

第 16 辑

夏倩芳◎主编

中国传媒大学出版社
·北京·

目 录

CONTENTS

专题研究：数据新闻

论数据新闻产制流程中的不确定性

王天娇 / 3

数中有形：中西数据新闻中的中国国家形象研究
——以中西四家数据新闻专栏为例

王 琼 李泽华 / 24

国内高校数据新闻课程的内容研究和模式分析

李 榕 任乐毅 黄秀清 / 48

理论前沿

“中美贸易摩擦事件”媒体与公众议题注意力周期相关性研究

褚建勋 方玉婵 / 75

崛起与遏制：基于社会网络分析的贸易战中美国家形象研究

相德宝 曹春晓 庄思雨 / 93

交互技术如何影响用户健康行为意愿:移情与有限认知容量

张　雯　方　玙　王　琦　/ 111

教育使我们更信任

——基于 CGSS2015 数据的互联网使用与社会信任分析

叶韦明　高经纬　/ 131

社交信息对微信朋友圈信息流广告效果的影响

王亚萍　李贞芳　/ 147

唯爱与美食不可辜负:"吃播"用户的使用与满足探究

谢丹颖　高芳芳　/ 166

动态表情贴图情绪识别的跨文化一致性研究

——基于中美被试的比较

董光宇　那宇奇　/ 181

学术综述

新媒介时代下的国外情感研究:问题、发展与展望

董　薇　/ 203

专题研究：数据新闻

论数据新闻产制流程中的不确定性*

The Uncertainty in Producing Data Stories from the Perspective of Data Journalism

◎ 王天娇**

Wang Tianjiao

摘要:随着数据新闻的崛起,新闻人开始介入数据的收集、处理、分析等诸多环节。与此同时,各环节中可能引入的不确定性成了摆在新闻人面前的挑战。本文首先梳理了不确定性的相关理论与研究,并对18名数据新闻从业人员进行了访谈。访谈发现,我国数据新闻从业人员已经建立了数据新闻的产制流程观念,但对可能引入不确定性的各环节缺乏系统认知。有鉴于此,本文又结合数据新闻的产制流程,以举例说明的方式详细阐述了各环节可能引入的不确定性,并在此基础上归纳了数据新闻产制过程中需要注意的三个基本原则。

Abstract: Journalists have engaged in data-related tasks, including data collection, analysis, and interpretation as the rise of data journalism. Yet uncertainty lies in these tasks poses a great challenge to media professionals, especially those who have little experience in applying statistical concepts in their textbook to practical issues. This study reviews uncertainty issues in data journalism, following by an interview of 18 data journalists in Chinese mainland. It shows that most of the interviewees have agreed upon a standard procedure of data journalism, but have little knowledge about the uncertainty in each stage. Therefore, the following part of the study presents an elaboration of the uncertainty in producing data stories and visualizations with examples by depicting different types of uncertainties, including epistemic uncertainty rooted in

* 本研究系教育部人文社会科学研究青年基金项目"大规模开放在线课程的社会网络和社区研究"(项目编号:14YJC860035)的阶段性成果。

** 王天娇,博士,广州国际城市创新传播研究中心研究员,广东外语外贸大学新闻与传播学院讲师。

the stage of data generation, aleatoric uncertainty introduced in the stage of data collection, mixed uncertainty often seen in data pre-processing, and complex uncertainty in algorithms and data analysis. At last, the study proposes some fundamental principles in an effort to handle uncertainty issues properly in data journalism.
关键词:算法,数据新闻,不确定性,数据素养

Keywords: algorithms, data journalism, uncertainty, data literacy

新闻的任务是报道事实,记者的天职是探查真相。随着数据新闻的崛起,媒体人似乎找到了事实呈现与真相挖掘的新方法——从不同源头收集数据、利用各种统计模型找出数据中有价值的信息。但是,创办了知名数据新闻网站FiveThirtyEight的纳特·西尔弗(Nate Silver,2016)撰文指出,媒体常常误读数据,又在误读后指责数据结论与事实不符。从统计角度来看,精准的数字表达的只是某种概率意义上的可能,而非板上钉钉的事实(Sundar,2014)。布罗德利等人(Brodlie et al.,2012)指出,理解和处理不确定性是现代统计学的核心。当统计手段介入新闻生产,当新闻人介入数据的收集、处理、分析、解释等全部流程后,不确定性成了新闻人无法回避的问题。

一、不确定性与数据新闻

"不确定性"一词来自拉丁语certus,意为确定的、固定的、已解决的(雷辉、陈海东、徐佳逸、吴向阳、陈为,2013)。在日常用语中,该词往往指某种无法确信、使人疑虑的不稳定状态(*Oxford Advanced American Dictionary*, 2020)。在学术研究中,不确定性往往与决策相关,指的是因信息不完备而无法精确描述现状,或就预期而言有不止一种结果具备合理性或可能性的情况(Hubbard,2014;Pielke,2007;Stewart,2000)。当新闻遭遇不确定性时,数据新闻中的结论也就不再具备确定的、事实性的唯一内核。这给新闻人提出了新的问题,也对数据新闻实务提出了挑战。近年来,在信息可视化领域,越来越多的学者开始关注数据和算法中的不确定性问题。约翰逊和桑德森(Johnson & Sanderson,2003)指出,不确定性的可视化已经成为可视化研究的十大核心问题之一。随着数据新闻日渐热门,新闻教育工作者们也开始关注这一领域(Bradshow,2019; Henriksson,2018; Hullman, 2019)。然而,在爬取了600多个涉及数据

新闻、社会科学调查报告以及经济统计的线上数据可视化作品后,胡尔曼(Hullman,2019)分析指出,尽管有超过七成的作品展现的是推断性或预测性的分析结论,但仅有3%包含了不确定性信息(如置信区间、概率密度等)。

关于媒体报道漠视不确定性的问题,早在数据新闻成为显学前就已受到学界的关注。在精确新闻浪潮后,有关记者误读、误用数据结论的研究层出不穷(e.g., Blankenburg,1970;Bhatti & Pedersen,2015;Maier,2002;Pereira, Machiavelo, & Azevedo, 2016)。大量研究指出,记者在报道科研成果时,所用的口吻往往比科研工作者更趋肯定(e.g., Weiss & Singer, 1988; Fahnestock, 1993)。尽管认识到了不确定性信息在数据科学中的重要性,但在实操中漠视不确定性信息已经成为某种常态(Hullman,2019)。究其原因,主要有二:一方面,部分新闻工作者对不确定性的认识存在偏差——认为提供不确定性信息暗示着数据结论的不准确、不可信,因此倾向于回避不确定性信息(Hullman, 2019);另一方面,访谈研究发现,大多数从业者对于不确定性的理解还囿于置信区间、误差条等浅表层面的不确定性信息及其表达(Hullman, 2019)。

不确定性是科研过程的一般结果,也是科学理论的本质特征(Hornmoen, 2009)。它存在于数据科学的完整实践中(Hullman,2019)。在工程研究中,德基雷吉安和迪列夫森(Der Kirueghian & Ditlevsen,2009)指出,虽然不确定性的来源多种多样,但大体上可以将不确定性分为两类:认识不确定性(Epistemic uncertainty)和偶然不确定性(Aleatoric uncertainty)。前者指的是因研究人员的知识欠缺或所得数据之限制,本可以消除却未消除的不确定性。后者源自数据收集、分析过程引入的无法消除的不确定性——这是待回答的研究问题或研究过程中内生的不确定性。在研究不确定性信息的可视化时,波特等人(Potter et al.,2012)借用了这一分类,同时指出:偶然不确定性又可细分为两类:随机效应引入的不确定性(如单次测量引入的随机误差)和系统效应引入的不确定性(如测量方法导致的系统性偏差)。前者的评估要视具体的统计方法而定,后者的评估则与统计方法无关[如领域知识(Potter,Rosen,& Johnson,2012;Taylor & Kuyatt,1994)]。

数据新闻的崛起意味着新闻工作者直接介入了数据科学的各个环节。因此,从认识不确定性到偶然不确定性都将成为数据新闻工作面临的挑战。一方面,只有系统把握了偶然不确定性的产生环节及其危害,才有可能降低或消除认识不确定性;另一方面,越来越多的非数据科学背景的新闻工作者加入数据新闻工作中后,只有从认识论层面理解了不确定性的诸多源头,才有可能在数据采集、模型选择、结果阐释中有意识地警惕各种偶然不确定性的产生。

然而,在有关数据新闻和信息可视化的研究中,人们大多将关注重点锁定在易于量化的不确定性上(Potter et al., 2012)。这集中表现为对偶然不确定性的一个分支——随机效应引入的不确定性——的研究与讨论(Potter et al., 2012)。值得注意的是:在涉及数据收集、处理、可视化的工作流程中,不确定性是在流程中传递与累积的(Haber & McNabb, 1990)。斯托金(Stocking, 1996)指出,重视结果而忽视产生结果的过程是导致媒体人以确定口吻表述含有不确定性信息的重要原因。参与可视化创作的一线人员也指出,要想真正向受众解释清楚不确定性信息,就不可避免地要从流程角度入手告诉对方"这些数字是怎么来的"(Hullman,2019)。尽管已经有学者注意到了流程观对理解不确定性的重要性,却少有针对数据科学或数据新闻领域开展的系统梳理和讨论(Haber & McNabb, 1990;Potter et al., 2012)。考虑到不确定性存在于数据收集、分析、处理的各个环节之现实(Pang, Wittenbrink, & Lodha,1997),基于流程观(a workflow pipeline perspective)系统梳理数据新闻工作中可能引入不确定性的诸多环节将有助于媒体从业人员和数据新闻教育工作者有意识地关注不确定性问题,进而在工作和教学中警惕之、研究之、防范之。

但是,在系统梳理流程观视角下的不确定性问题之前,还应回答至少两个问题:第一,数据新闻从业人员是否具备大体一致的流程观?若各个机构在数据新闻产制流程上存在较大差异,则流程观视角下的研讨可能成为学界的一厢情愿。第二,数据新闻从业人员对于流程观视角下的不确定性是否有明确的问题意识?其认知情况如何?如果多数从业人员已经具备此等意识,则学术梳理的必要性会大打折扣。如果多数从业人员已经对不确定性问题有了系统的理解和清楚的认知,则不需学术置喙。有鉴于此,笔者将首先就上述两个问题,对我国数据新闻从业人员做初步访谈,找到业界的痛点与需求点,并在此基础上系统论述流程观视角下的不确定性问题,以期填补国内研究之空白。

二、从业者访谈

鉴于不同机构在数据新闻的产制流程和人员配置上可能存在的差异,笔者利用滚雪球法,以半开放式问卷访谈了 18 名在过去一年中曾经参与过数据新闻制作的从业人员(受访人基本情况见表 1)。这 18 名受访人中,有 15 名为女性,1 人为自由职业者。考虑到本研究的探索属性,该方法的适用性主要体现在以下几个方面。第一,采用滚雪球法招募受访人,当受访人的回答不再提供新信息时,停止招募。这有助于在探索性研究中,针对特定人群快速获取尽可能多样的回答(Biernacki & Waldorf,1981)。第二,为了增大受访人之间的异质性,在招募过程中,笔者首先请接受完访谈的受访人提供1~3名与其所属机构不同的数据新闻从业人员信息,并请他们优先提供外省或其他城市的从业人员信息。如果受访人确实无法提供,则建议提供与其工种不同,但服务于同一机构的人员信息。这一招募过程使得访谈结果能够更好地反映同行业内,不同工种、不同机构之间的差异。尽管这18名受访人并不能代表我国数据新闻从业人员的全貌,但是考虑到同类研究较少,本访谈资料对于初步了解我国数据新闻产业一线从业者对于流程观视角下的不确定性问题的理解与认识将有一定的应用价值,并能为后续研究提供发力点。

表1 受访人基本情况

公司类别	传统媒体公司*	新媒体公司	其他
	11人	6人	1人
公司所在地	北京、上海、广州	其他省会城市	其他城市
	12人	6人	0人
数据新闻从业时长	1年	2年	3年及以上
	13人	4人	1人

注:*若履职机构为传统媒体下属新媒体分支,则归属于传统媒体公司。

访谈结果显示,大多数受访人已经有了相对粗放的数据新闻制作流程观念,但在全部流程中,对于数据分析工作的重视度明显偏低。尽管受访人服务于不同机构,但对于数据新闻的制作流程有着相对一致的认识。多数受访人(15人)都提及了选题策划、数据收集、分析、可视化等基本环节。少数受访人(3人)提及了数据的预处理或数据清理工作。一方面,这说明数据的初步清理工作尚未成为受访人日常工作中的常规环节;另一方面,这也反映出受访人日常处理的数据可能不需要太多的预处理或清理工作。有部分受访人(10人)指出,他们经常采用机构发布的统计简报数据,或其他形式的已归纳整理的数据,因此对数据预处理技术较为陌生。当被问及能否谈论一下各环节的具体工作时,多数受访人把论述重心放在了选题策划(17人)、数据搜寻(12人)和可视化(15人)等方面,对于数据分析工作往往简略带过。

访谈结果还显示,多数受访人并未建立起基于流程观视角的数据新闻不确定性问题意识。首先,笔者结合日常用语释义和既往研究中对不确定性的定义(Hubbard,2014;*Oxford Advanced American Dictionary*,2020;Pielke,2007;Stewart,2000),将数据新闻中的不确定性界定为:因数据/数据结论可能在一定范围内变化,而使人无法给出明确论断,或对论断无法有百分之百的信心的情况。在访谈中,当涉及不确定性问题时,笔者首先向受访人解释了不确定性在本研究中的含义并在此基础上提问。当被问及哪些工作环节可能引入不确定性时,有超过半数的受访人(12 人)表示他们采用的是值得信赖的机构发布的官方数据——数字是准确的,因此不存在不确定性问题。这与胡尔曼(2019)研究发现的从业人员对于权威信源的高度信任感一致。另有少数受访人提及了网络数据爬取(3 人)和抽样(2 人)可能引入的不确定性。这说明一部分受访人对于数据收集过程中可能引入的不确定性有初步了解,但多数受访人对此还没有形成清晰的认识。当笔者明确问及数据的收集和处理环节是否会引入不确定性时,多数受访人(10 人)表示会引入,少数受访人(5 人)认为可能会引入,其他人(3 人)表示从未考虑过不确定性问题。但是,当笔者请那些认为会引入或可能引入不确定性的受访人仔细谈谈"哪些环节、如何引入不确定性"时,受访人均表示说不清楚或没有认真考虑过。部分在学校或各种工作坊修习过数据新闻相关课程的从业者表示,他们会关注不确定性信息的可视化(4 人),但对于不确定性的引入则缺乏有意识的关注。

对于不确定性知识的学习,多位受访人(14 人)表示希望了解有关不确定性引入的知识。但是,部分受访人(9 人)表达了对自身学习能力的担心:恐怕不确定性知识比较专业,个人基础相对较弱,因此难以掌握。部分受访人(8 人)认为,案例分析、举例说明等方法或许有助于他们理解、吸收此类知识。少数受访人(3 人)表示,希望有机会系统学习数据分析、处理的相关技术。

综合访谈资料可知,虽然数据新闻从业者已经建立了基本的工作流程观,但并未形成与之配套的不确定性问题意识。此种意识的缺位可能源于人们对于引入不确定性的各环节缺乏系统梳理,并对各环节引入的不确定性之危害认识不足。此外,根据访谈资料,我国数据新闻教育似乎已经开始关注不确定性的可视化,但对不确定性的引入关注不足。考虑到外国文献中已有不确定性可视化的相关讨论(e.g., Griethe & Schumann,2006;Holliman, et al., 2019;Potter, Gerber, & Anderson,2013),本文第三部分将着重分析数据新闻产制流程中不确定性之引入,并尝试以举例说明的方式详述其引入过程,同时结合不确定性相关理论阐述诸种不确定性的危害,以期为数据新闻从业人员和新闻教育工作者提供一份从流程观入手的不确定性问题清单。

三、数据新闻产制流程中的不确定性

数据新闻的产制流程可以分为三个基本部分:一是与数据的收集、清理相关的流程;二是与算法相关的流程;三是与可视化相关的流程。就与不确定性的关系来说,前两个部分因涉及数据处理和算法选择,所以会引入不确定性。最后一个部分则主要涉及不确定性的可视化呈现。由于本部分致力于讨论流程观视角下的不确定性引入问题,因此,将聚焦于前两个部分。其中,第一部分涉及的是数据中的不确定性,其源自数据的生成逻辑,包括数据的自然生成、人工采集以及数据的预处理等过程。第二部分涉及的是算法中的不确定性,其扎根于数据的分析逻辑,涉及数据新闻产制的三个基本环节:模型选择、模型评价与调整、模型解读。数据和算法中的不确定性共同构成了数据新闻不确定性的两大基础来源(见图 1)。

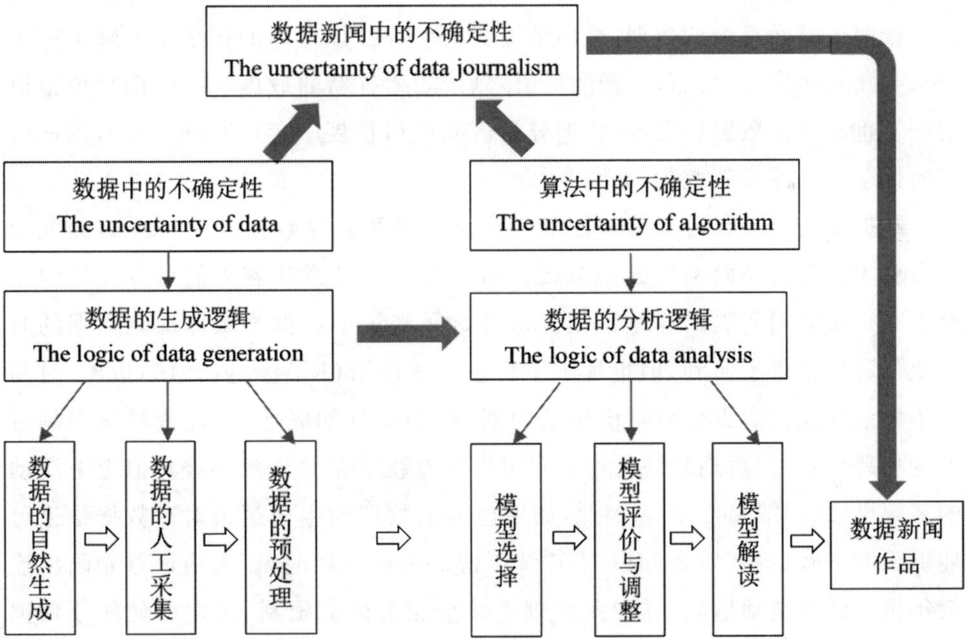

图 1　流程观视角下的数据新闻不确定性

（一）数据的生成逻辑与数据中的不确定性

从流程观的角度来看，数据中的不确定性主要来自数据新闻产制的三个环节：数据的自然生成、人工采集以及数据的预处理过程。其中，数据的自然生成和人工采集可能是一个过程，也可能是彼此独立的两个过程（如采用问卷调查法收集数据）。但为了从流程细化的角度系统梳理不确定性的引入问题，本文以两个独立环节处理之。

1.数据的自然生成与认识不确定性

数据的自然生成逻辑会影响数据本身的结构特征。只有正确理解了数据的结构特征，才有机会从认识论层面消除因知识盲区引入的不确定性。以经典统计中常见的“向均值回归”现象为例。任何数据都不可能一直停留在低位或者高位——数据总是波动的，而极端值的出现可能预示着数据将向均值回归。这是某些数据的自然生成逻辑，却为解读数据的变化引入了不确定性。英国广播公司（以下简称 BBC）曾在报道奥克尼地区青少年怀孕率的变化时闹了笑话。该报道最初使用的数据区间为 1994 至 2006 年该地区青少年怀孕率数据。通过比较两个时间点上的数据，得出结论：十余年间，该地区的怀孕率下降了一半（Blastland，2010）。然而，在新闻报道之后，陆续有新的数据释出。撰写该报道的记者重新分析数据后发现，若把分析区间向后扩展一年（即 2007 年），则该地区的怀孕率并无显著变化（见图 2）。

数据新闻的崛起是以编程技术的大众化以及开放数据（open data）的大规模出现为背景的。而网络数据采集技术的日渐普及意味着人们可以在特定变量上获得短时间间隔的连续数据。这种时间密集型数据为媒体探索数据的时间变化趋势提供了便利，但也埋下了隐患。里奇韦（Ridgway，2016）指出，时间密集型数据让人们很容易画出短期内的“趋势线”（如失业率、通货膨胀率的月度变化趋势）。但短期趋势的可视化很可能忽视了某些现象围绕均值上下波动的客观事实（BBC，2019a）。因此，如果理解了数据的生成逻辑对于数据结论可能引入的不确定性，那么，面对不连续年份的数据比较时，记者应该首先画出连续年份的数据波动情况，并在此基础上结合相关研究资料，决定如何解读数据点之间的差异。

数据的生成逻辑中还可能包含某些领域知识。这为“去语境化”的数据解读引入了不确定性。以奥巴马政府的失业率数据为例。2012 年曾有新闻指责奥巴马政府的就业政策对女性不友好——在失业人口中，女性占了 92.3%。然

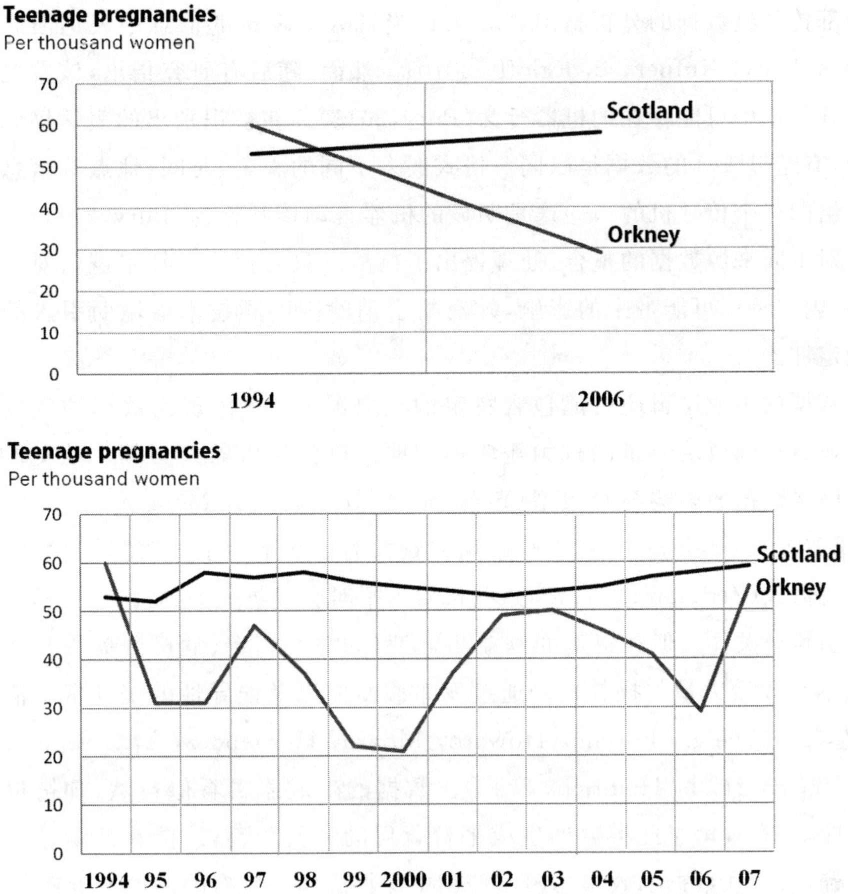

图 2　奥克尼地区青少年怀孕率变化趋势

注：引用自 Blastland(2010)。

而，穆尔黑德（Moorhead，2012）指出，该结论忽略了一些经济学常识。首先，政府的施政效果存在滞后性——奥巴马政府任期起点上的数据反映的是上一届政府政策导致的结果，而非当届的施政效果。将奥巴马刚上任时的失业率数据作为其执政结果的解读方式，在数字层面是真实的，但在事实层面则是错误的。其次，从上一届政府开始，美国就进入了经济衰退期。经济衰退的一个重要规律是：男性失业率首先飙升而女性失业率随后上升。在这个案例中，男性失业率的上升在小布什执政期间已基本完成。奥巴马执政时期的女性失业率飙升只是衰退期经济规律的正常延续。就此认定奥巴马政府的就业政策对女性不利是忽视领域知识后引入的认识不确定性。

数据的生成逻辑中还可能包含某些特定的技术逻辑。这为分析、解读此类数据引入了不确定性。以传呼机数据为例,一项针对2001年9月11日美国境内全部传呼机数据的分析指出,“9·11”当日人们发送的信息中表达愤怒的情绪激增(Back, Küfner, & Egloff, 2010)。然而,随后有研究指出,该发现忽略了传呼数据中可能存在的机器行为(Pury,2011)。在被识别出的表达愤怒的字眼中,有超过1/3的数据是以同一格式嵌入不同的人名、时间、地点等信息后被发送给同一个传呼机的——这是明显的机器自动传呼行为(Pury,2011)。技术逻辑对不同来源数据的整合、处理提出了挑战。只有理解了技术逻辑对于数据结构、内容特征可能带来的影响,才有机会消除因罔顾技术语境而引入的认识不确定性。

数据的生成逻辑还可能包含特定的权力逻辑——体现为数据的生成逻辑被商业力量或政治力量的权力逻辑所扭曲。以社交机器人为例。社交机器人对于网络数据的影响与日俱增(Ferrara, Varol, Davis, Menczer, & Flammini, 2016)。有数据显示,在一些影响力较大的社交平台上,有超过半数的流量来自机器人(Zeifman, 2017)。这些机器人平时会模仿人类的社交行为,发布资讯吸引粉丝关注。但在特殊的利益角逐期(如总统大选、危机公关等),他们会受资本和政治力量的操控——通过发布假新闻以及误导性的统计资料混淆视听、左右舆情(e.g., Forelle, Howard, Monroy-Hernández, & Savage, 2015; Schäfer, Evert, & Heinrich, 2017)。数据的生成逻辑看似自然,却被权力机制扭曲,只有理解了此类数据生成平台背后的利益角逐,才能在认识论层面消除不确定性,在数据的收集、处理、使用中保持媒体人应有的谨慎与责任感。

2.数据的人工采集与偶然不确定性

数据自然生成后,若要成为数据新闻的原材料,往往还需要通过人工采集的方式完成数据的收集工作。不同的数据采集方法会引入不同类型的不确定性。

概率抽样在经典统计时代是科学、严谨的数据收集思想之核心。但是,它会在单次数据采集过程中产生由随机效应引入的不确定性(Potter, Rosen, & Johnson,2012)。以BBC的一篇失业率报道为例。2011年,BBC曾援引官方统计数据称:在过去的3个月里,英国的失业人口增长了3.8万,并敦促政府出台相应措施缓解就业压力(BBC,2011)。然而,实际上,记者忽略了统计公报中有关样本置信区间的信息——按95%的置信区间计算,失业人口的实际波动范围为−4.9万～+12.5万(Goldacre,2011)。由于置信区间包含零点,3.8万的失业率数字并不具有统计显著性,因此不应成为新闻报道的对象。抽样方法引入的随机不确定性是记者使用统计公报数据时应特别留意的:概率抽样并不表示基于样本得出的数据结论具有确定性,政府统计公报也不必然意味着数据本身具有确定的含义。面对抽样方法获取的样本信息,任何推断性结论均应在考虑不确定性信息后得出。

概率抽样过程还可能产生由系统效应引入的不确定性(Taylor & Kuyatt, 1994)。这种不确定性较之由随机效应引入的不确定性更加隐蔽,往往需要研究人员对目标总体的结构特征有清晰的把握。比如,在数据新闻常见的历时数据分析中,萨特利(Satell,2017)指出,一定要考虑不同时间点上样本结构可能产生的异质性。以一度在美国盛行的"教学质量滑坡论"为例(Satell,2017)。美国一度用学生的课程考核成绩来衡量任课教师的教学质量。由于全美学生的考试平均分呈逐年下降趋势,因此媒体得出了"教学质量滑坡"的结论。然而,人们却忽视了一个基本事实,即随着教育资源日渐惠及低收入人群,越来越多的穷孩子有机会上学、参加考试。尽管他们的成绩不断攀升,但是因为他们基础差,最终还是拉低了全部考生的平均得分(Satell,2017)。换言之,所谓的"教学质量滑坡"现象是这样产生的:当在不同时间点上以同样的抽样方法从看似不变的目标总体中采样时,总体结构的悄然改变已经消解了样本之间相互比较的基础,引入了系统性的不确定性,从而导致了错误的结论。

非概率抽样也是常见的数据收集方法。这种方法经济、高效,但会因样本代表性不足而产生由系统效应引入的不确定性。以 Vox 的国别药价比较为例。知名数据新闻网站 Vox 曾经援引健康计划国际联合会(International Federation of Health Plans,简称 IFHP)的数据,对比了美国、英国、瑞士、西班牙的民众在同种药品上的开销,得出结论:美国人买药最贵(Kliff & Oh, 2018)。然而,从 IFHP 的官网可知,美国的数据来自上亿条医保患者的药品报销记录,而英国、瑞士、西班牙的数据仅来自私人保险公司提供的单一险种的偿付记录(Merten,2018)。后者的数据不仅对各自国家缺乏代表性,而且各国数据之间也缺乏可比性。因此,即使是同一个信源针对同一个问题释出的一组数据,也不代表各个数据对于目标总体有可类比的代表性。对此,数据新闻工作者要特别警惕。

网络数据抓取技术的普及,使得越来越多的数据新闻工作者尝试从网上获取数据。然而,大量研究表明,目前流行的数据爬取方法——应用程序接口(API)抓取数据,所获得的数据无论在人口统计特征、政治态度、政治行为特征,还是标签趋势、社交网络结构特征等方面,均对其所推断的总体(如一国的民众、特定新闻事件的参与人等)缺乏代表性(e.g., Blank & Lutz, 2017; González-Bailón, Wang, Rivero, Borge-Holthoefer, & Moreno, 2012; Mellon & Prosser, 2017; Morstatter, Pfeffer, & Liu, 2014)。哈福德(Harford, 2014)指出,利用网络抓取数据开展的研究,只有当分析数据等于研究总体的全部数据时,数据才是确定的——不存在误差(error)和偏差(bias)。这种"非全体就不具确定性"的观点源自人们对网络数据分布形态的认知不足。早在20年前,鲍劳巴希(Barabási)等人对于幂律分布无标度网络的研究曾经让人们看到了希望(Albert, Jeong, & Barabási, 1999; Barabási & Albert, 1999)。20年后,布罗依多和克罗塞特(Broido & Clauset, 2018)的论文,直指真实世界中的网络结构丰富异常——远没有一个普适性的理论可以概括不同网络数据的结构特征。面对参差多态的互联网数据结构,如何在数据抓取工作中采集到有代表性的数据,学界尚未有定论,媒体人更应谨慎对待。

3.数据的预处理与混合不确定性

数据预处理指的是在数据分析开始之前,研究人员对数据的深度清理工作——通常包括缺失值处理和变量的操作化。

缺失值处理不当可能产生因系统效应而引入的不确定性。比如,在统计摘要中,经常出现总和、均值等样本统计量。若样本数据中有缺失值,那么,官方汇总统计量很可能自动剔除了含有缺失值的样本点信息,因此汇总统计量可能无法反映样本点的全貌。如果有缺失值的样本点存在某些系统性的偏差(如特定人群不愿意回答某类问题),那么,汇总统计量对于样本的描述将因系统效应引入的不确定性而变得越发可疑。此外,随着数据体量的增大,五花八门的缺失值处理方法也日益成为数据分析人员手中的常用工具。然而,不同的缺失值处理技术会在不同程度上改变样本数据的结构特征,从而引入新的不确定性(Puri & Gupta, 2017)。从技术角度而言,这种不确定性主要是偶然不确定性(Potter, Rosen, & Johnson, 2012)——对其的评估,应以技术手段与数据类型的适配性为出发点(Puri & Gupta, 2017)。然而,以数据新闻从业者的专业能力而论,又可能因对技术细节以及技术之间差异的了解不足而引入认识不确定性,同时对特定技术引入的偶然不确定性缺乏必要的敏感。

变量的操作化是量化研究中的常用手段,指的是将研究问题中的关键概念置换为可测量的指标和变量的过程。不同的变量操作化过程可能引入不同类型的不确定性。比如,变量的再编码可能引入偶然不确定性。有时为了让数据结论更易理解,人们会将数目繁多的类别合并为数量较少而意义更加明确的组别。但是,在同一变量上获得的最终分组数越少,对于数据内在结构的扭曲越严重。数据变换也是一种常用的变量操作化手段。它也可以改变数据的分布特征,进而引入偶然不确定性。在有时间累积性的数据新闻作品中,有些数据变换甚至能够改变新闻的调性。以中美贸易逆差报道为例。德国的全国性大报《法兰克福汇报》(*Frankfurter Allgemeine Zeitung*,简称 FAZ)在报道中美贸易逆差问题时,曾经直接对进出口贸易总量的原始数据绘制时间趋势线形图,数据显示贸易逆差逐年增大。然而,若对数据进行对数变换并重新做图,结论则为美国对中国贸易的进出口量增速多年来保持不变(Bissantz,2011)。从绝对贸易总量到进出口增速,通过改变数据的结构特征和意义表达,数据变换影响了新闻的报道角度。

在变量操作化过程中,还可能因分析人员领域知识的不足而引入认识不确定性,从而产生误导性的结论。以乌克兰危机报道为例。费舍尔(Fisher,2014)曾依据有关乌克兰人语言使用习惯的问卷调查数据完成了数据新闻作品,并指出:乌克兰内部已经分裂为势均力敌的两大阵营——讲乌克兰语的亲欧洲阵营和讲俄语的亲俄罗斯阵营。然而,乌克兰是典型的双语国家——几乎人人都能听说俄语和乌克兰语,并会根据对话者和交谈场景的不同自由转换语言(Snyder, 2014)。因此,常用语言可能只反映了特定的工作环境或日常交流对象的特征,并不必然代表人们的政治立场(Satell,2014)。当数据新闻工作者把问卷中的常用语言项作为人们意识形态的替代性测量指标时,不恰当的变量操作化导致了对乌克兰政局似是而非的解读。对于因领域知识不足而引入的认识不确定性,新闻人在变量操作化过程中应时刻警惕。

(二)数据的分析逻辑与算法中的不确定性

随着数据新闻处理的数据量级的增大,越来越多的媒体人开始尝试独立开展数据分析工作。日益火爆的机器学习甚至与多方协作、代码艺术被并列为 2019 年数据新闻的三大关键趋势(Bouchart,2019)。数据分析是应用各种算法洞悉数据的结构特征与变量关系的过程。在这一过程中,必然会引入偶然不确定性。这是算法的本质。博克斯等人(Box et al.,1987)指出,"所有模型都是错的,但有些模型是有用的"。因为建模本身只是数据中变量关系的近似模拟,任何模型都无法完全破解数据中的奥秘。不同的建模方式会引入不同程度的不确定性——对其进行评价要结合具体的模型类别和相关知识展开。另外,当数据分析人员缺乏对算法涉及的前提假设、适用情境、评价指标和参数解释等方面知识的系统掌握时,可能引入认识不确定性。在各种算法日新月异的时代背景下,即使是专职科研人员也未必能尽数掌握各种算法知识。对于不少半路出家又忙碌在新闻制作一线的数据新闻从业者来说,这种认识不确定性就更加不可避免了。

从流程观视角来看,数据分析工作主要涉及三个基本环节:模型选择、模型调试与评价、模型解读。

选择适当的模型和算法是数据分析的第一步。然而,模型与算法的选择必然基于某些前提假设。这些预设对于数据分析结果的价值在于:当数据结构满足这些预设时,模型评价指标才能发挥其应有的价值,依据算法结果对数据结果展开的解读才有可能达到理论与现实的契合。比如,线性回归模型假设了参数是线性的,并同时预设了自变量维度之间的正交、误差项的独立同分布等基本原则。如果数据的结构特征不符合这些前提假设,那么,模型评价指标将失去其应有的价值(如线性回归模型中的 p 值、R^2 等)。在数据新闻作品中,有些产制机构会对数据处理方法做出较为详尽的说明,但罕有提及对模型前提假设的检验与报告。鉴于很多数据新闻作品并不公布原始数据和模型细节,因此,模型选择的适切性往往成为黑箱——难以评估。换言之,模型选择过程中可能引入的不确定性尚且无法在既有的不确定性分类中找到准确的定位。

就模型调试与评价而言,了解各种评价指标的适用条件对于减少认识不确定性有重要价值。对于数据新闻工作者而言,这意味着:要理解算法工具中输出的模型评价指标与数据新闻任务所需的模型评价指标之间可能存在的不适切问题。以 BBC 关于《权力的游戏》中的性别报道为例。该报道使用了某公司研发的声音性别识别算法,对影片中的音频素材做性别分类,并据此计算不同性别的发言时间所占比重(BBC,2019b)。在评价模型和解读数据时,BBC 援引了该算法给出的模型评价指标——准确率(accuracy),并将±8%的分类误差放入新闻中解读数据结果。BBC 对于算法中引入的不确定性问题的重视是值得肯定的,但他们对该算法的理解是片面的。该算法解决的是一个二分类问题。准确率是评价此类算法模型最简单的一种方法,常用来评价模型在全部类别(如男性声音和女性声音的识别)分类中的出错率。但 BBC 关心的是特定类别(如女性声音识别)在分类问题中的出错率。针对这种情况,女性声音的精确率(precision)、召回率(recall)以及 F1-score 是比准确率更加合适的模型评价指标。利用准确率指标解读数据,可能造成误读。

在模型选择和模型评价之间,还有一个灰色地带常被忽略,即训练模型的数据集与使用模型时的数据集在分布上的差异问题。这在算法中被称为超分布问题(out-of-distribution)(Lee, K., Lee, K., Lee, H., & Shin, 2018; Vyas, et al., 2018)。当应用某种算法解决问题时,如果获得算法的训练数据集与应用算法时的数据集之间的分布差异较大,那么就可能因此取消该算法对特定数据分析场景的适用性。仍以 BBC 的两性声音识别问题为例。根据 BBC 披露的算法细节可知,第三方公司研发的算法准确率为 85%。假设训练数据集中,男性声音占 85%,女性声音占 15%,那么,只要把所有声音素材都识别为男性,整个模型的准确率就达到了 85%——这样一个模型只学到了男性的声音,却并未学习到女性声音特征。若用它来完成 BBC 的新闻报道任务——正确识别女性声音,引入的不确定性将无法衡量。尽管这是个极端假设,但在使用第三方研发的算法时,训练数据集与测试数据集之间的分布差异可能引入的不确定性值得数据新闻从业人员关注。

在模型选择、模型评价之外,如何正确解读模型结果中的不确定性,也对数据新闻人提出了挑战。

首先,新闻人应提醒公众注意结论中可能引入的不确定性,帮助公众更加全面地理解数据结论。以 2018 年菲利普·迈耶(Philip Meyer)精确新闻报道的获奖作品《在黑暗中:陪审团遴选数据分析》为例(IRE, 2018)。该新闻通过对陪审团成员遴选过程中的数据加以搜集、整理、分析,用可视化手段揭示了美国密西西比州陪审团遴选过程中的种族歧视问题(Craft,2018)。然而,由于数据的生成逻辑不支持因果推断,因此,在解读数据的过程中,新闻团队特意以"本数据不能告诉你什么"为子标题,提请读者不要过度解读数据结论。在这个子板块下,新闻团队表示:尽管在遴选过程的每一环节中,黑人陪审员的数量都在不成比例地减少,但这并不能说明他们是因种族问题而被排除在外的——因为还有很多其他因素是该数据未曾囊括的(并且该数据并不产生自控制实验)。通过这个提醒,该新闻团队点明了结论中可能存在的认识不确定性,有助于读者更加全面地理解报道中的结论。

其次,新闻人应正确对待数据和算法中的不确定性——不要因不确定性的存在而全盘否定数据新闻的价值。美国著名的保守派布雷特·斯蒂芬斯(Bret Stephens,2017)在《时代周刊》发表的专栏文章《确定的气候》曾因对科学中不确定性的误读引起轩然大波(e.g., Matthews,2017)。该文一方面罗列数据承认全球气温有一定程度的上升,另一方面却以没有百分之百准确的算法模型为基础,认为人们有理由对"全球变暖"的论调持怀疑态度。卡伊罗(Cairo,2017)

指出,尽管预测全球变暖的统计模型存在不同问题,但大量研究成果指向同一个结论:全球温度确实在不断攀升。因此,在深入理解算法中的不确定性的同时,新闻人也要警惕这样一种误区,即过度强调单一研究中算法的不确定性,进而否定大量专业研究成果中发现的相对确定的趋势。

四、结语

不确定性是数据的生成逻辑和分析逻辑的题中之义。本文通过梳理不确定性的相关研究成果,在访谈基础上,系统梳理了数据新闻产制过程中的不确定性问题。卡伊罗(2017)指出,面对基于数据给出的结论,人们倾向于走两个极端:要么把数据分析结论当作不容置喙的事实加以传播,要么过分夸大统计技术中的不确定性并对数据结论全盘否定。而数据新闻工作者的工作,就是要努力帮助公众在这两个极端之间找到平衡点——既要通过数据分析帮助读者认识我们所处的世界,也要提醒读者莫要过度解读数据结论。为了达到这一目的,新闻工作者不仅要对数据新闻产制流程中可能引入不确定性的诸多环节有理性的认识,而且应在工作流程中,有意识、有针对性地防范各环节中可能引入的不确定性。

结合本文提出的数据生成逻辑、分析逻辑以及数据新闻制作过程中可能引入不确定性的诸多环节,笔者在此提出数据新闻制作过程中的三项基本原则,供新闻从业机构和数据新闻教育工作者参考。

第一,提醒读者注意数据和算法结论中的不确定性。

第二,用易于理解的方式向公众解释数据和算法中的不确定性信息及其产生过程。

第三,当无法确知数据和算法中的不确定性信息时,应当对数据和算法的合用性持谨慎的怀疑态度,并向数据和算法提供方索要有关不确定性的信息。这些信息包括但不限于以下各项:

(1)抽样数据的置信区间;

(2)非抽样数据的采样方法,以及样本结构与目标总体结构特征之比较,或其他可以佐证非抽样数据与目标总体可比性的科研资料;

(3)针对数据各变量的详细说明;

(4)算法模型的所有相关评价指标;

(5)算法模型的训练样本结构特征、算法在训练集与测试集上的测试效果

说明;

(6)算法模型的特征变量说明及变量操作化步骤说明。

新闻单位可在此基础上,结合本文给出的案例,拓展制定符合各自新闻机构操作规程的数据新闻流程指南。数据新闻教学机构也可结合本文之案例和访谈资料,在教学中适当强化对不确定性问题的讲授与实操训练。

参考文献

雷辉、陈海东、徐佳逸等(2013),《不确定性可视化综述》。《计算机辅助设计与图形学学报》,第25期,页294-303。

Albert, R., Jeong, H., & Barabási, A. L. (1999). Internet: Diameter of the World-Wide Web. *Nature*, 401, 130-131.

Back, M. D., Küfner, A. C., & Egloff, B. (2010). The Emotional Timeline of September 11, 2001. *Psychological Science*, 21(10), 1417-1419.

Barabási, A. L., & Albert, R. (1999). Emergence of Scaling in Random Networks. *Science*, 286, 509-512.

BBC (2011, August 17). Worrying' Jobless Rise Needs Urgent Action. Retrieved from https://www.bbc.com/news/uk-politics-14558369.

BBC (2019a, July). Guidance: Reporting Statistics. Retrieved from https://www.bbc.com/editorialguidelines/guidance/reporting-statistics.

BBC (2019b, May 22). Game of Thrones: How Much Do Women Speak in the Show? Retrieved from https://www.bbc.com/news/entertainment-arts-48335099.

Bhatti, Y., & Pedersen, R. T. (2015). News Reporting of Opinion Polls: Journalism and Statistical Noise. *International Journal of Public Opinion Research*, 28(1), 129-141.

Biernacki, P., & Waldorf, D. (1981). Snowball Sampling: Problems and Techniques of Chain Referral Sampling. *Sociological Methods & Research*, 10(2), 141-163.

Bissantz, N. (2011, May 6). Rules of Thumb for Eyewitnesses. Retrieved from https://blog.bissantz.com/rules-of-thumb-for-eyewitnesses.

Blank, G., & Lutz, C. (2017). Representativeness of Social Media in Great Britain: Investigating Facebook, Linkedin, Twitter, Pinterest, Google+, and Instagram. *American Behavioral Scientist*, 61(7), 741-756.

Blankenburg, W. B. (1970). News Accuracy: Some Findings on the Meaning of Errors. *Journal of Communication*, 20(4), 375-386.

Blastland, M. (2010, January 29). The Bumps in a Falling Teenage Pregnancy Rate. Retrieved from http://news.bbc.co.uk/2/hi/uk_news/magazine/8486221.stm.

Bouchart, M. (2019, January 17). Key Trends for Data Journalism in 2019: Machine

Learning, Collaborations, and Code Art. Retrieved from https://datajournalismawards.org/2019/01/17/key-trends-for-data-journalism-in-2019-machine-learning-collaborations-and-code-art/.

Box, G. E. P. & Draper, N. R. (1987), *Empirical Model-building and Response Surfaces*, John Wiley & Sons.

Bradshaw, P. (2019, May 23). If We Are Using AI in Journalism We Need Better Guidelines on Reporting Uncertainty. Retrieved from https://onlinejournalismblog.com/2019/05/23/ai-in-journalism-guidelines-on-reporting-uncertainty/.

Brodlie, K., Osorio, R. A., & Lopes, A. (2012). A Review of Uncertainty in Data Visualization. In J. Dill, R. Earnshaw, D. Kasik, J. Vince, & P. C. Wong (Eds.), *Expanding the Frontiers of Visual Analytics and Visualization* (pp. 81-109). New York: Springer.

Broido, A. D., & Clauset, A. (2018). Scale-Free Networks Are Rare. arXiv preprint 1801.03400v1.

Cairo, A. (2017). Uncertainty and Graphicacy: How Should Statisticians, Journalists, and Designers Reveal Uncertainty in Graphics for Public Consumption? Retrieved from https://ec.europa.eu/eurostat/cros/powerfromstatistics/OR/PfS-OutlookReport-Cairo.pdf.

Craft, W. (2018, June 12). Mississippi D.A. Doug Evans Has Long History of Striking Black People from Juries. Retrieved from https://features.apmreports.org/in-the-dark/mississippi-district-attorney-striking-blacks-from-juries/.

Der Kiureghian, A., & Ditlevsen, O. (2009). Aleatory or Epistemic? Does It Matter? *Structural Safety*, 31(2), 105-112.

Fahnestock, J. (1993). Accommodating Science: The Rhetorical Life of Scientific Facts. In M. W. McRae (Ed.), *The Literature of Science Perspectives on Popular Scientific Writing* (pp. 17-36). Georgia: University of Georgia Press.

Ferrara, E., Varol, O., Davis, C., Menczer, F., & Flammini, A. (2016). The Rise of Social Bots. *Communications of the ACM*, 59(7), 96-104.

Fisher, M. (2014, September 3). Everything You Need to Know About the Ukraine Crisis. Retrieved from https://www.vox.com/2014/9/3/18088560/ukraine-everything-you-need-to-know.

Forelle, M., Howard, P., Monroy-Hernández, A., & Savage, S. (2015). Political Bots and the Manipulation of Public Opinion in Venezuela. arXiv preprint arXiv:1507.07109.

Goldacre, B. (2011, August 22). Sampling Error, the Unspoken Issue behind Small Number Changes in the News. Retrieved from https://www.badscience.net/2011/08/untitled-1/.

González-Bailón, S., Wang, N., Rivero, A., Borge-Holthoefer, J., & Moreno, Y.

(2012). Assessing the Bias in Communication Networks Sampled from Twitter. arXiv preprint arXiv:1212.1684.

Griethe, H., & Schumann, H. (2006, March). The Visualization of Uncertain Data: Methods and Problems. Paper presented at Proceedings of SimVis.

Haber, R. B. & McNabb, D. A. (1990). Visualization Idioms: A Conceptual Model for Scientific Visualization Systems. In B. Shriver, G.M. Nielson, & L.J. Rosenblum (Eds.), *Visualization in Scientific Computing* (pp.74-93). IEEE.

Harford, T. (2014). Big Data: A Big Mistake? *Significance*, 11(5), 14-19.

Henriksson, T.(2018). Visualizing the Uncertainty in Data. Retrieved from https://datajournalismawards.org/resources/visualising-the-uncertainty-in-data/.

Holliman, N. S., Coltekin, A., Fernstad, S. J., Simpson, M. D., Wilson, K. J., & Woods, A. J. (2019). Visual Entropy and the Visualization of Uncertainty. arXiv preprint arXiv:1907.12879.

Hornmoen, H. (2009). "What Researchers Now Can Tell Us": Representing Scientific Uncertainty in Journalism. *Observatorio (OBS*)*, 3(4), 74-100.

Hubbard, D. W. (2014). *How to Measure Anything: Finding the Value of Intangibles in Business*. John Wiley & Sons.

Hullman, J. (2019). Why Authors Don't Visualize Uncertainty. *IEEE Transactions on Visualization and Computer Graphics*, 26(1), 130-139.

IRE, (2018, February 11). 2018 Philip Meyer Award Winners. Retrieved from https://www.ire.org/awards/philip-meyer-awards/2018-philip-meyer-award-winners.

Johnson, C. R., & Sanderson, A. R. (2003). A Next Step: Visualizing Errors and Uncertainty. *IEEE Computer Graphics and Applications*, 23(5), 6-10.

Kliff, S. & Oh, S. (2018, May 10). America's Health Care Prices Are Out of Control. These 11 Charts Prove It. Retrieved from https://www.vox.com/a/health-prices.

Lee, K., Lee, K., Lee, H., & Shin, J. (2018, December). A Simple Unified Framework for Detecting Out-of-Distribution Samples and Adversarial Attacks. Paper presented at Proceedings of the 32nd International Conference on Neural Information Processing Systems.

Maier, S. R. (2002). Numbers in the News: A Mathematics Audit of a Daily Newspaper. *Journalism Studies*, 3(4), 507-519.

Matthews, S. (2017, April 30). Bret Stephens' First Column for the New York Times Is Classic Climate Change Denialism. Retrieved from https://slate.com/technology/2017/04/bret-stephens-first-new-york-times-column-is-classic-climate-change-denialism.html.

Mellon, J., & Prosser, C. (2017). Twitter and Facebook Are Not Representative of the General Population: Political Attitudes and Demographics of British Social Media Users. *Re-*

search & Politics, 4(3),1-9.

Merten, P. (2017, December 8). Six Ways Alberto Cairo Thinks You Can Improve Your Data Visualizations. Retrieved from http://www. storybench. org/six-ways-alberto-cairo-thinks-you-can-improve-your-data-visualizations/.

Moorhead, M. (2012, April 10). Romney Campaign Says Women Were Hit Hard by Job Losses under Obama. Retrieved from https://www. politifact. com/truth-o-meter/statements/2012/apr/10/mitt-romney/romney-campaign-says-women-were-hit-hard-job-losse/.

Morstatter, F., Pfeffer, J., & Liu, H. (2014, April). When Is It Biased?: Assessing the Representativeness of Twitter's Streaming API. Paper presented at Proceedings of the 23rd International Conference on World Wide Web.

Oxford Advanced American Dictionary. (2020). Oxford Learner's Dictionaries. Retrieved from https://www.oxfordlearnersdictionaries.com/definition/american_english/uncertainty.

Pang, A. T., Wittenbrink, C. M., & Lodha, S. K. (1997). Approaches to Uncertainty Visualization. *The Visual Computer*, 13(8), 370-390.

Pereira, S., Azevedo, J., & Machiavelo, A. (2016). Problems in the Visual Communication of Quantities in the Portuguese Press. In *Chiselled Horizons: A Multi-Cultural Approach to Visual Literacy* (pp. 57-68). Brill.

Pielke Jr, R. A. (2007). *The Honest Broker: Making Sense of Science in Policy and Politics*. Cambridge University Press.

Potter, K., Gerber, S., & Anderson, E. W. (2013). Visualization of Uncertainty without a Mean. *IEEE Computer Graphics and Applications*, 33(1), 75-79.

Potter, K., Rosen, P., & Johnson, C. R. (2012, August). From Quantification to Visualization: A Taxonomy of Uncertainty Visualization Approaches. Paper presented at IFIP Working Conference on Uncertainty Quantification. Springer, Berlin, Heidelberg.

Puri, A., & Gupta, M. (2017). Review on Missing Value Imputation Techniques in Data Mining. *International Journal of Scientific Research in Computer Science, Engineering and Information Technology*, 2(7), 35-40.

Pury, C. L. (2011). Automation Can Lead to Confounds in Text Analysis: Back, Küfner, and Egloff (2010) and the Not-So-Angry Americans. *Psychological Science*, 22(6), 835-836.

Ridgway, J. (2016). Implications of the Data Revolution for Statistics Education. *International Statistical Review*, 84(3), 528-549.

Satell, G. (2014, June 11). The Problem with Data Journalism. Retrieved from https://www.digitaltonto.com/2014/the-problem-with-data-journalism/.

Satell, G. (2017, June 21). Is Big Data Doing More Harm Than Good? Retrieved from https://www.digitaltonto.com/2017/is-big-data-doing-more-harm-than-good/.

Schäfer, F., Evert, S., & Heinrich, P. (2017). Japan's 2014 General Election: Political Bots, Right-Wing Internet Activism, and Prime Minister Shinzō Abe's Hidden Nationalist Agenda. *Big Data*, 5(4), 294-309.

Silver, N. (2017, September 21). The Media Has a Probability Problem. Retrieved from https://fivethirtyeight.com/features/the-media-has-a-probability-problem/.

Snyder, T. (2014, May 22). Ukraine Edge Democracy. Retrieved from http://www.nybooks.com/blogs/nyrblog/2014/may/22/ukraine-edge-democracy/.

Stephens, B. (2017, April 28). Climate of Complete Certainty. Retrieved from https://www.nytimes.com/2017/04/28/opinion/climate-of-complete-certainty.html.

Stewart, T. R. (2000). Uncertainty, Judgment, and Error in Prediction. In D. Sarewitz, R. A. Pielke, & R. Byerly (Eds.), *Prediction: Science, Decision Making, and the Future of Nature* (First ed., pp. 41-57). Washington, DC: Island Press.

Stocking, S. H. (1996). How Journalists Deal with Scientific Uncertainty. In *Characterizing and Communicating Scientific Uncertainty* (pp.109-112). Aspen Global Change Workshop.

Sundar, V. (2014, November 5). The Power of Data Journalism. Retrieved from https://harvardpolitics.com/covers/power-data-journalism/.

Taylor, B.N., & Kuyatt, C.E. (1994). Guidelines for Evaluating and Expressing the Uncertainty of NIST Measurement Results. Tech. rep., NIST 1297.

Vyas, A., Jammalamadaka, N., Zhu, X., Das, D., Kaul, B., & Willke, T. L. (2018). Out-of-Distribution Detection Using an Ensemble of Self Supervised Leave-Out Classifiers. Paper presented at Proceedings of the European Conference on Computer Vision (ECCV).

Weiss, C., & Singer, E. (1988). *Reporting of Social Science in the National Media*. New York: Russell Sage Foundation.

Zeifman, I. (2017, January 24). Bot Traffic Report 2016. Retrieved from https://www.incapsula.com/blog/bot-trafficreport-2016.html.

数中有形:中西数据新闻中的中国国家形象研究*

——以中西四家数据新闻专栏为例

There is Image in Numbers: China's Image in Data Journalism from China and the Western Countries

—A Case Study of Four Data Journalism Columns in China and Western Countries

◎王 琼 李泽华**

Wang Qiong Li Zehua

摘要:数据新闻又称数据驱动新闻,作为新闻业在数据时代的回应,是当下备受学界和业界关注的一种新闻理念和实践。探究中国形象在数据意义上和视觉意义上的生产与建构是在新闻业"计算转向"的时代背景下,我们所要面临的新课题。本研究通过内容分析法和社会网络分析法,对中西四家数据新闻媒体有关中国议题的报道进行了研究。研究发现,中西方数据新闻中有关中国议题的报道均以中性报道为主。数据新闻拥有在数据和视觉层面的话语生产能力。由于数据的跨文化特性,中西数据新闻关于中国议题的报道中因文化差异而出现的对立话语一定程度上得到了消弭,但依然有差异。

Abstract: As the response of the journalism industry in the age of data, data journalism or data-driven journalism is a kind of journalism idea and practice that has received much attention from the academics and the industry. Exploring the production and construction of China's image in the sense of data and visualization is a new issue that we should confront in the era of the "computing turn" in journalism. We use the content analysis and social network analysis to study the reports of four data journalism columns from China, the US, and Britain on Chinese issues. This study found that both Chinese and Western data journalism reports are mainly neutral reports. Data journalism has the

---

* 本文系2019年度教育部人文社会科学研究规划基金项目"共建与共享:中国政务数据传播研究"(项目编号:19YJA860023)、武汉大学人文社会科学青年学者学术发展计划学术团队建设项目(项目编号:Whu2016007)的研究成果。

** 王琼,博士,武汉大学镝次元数据新闻研究中心主任,新闻传播学院副教授,研究方向为数据新闻;李泽华,澳门大学社会科学学院传播系2020级博士生。

ability to produce discourse at the data and visual levels. Due to the cross-cultural nature of data, the opposite discourse of Chinese and Western data-driven reports on Chinese issues has been eliminated to a certain extent.

关键词: 数据新闻,数据可视化,中国,国家形象

Keywords: data journalism, data visualization, China, national image

一、引言

随着中国经济的腾飞和国际地位的提升,新闻媒体对中国的关注和报道逐渐增多,新闻文本中的国家形象研究成为学界关注的焦点。很多研究根据不同的新闻文本,凝练中国形象,探究媒介对中国形象的建构问题。当前,随着数据开放运动的勃兴和大数据等网络算法技术的发展,人类进入数据时代,数据的价值得到前所未有的体现。在新闻界,"新闻业的计算转向"(computational turn in journalism)趋势也愈加明显(Bucher, 2017)。数据新闻又称数据驱动新闻,是"基于数据科学的知识和技术,通过或结合数据分析对事实进行的新闻报道"(王琼等,2015)。作为新闻业在数据时代的回应,数据新闻成为当下备受学界和业界关注的一种新闻理念和实践。

数据新闻最大的两个特征是数据化(datalization)和可视化(visualization)(刘涛,2016)。不同于传统个案式新闻报道,数据在新闻背后的话语生产和再造能力不容忽视。因而,探究中国形象在数据意义上和视觉意义上的生产与建构是我们在新闻业"计算转向"的时代背景下所要面临的新课题。

二、文献综述

(一)数据新闻的界定

现有研究中,人们尝试从新闻呈现形态、新闻生产流程、新闻行业发展等不同角度阐释其内涵(方洁、颜东,2013)。喻国明(2014)认为精确新闻是大数据新闻的缘起,是基于大数据分析思维和互联网逻辑的新闻报道,是围绕数据源点和数据加工展开的新闻生产和实践。陈力丹(2015)则认为数据新闻的萌芽是计算机辅助报道,它通过可视化和叙事化的手段,创作出一种新的新闻报道

方式，这种报道方式主要包括对原始数据的收集、对数据的分析和过滤、将数据可视化、形成具体的新闻报道。奈特（Knight，2015）认为数据新闻来源于两种较早的新闻实践——信息图（infographics）和计算机辅助报道（computer-assisted reporting，CAR）。吴小坤（2017）在通过大量收集中外文献，共提取了59种数据新闻的定义后，认为数据新闻在理论上与精确新闻、计算机辅助报道有着一脉相承的关系，并认为数据新闻的概念有五大特征维度：新闻性、统计性、工具性、生产流程化和新闻行业创新性。

综上所述，数据新闻是在当今网络技术发展和数据开放运动的背景下产生的，继承于精确新闻、新闻信息图（news inforgraphics）和计算机辅助报道，强调从数据中挖掘新闻价值，并通过可视化形式呈现的新闻报道形式。本文将遵循此定义对数据新闻进行界定，进行样本的选取。

（二）媒介文本中的中国形象研究

在过去的40年时间里，中国的影响力不断提升，越来越受到西方媒体的关注，但许多学者的研究结果都指向了西方媒体对中国负面形象的构建。学者彭增军（2004）采用内容分析法，考察了美国《洛杉矶时报》和《纽约时报》1992—2001年的涉华报道，发现关于中国的报道数量明显增加，但涉华报道的政治框架和意识形态框架更偏向于负面，且在这十年间，两家媒体的负面报道倾向无太大变化。尽管中国受到了越来越多西方媒体的关注，但许多学者的研究结果都指向了西方媒体对中国负面形象的构建。张玉（2007）分析了1995—2005年《朝日新闻》和《读卖新闻》两家日本报纸的涉华报道，发现两家报纸构建的中国形象大同小异，都描绘了一个不太民主、社会保障和医疗卫生堪忧、人权状况较差和腐败较为严重的国家。郑保卫和赵丽君（2012）以视觉符号原理为视角分析了1972—2011年英、德、美等西方国家主流杂志关于中国的主题报道封面图片，发现中国的视觉形象以"负面"为主，并且西方主流杂志更青睐使用中国传统文化符号。陈丽江（2016）从语料库和批评话语分析的角度，分析了2001—2016年英国广播公司（BBC）对三届奥运会的报道，发现BBC对中国的报道基本保持了客观中立的立场，但同时也不可避免地带有利益集团的烙印。

此外，一些外文文献对媒介文本中的中国形象也给予了关注。王（Wang，2009）研究了美国《时代周刊》1992—2006年间的206篇涉华报道，发现《时代周刊》涉华报道中的中国形象存在着"变"与"不变"，"变"的是涉华报道的新闻框架从"意识形态冲突"（ideology conflict）变成"经济冲突"（economic conflict），中国的形象从“非法的他者”(illegitimate other)变成“合法的他者”(legitimate other),而“不变”的内容则包括美国标准(American standard)、中国责任(accountability on China)和优越感(superior perspective)等。塞义德(Syed,2010)调查了北京奥运会之后美国民众对中国形象的评价,发现北京奥运会成功举办后,并没有在很大程度上改变美国民众对中国的看法,反而使得持“中国是美国的威胁或潜在威胁”(China was a threat or potential threat to the US)观点的民众数量开始增加。张(Zhang,2017)探究了《中国日报》和《金融时报》关于“一带一路”报道中的中国形象构建问题,发现《中国日报》试图强调“一带一路”倡议的积极贡献,并构建了一个热爱和平、参与国际合作、经济快速发展和负责任大国的积极形象,《金融时报》则描绘了一个既对世界经济有积极贡献,又在世界地缘政治中具有“威胁”的混杂的中国形象。

(三)中国形象研究的不足

近些年来,关于媒体中中国形象的研究不断增加,也有学者指出了当下中国形象研究的一些不足。首先,国内对西方的中国形象研究尚不系统,多拘泥于已有的观点,导致研究结论多数雷同,缺乏创新。如有学者指出,多数中国形象的研究,在问题提出之时,就将中国置于“他者”的位置之上,走不出东方主义的窠臼,从而使得国家形象研究落入民族主义与本质主义的陷阱(董军,2018)。其次,国内媒介文本的中国形象的研究,大多集中在西方主流传统媒体的报道研究,对新兴媒介平台和媒介文本的中国形象鲜有问津。韦路(2017)对1998—2015年SSCI关于中国形象研究的文献进行梳理后发现,现有的研究“在学科内部趋于同质化,‘内卷化’严重”,从而使得很多学者只是“在不同语境、背景中考察类似的话题,比如考察不同报纸中呈现的中国形象如何,方法也趋于内容分析和文本分析”。最后,中国国家形象研究集中于西方对中国的形象建构,而缺乏对中国形象自我认知的反思与关照。有学者指出,与他者认知的中国形象形成对照,究竟是否存在这样一个明确的自我认知下的中国形象(康秋洁,2016)。换言之,我国媒介文本中对于自我形象建构需要更多的考察和审视。

综上所述,关于中国形象的研究近些年来取得了很多成果,但也缺乏新兴媒介平台和媒介文本对中国形象的考察,对于国内媒体对本国形象的塑造认识也不够。同时,中外新闻报道中呈现了怎样数据化和视觉化的中国形象亟待发掘和探究。因此,本研究将着重探究以下三个问题:

H1:中西方数据新闻报道如何塑造中国形象?

H2:中西方数据新闻塑造了什么样的中国形象?

H3:与传统的新闻报道相比,中西方数据新闻中的中国形象有何不同?

三、研究方法

(一)实施抽样

1.选择目标媒体

本研究以中西方四家数据新闻专栏为研究对象,分别是:财新网“数字说”、澎湃新闻“美数课”、《卫报》Datablog、《纽约时报》The Upshot。之所以选择以上四家媒体,原因是这四家数据新闻专栏分别是中西方数据新闻实践中具有较大影响力、专业化程度较高、数据新闻产品数量较多的数据新闻媒体。财新网“数字说”是中国数据新闻实践的先驱,该专栏的一些作品影响力甚至超出了数据新闻的领域,成功地为大众设置了社会议题,如《周永康的钱与财》等;成立于2014年的澎湃新闻“美数课”是国内数据新闻实践中影响力较大且高产的数据新闻专栏,该栏目多次获得国内外数据新闻作品大奖;《卫报》于2009年成立了全球第一个数据新闻专栏Datablog(数据博客),成为全球数据新闻实践的领军者;《纽约时报》的The Upshot是全美较早主打数据新闻的平台,其实践也受到了全球瞩目。

2.抽样规则

本研究从四个数据新闻专栏中搜索关键词“中国”或“China”,并剔除无关样本后,共得到数据新闻样本222篇,其中财新网“数字说”76篇,澎湃新闻“美数课”62篇,《卫报》Datablog60篇,《纽约时报》The Upshot24篇。时间跨度为从各家数据新闻专栏创办之日起至2019年3月1日。由于样本数量不大,本文不再进行抽样而采取普查的方式,样本分析单位为“篇”。

(二)方法描述

1.内容分析法与类目构建

本研究运用内容分析法,对中外四家数据新闻专栏(财新网“数字说”、澎湃新闻“美数课”、《卫报》Datablog、《纽约时报》The Upshot)中所有关于中国的报道进行编码统计分析,旨在解决中外数据新闻报道分别建构了什么样的中国形

象,两者又有何异同之处。我们将每则新闻报道视为一个编码单位,结合前人相关研究,从以下角度设计编码表:

第一,报道主题。对报道议题进行统计分析,我们可以得知中西数据新闻报道对于中国议题报道的侧重点。本文结合数据新闻报道特点,在前人研究的基础之上,将获取的报道样本按主题分为九类:a.政治;b.经济;c.社会;d.环境;e.文体;f.科技;g.健康;h.军事;i.其他。

第二,图表的视觉呈现与信息告知功能。可视化是数据新闻的基本特征之一(Howard,2014),数据新闻的可视化具有视觉吸引和信息告知两大功能(黄雅兰、仇筠茜,2018)。通过对这两种功能的统计分析,考察数据新闻报道在实践中通过何种视觉方式去构建中国的国家形象,从而完成其媒介话语的生产。根据相关研究,本文将视觉呈现形式分为四种:a.简单图表;b.静态信息图;c.动态信息图;d.交互设计。本文将信息告知形式分为三种:a.图形化呈现;b.信息整合;c.观点阐释和预测。

第三,数据来源。"数据是数据新闻的主体",数据来源于何处,被谁占有和被谁表征,"已经深刻地反映了一个国家的数据话语权"(刘涛,2018)。因此,考察数据新闻报道中的数据来源可以有效地把握数据新闻构建国家形象的实践过程。本研究中采用的四家数据新闻专栏的分析样本所涉及的数据来源主要有以下九类:a.中国政府机构;b.国外政府机构:c.中国企业和非政府组织;d.国外企业或非政府组织;e.研究机构;f.媒体自主挖掘;g.其他媒体或网络;h.国际组织;i.无说明。

第四,报道倾向性。本研究将获取的数据新闻报道样本分为正面、中立和负面报道。

2.社会网络分析法

通过对样本的初步阅读,我们发现中西数据新闻报道倾向于将中国与其他国家的数据进行比较来展示中国议题。因此,本研究借助 Ucinet6 等分析软件,通过社会网络分析法,探究数据新闻中中国与世界是如何互动的。通过网络关系结构的呈现和点度中心性等指标的测量,探究在地缘政治叙事框架下,数据新闻中中国国家形象的建构问题。

(三)编码员信度

本研究选择武汉大学新闻与传播学院的两名硕士研究生担任编码员,他们经过系统的编码培训后,各自独立完成编码任务。完成编码后,随机选择 45 篇新闻报道样本（占总样本的20%）检测编码员之间赋值的一致性，得到信度检验Cohen’s Kappa系数为0.82，符合信度检验要求。

四、中西方数据新闻关于中国议题报道的总体特征

（一）报道议题

中西方数据新闻媒体关于中国议题报道对于经济议题的关注度最高，分别为43篇和38篇。中西方数据新闻关于中国报道的议题分类和数量如下（见表1和表2）：

表1　国内数据新闻报道关注议题分布与数量

	政治	经济	社会	环境	文体	科技	健康	军事	其他
财新网	11	28	14	7	5	1	6	2	2
澎湃新闻	3	15	16	4	11	6	6	0	1
总计	14	43	30	11	16	7	12	2	3
	10%	31%	22%	8%	22%	5%	9%	1%	2%

表2　西方数据新闻报道关注议题分布与数量

	政治	经济	社会	环境	文体	科技	健康	军事	其他
《卫报》	20	20	8	6	2	0	0	2	2
《纽约时报》	0	18	4	2	0	0	0	0	0
总计	20	38	12	8	2	0	0	2	2
	24%	45%	14%	10%	2%	0	0	2%	2%

考虑到数据新闻新闻体裁的特殊性，在经济领域，本身包含大量的数据且公开的经济数据较多，因而数据新闻实践中经济议题的讨论程度相对较高。除经济议题外，国内数据新闻更多关注社会议题，占到了总数的22%。西方数据新闻中《卫报》更关注中国的政治与经济议题，而《纽约时报》则主要关注经济议题，两者的涉华报道中有69%的报道关注了政治与经济议题。

(二)视觉呈现与信息告知形式

中西方数据新闻报道关于中国议题报道实践中的视觉呈现与信息告知形式的情况如下(见表3至表6):

表3 国内数据新闻视觉呈现形式分布与数量

	简单图表	静态信息图	动态信息图	交互设计
财新网	6	57	3	10
澎湃新闻	2	49	11	0
总计	8	106	14	10
	6%	77%	10%	7%

表4 西方数据新闻视觉呈现形式分布与数量

	简单图表	静态信息图	动态信息图	交互设计
《卫报》	20	16	4	20
《纽约时报》	18	4	0	2
总计	38	20	4	22
	45%	24%	5%	26%

表5 国内数据新闻信息告知形式分布与数量

	图形化呈现	信息整合	观点阐释和预测
财新网	76	35	17
	100%	46%	22%
澎湃新闻	62	28	12
	100%	45%	19%
总计	138	63	29
	100%	46%	21%

表 6　西方数据新闻信息告知形式分布与数量

	图形化呈现	信息整合	观点阐释和预测
《卫报》	24	10	4
	100%	42%	17%
《纽约时报》	60	38	14
	100%	63%	23%
总计	84	48	18
	100%	57%	21%

国内新闻数据在报道涉及中国的议题时主要采用了静态信息图的视觉呈现形式,共有 106 篇报道使用了静态信息图的形式呈现中国报道,占到了全部报道的 77%。西方数据新闻主要使用简单图表的形式对涉华报道进行视觉呈现,共有 38 篇,占比 45%。在信息告知方面,中西方数据新闻无太大差异,所有报道都实现了图形化呈现的基本功能,有 46%的国内数据新闻报道和 57%的西方数据新闻报道对可视化内容进行了信息整合,进行观点阐释和预测的报道均占到了样本量的 21%。

(三)数据来源

中西方数据新闻关于中国议题报道的数据来源数量与数据来源类型如下(见表 7 至表 10):

表 7　国内数据新闻数据来源数量

	单一数据来源	多个数据来源	无数据来源
财新网	50	22	4
澎湃新闻	42	20	0
总计	92	42	4
	67%	30%	3%

表 8　西方数据新闻数据来源数量

	单一数据来源	多个数据来源	无数据来源
《卫报》	36	18	8
《纽约时报》	18	4	2
总计	54	22	10
	63%	25%	12%

表 9 国内数据新闻数据来源情况

数据来源	财新网	澎湃新闻	总计
中国政府机构	25	9	34
国外政府机构	2	2	4
中国企业和非政府组织	6	3	9
国外企业或非政府组织	9	10	19
研究机构	24	13	37
媒体自主挖掘	0	5	5
其他媒体或网络	10	20	30
国际组织	26	10	36
无说明	4	0	4

表 10 西方数据新闻数据来源情况

数据来源	《卫报》	《纽约时报》	总计
中国政府机构	8	0	8
国外政府机构	8	4	12
中国企业和非政府组织	0	0	0
国外企业或非政府组织	2	4	6
研究机构	10	6	16
媒体自主挖掘	0	0	0
其他媒体或网络	4	10	14
国际组织	38	4	42
无说明	8	2	10

中西方数据新闻报道中,均以单一的数据来源报道为主。西方数据新闻涉华报道中,有 12%的报道未明确说明报道来源;国内数据新闻未说明数据来源的报道占总样本量的 3%。国内数据新闻中国议题的报道中数据主要来源于中国政府机构、研究机构、国际组织和其他媒体或网络数据。西方数据新闻涉华报道的数据来源以国际组织数据为主,以国外政府机构、研究机构和其他媒体或网络数据为辅。其中,仅有 8 篇报道来源于中国政府机构,没有报道来源于中国企业和非政府组织。

(四)倾向性

"报道倾向性"描述的是中西方数据新闻有关中国的报道文章是"有利于中国的"(正面报道)、"不利于中国的"(负面报道),或者"中立、混合的"(中性报道)。我们主要通过两方面判断报道的倾向性。首先,根据报道的标题和结论中的观点是否展现了有利于中国的方面;其次,根据文章的大部分篇幅来进行判定,如有60%的篇幅刻画的是中国积极的或消极的一面,我们就将其判定为正面或负面报道,其余的则归入中性报道一项。

中西方数据新闻关于中国议题报道的倾向性数量与分布如下(见表11和表12):

表11　国内数据新闻报道倾向性数量与分布

	正面报道	中性报道	负面报道
财新网	9	58	9
澎湃新闻	8	50	4
总计	17	108	13
	12%	78%	33%

表12　西方数据新闻报道倾向性数量与分布

	正面报道	中性报道	负面报道
《卫报》	2	36	22
《纽约时报》	2	16	6
总计	4	52	28
	5%	62%	33%

中西方数据新闻中关于中国议题的报道均以中性报道为主,各占到了总样本量的78%和62%。其中,国内数据新闻的正面报道与负面报道基本持平,而西方数据新闻涉华报道的负面新闻占到33%,明显多于其正面报道(5%)。

五、中西方数据新闻报道中的中国与他国国家的互动关系

数据新闻涉华报道中,地缘政治属性不容忽视。在这一题材的数据新闻实践中,大量有关中国的数据通过可视化的形式表达,这些数据自然而然地会被

置于一个全球语境中与其他国家或地区的同类数据进行比较。本小节基于内容分析法和社会网络分析法,使用 Ucinet6、Rost-CM 等社会网络分析软件,通过网络关系结构的点度中心性指标的测量,从全球地缘政治视角,开展中西方数据新闻关于中国报道的国家形象建构的研究。

(一)国内数据新闻报道中中国与他国国家或地区间的互动关系

国内数据新闻的中国报道中,有 66 篇将中国与他国比较,72 篇报道未与他国进行比较,两者占比各为 48%和 52%,基本持平。根据中国与他国进行比较的 66 篇国内数据新闻报道中所呈现的中国与其他国家或地区互动关系的统计分析显示,66 篇报道共涉及 18 个国家之间的 1,750 条互动关系。将 18 个国家作为 18 个节点,国家之间的 1,750 条互动关系作为节点之间的连接线,从而形成一个 18×18 的无方向的关系矩阵(见图 1)。由于国家之间的互动关系是双向性的,因此在国内数据新闻的中国报道中,国家间互动关系的网络结构图为无方向矢量图。

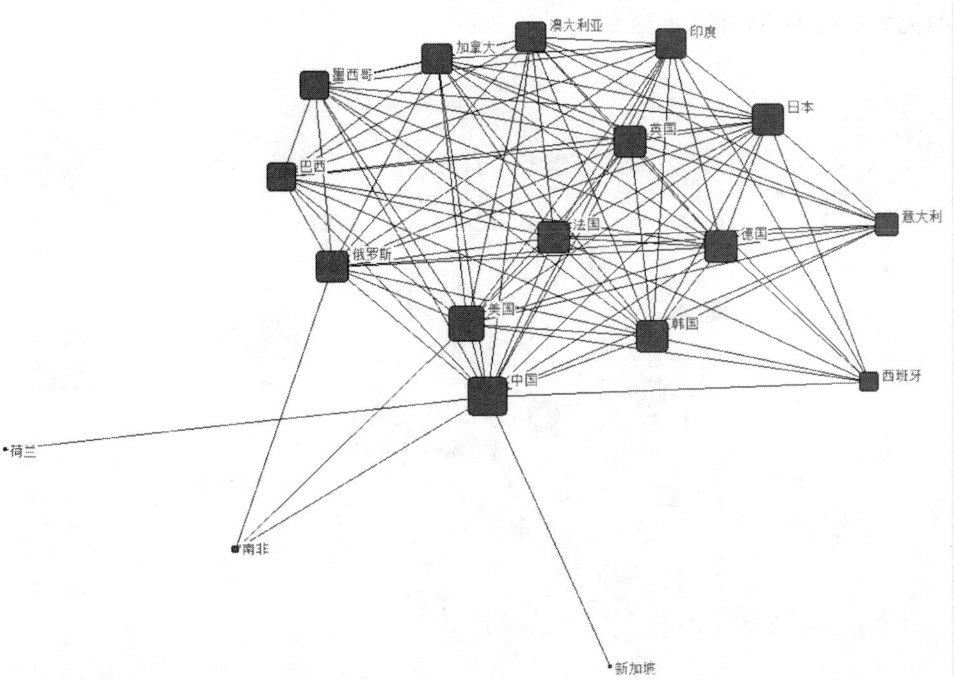

图 1 国内数据新闻中国报道中中国与地缘政治国家间互动关系的网络结构图

国内数据新闻的中国报道中,美国和日本处于国家间互动关系网络的中心,中美关系、中日关系成为国内数据新闻报道中建构中国形象的重要语境。社会网络分析数据显示,除中国外,在国内数据新闻报道呈现的国家间互动关系的网络结构图中,17 个国家点度中心性的排名依次是:美国(348)、日本(312)、英国(244)、韩国(234)、德国(233)、俄罗斯(231)、澳大利亚(229)、加拿大(207)、印度(205)、法国(205)、墨西哥(188)、巴西(182)、意大利(123)、西班牙(60)、南非(46)、新加坡(41)、荷兰(12)。其中,美国和日本的点度中心性最高,在国内数据新闻建构的中国与地缘政治国家互动关系网络结构中处于重要的中心地位。

(二)西方数据新闻报道中中国与他国国家或地区间的互动关系

西方数据新闻涉华议题中,有 70 篇将中国与他国比较,14 篇报道未与他国进行比较,两者占比各为 83%和 17%。将中国与他国进行比较的 70 篇西方数据新闻报道中所呈现的中国与其他国家或地区互动关系的统计分析显示,70 篇报道共涉及 23 个国家之间的 1,868 条互动关系。将 23 个国家作为 23 个节点,国家之间的 1,868 条互动关系作为节点之间的连接线,从而形成一个 23×23 的无方向的关系矩阵(见图 2)。

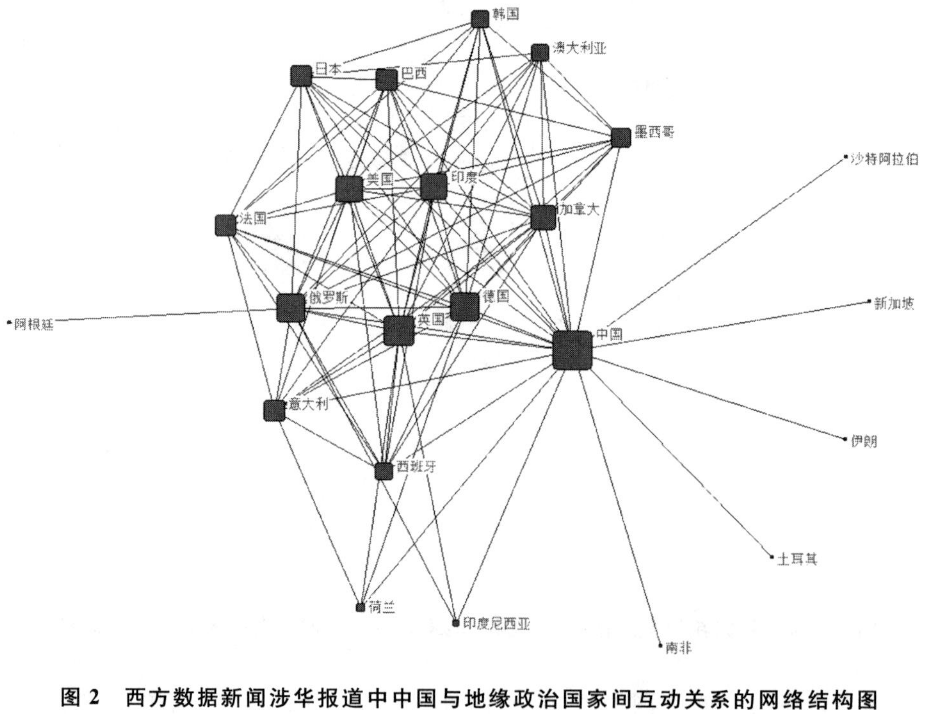

图 2 西方数据新闻涉华报道中中国与地缘政治国家间互动关系的网络结构图

研究发现,相较于国内数据新闻的中国报道,西方数据新闻的涉华报道中中国与地缘政治国家互动关系的网络结构图呈现出的国家分布更广泛、地域更多样化。西方数据新闻涉华报道的社会网络分析数据显示,除中国以外,个体网络点度中心性的排名依次是:英国(362)、美国(346)、德国(292)、俄罗斯(288)、印度(274)、法国(202)、加拿大(196)、日本(194)、巴西(182)、意大利(156)、澳大利亚(152)、墨西哥(146)、西班牙(144)、韩国(136)、荷兰(52)、印度尼西亚(38)、沙特阿拉伯(14)、伊朗(14)、土耳其(14)、南非(12)、新加坡(12)、阿根廷(12)。总体而言,中国、英国、美国、德国、俄罗斯和印度处于国家间互动关系网络结构的中心,中英、中美、中德、中俄和中印关系成为西方数据新闻报道中国家形象的重要语境。

六、中西方数据新闻中呈现的中国国家形象

在总结中西方数据新闻关于中国报道的新闻话语生产和建构中国国家形象的新闻框架基础之上,本文探析了中西方数据新闻报道中的中国国家形象,并针对数据新闻涉华报道呈现的 9 个议题维度的新闻话语生产进行进一步的提炼,从而归纳出中西方数据新闻关于中国报道呈现出的中国政治、经济和社会的总体形象。

(一)中西方数据新闻报道中的中国政治形象

国内数据新闻涉及中国政治的报道共 15 篇,其中有 13 篇中立报道、2 篇正面报道,视觉表现形式以静态信息图为主,信息告知功能上多为图形化呈现和信息的整合。总体上,国内数据新闻关于中国政治的报道集中于中央会议、对外交往和国防议题。国内数据新闻关于中央会议报道,以新闻解读为主要报道策略,如财新网的《中国共产党的党代会和全会怎么开》[①]。这些报道介绍了国家重要会议的召开流程,并对政府工作报告进行了词频分析。对外交往方面,国内两家数据新闻专栏主要聚焦于国家间的交往、民众对国家形象的看法和国际组织中的中国。如《联合国千年计划收官,中国贡献突出》[②]的报道中以数据可视化的方式呈现了中国在减少贫困人口、饥饿人口,推进卫生等方面为世界

① 澎湃新闻(2017 年 10 月 17 日),《中国共产党的党代会和全会怎么开》,引自 http://datanews.caixin.com/2017-10-17/101157216.html。

② 财新网(2017 年 8 月 7 日),《联合国千年计划收官,中国贡献突出》。引自 http://datanews.caixin.com/2015-08-07/100837467.html。

做出的贡献。但同时,随着国家影响力的增强,中国与一些大国间的矛盾开始显现,这也影响着各国人民对中国的看法,以及中国人民对他国的看法,如澎湃新闻的报道《皮尤民调:中日之间到底有多不待见彼此?》[①](见图3)。总体上看,内部政治秩序井然,和平崛起并承担国际责任和外部政治面临诸多挑战是国内数据新闻中中国政治形象的特征。

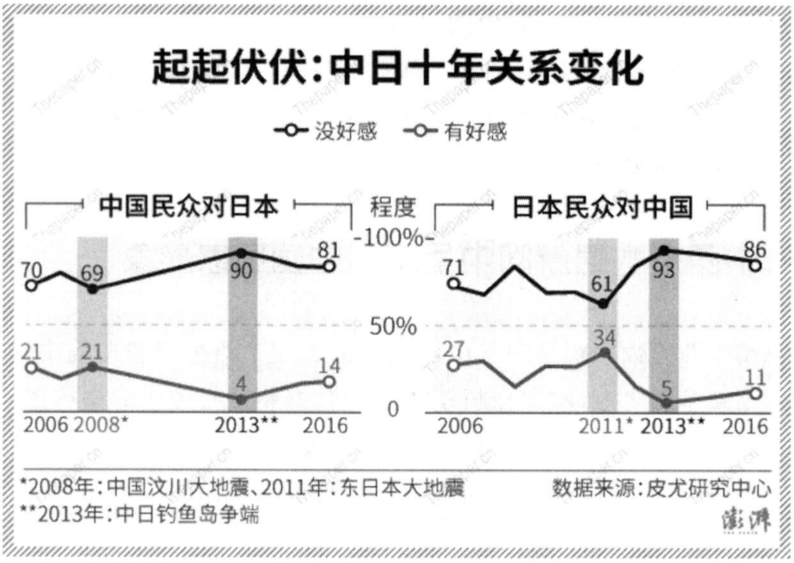

图3 澎湃新闻数据新闻报道《皮尤民调:中日之间到底有多不待见彼此?》

西方数据新闻涉及中国政治的报道共22篇,其中有12篇中立报道、10篇负面报道,视觉表现和信息告知功能上表现多样,上述4种视觉表现形式和3种信息告知功能均占有一定比例。总体上看,西方数据新闻报道中塑造了一个国家日益强大、国际地位提升但内部政治落后且具有威胁的中国政治形象。如《卫报》有两篇数据新闻报道将中国与美国进行全面的对比,媒体使用了"superpowers"(超级大国)来形容中美两国。[②] 随着国家实力的增强,西方也感受到了中国带给他们的"威胁"。数据新闻报道"Global Threat Interactive: What's the

① 澎湃新闻(2016年9月22日),《皮尤民调:中日之间到底有多不待见彼此?》。引自https://www.thepaper.cn/newsDetail_forward_1532594_1。

② The Guardian.(2015, March 5). Where Is China ahead of the US? And Where Does It Lag behind? Retrieved from https://www.theguardian.com/news/datablog/2015/mar/05/defence-spending-where-china-ahead-of-the-us.

World Scared of?"(全球威胁互动:这个世界害怕什么?)①通过交互设计方式呈现世界面临的诸多威胁。在交互设计中,"与中国的领土争端"与"全球气候变化""全球经济动荡""ISIS""伊朗核问题""网络攻击""与俄罗斯局势紧张"等"威胁"相提并论,鼠标位于某国家时,网页便会自动生成一条折线,以揭示该国所面临的七种"威胁"的危险程度(见图 4)。

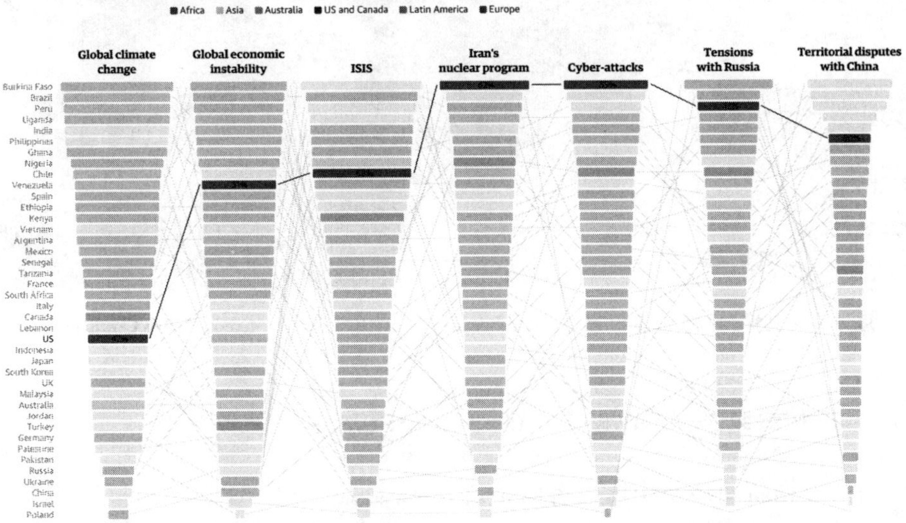

图 4 《卫报》数据新闻报道"Global Threat Interactive: What's the World Scared of?"

另一方面,《卫报》的数据新闻报道"Death Penalty Statistics 2013: Country by Country"(死刑统计 2013:国家与国家比较)②在世界地图上,以国家上方的圆圈大小代表 2013 年该国判处死刑的人数。中国区域被涂上了深红色,且唯有中国的数量标识为"thousands"(数以千计),而其他国家均标识了具体的数字,且最大为伊朗的 369(见图 5)。该报道中,中国与世界的关系通过可视化的数据被直观地体现了出来,这一视觉意义上的"新地缘叙事"③制造了一种中国

① The Guardian.(2015, July 17). Global Threat Interactive: What's the World Scared of? Retrieved from https://www.theguardian.com/news/datablog/ng-interactive/2015/jul/17/interactive-whats-the-world-scared-of.

② The Guardian. (2014, March 27). Death Penalty Statistics 2013: Country by Country. Retrieved from https://www.theguardian.com/world/datablog/2014/mar/27/death-penalty-statistics-2013-by-country.

③ "新地缘叙事"指通过对中国的符号化处理来重构中国与世界的想象性关系,使中国成为一个携带意义的符号。这一概念来自刘涛(2016),《西方数据新闻中的中国——一个视觉修辞分析框架》。《新闻与传播研究》,第 2 期,页 19。

相较于西方所谓法治社会的落后形象。

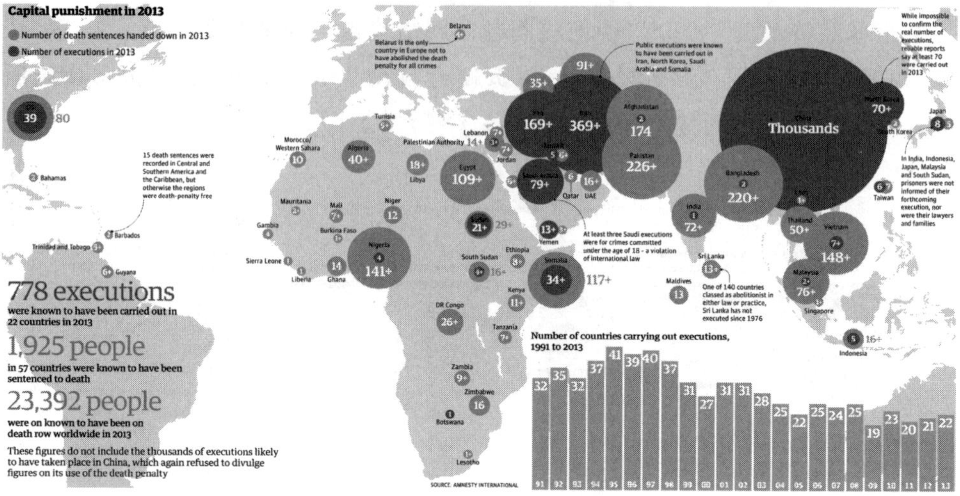

图 5 《卫报》数据新闻报道"Death Penalty Statistics 2013: Country by Country"

(二)中西数据新闻报道中的中国经济形象

国内数据新闻涉及中国经济的报道共 43 篇,其中有 31 篇中立报道、8 篇正面报道和 4 篇负面报道。国内数据新闻对中国经济形象的塑造较为积极正面,树立了一个从宏观到微观,体量庞大而又快速发展的中国经济形象。宏观经济上,中国经济发展势头强劲,但也存在着经济增速放缓的问题。"2017 年,作为全球第二大经济体,中国对全球经济增长贡献了三分之一",但根据亚洲开发银行预测行的预测,"2018 年中国国内生产总值(GDP)增速,将从 2017 年超预期的 6.9%放缓至 6.6%,2019 年将进一步放缓至 6.4%"[①]。两家数据新闻专栏倾向于通过微观层面的各项经济指标来呈现中国经济的快速发展,如移动支付市场[②]、数字经济[③]、旅游业[④]等。这些经济报道数据的来源多为国家相关统计和经济部门以及国际组织,如世界银行等相关数据。除展现我国经济领域的各项成

① 财新网(2018 年 4 月 12 日),《亚行预测:2018 年中国经济增速放缓》。引自 http://datanews.caixin.com/2018-04-12/101233615.html。

② 澎湃新闻(2017 年 2 月 14 日),《中国为何在移动支付市场超出美国 50 倍? 后发优势+社交》。引自 https://www.thepaper.cn/newsDetail_forward_1618765。

③ 澎湃新闻(2017 年 7 月 18 日),《数字演进指数:中国数字经济发展速度世界第一》。引自 https://www.thepaper.cn/newsDetail_forward_1735055。

④ 财新网(2017 年 7 月 20 日),《中国旅游业"成长的烦恼"出境猛增入境不涨》。引自 http://datanews.caixin.com/2017-07-20/101119365.html。

就外,有报道也指出了我国经济的一些问题。如财新网的数据新闻报道《一张图揭示区域间发展不均衡》[①],指出我国经济的重心在东南沿海地区,沿海与内陆地区经济发展不平衡的矛盾凸显。总体上看,国内数据新闻报道在呈现中国经济快速发展的同时,也表现出中国经济存在着区域发展不均、增速放缓等客观矛盾。

西方数据新闻涉及中国政治的报道共38篇,其中有32篇中立报道、2篇正面报道、4篇负面报道,视觉表现上以简单图表为主,上述三种信息告知功能均占有一定比例。西方数据新闻涉华报道在经济报道层面重点呈现了中国经济的庞大体量、在全球经济当中的显著作用以及中国股市形势的激荡变化。《卫报》数据新闻报道"How China's Economic Slowdown Could Weigh on the Rest of the World"(中国经济放缓将如何影响世界其他地区)[②],采用了气泡图的视觉交互呈现方式呈现中国贸易进口额与世界贸易出口额的数据关系(见图6)。气泡图的大小代表贸易额度的体量,置于下方的气泡代表中国"拉住"了上方其他国家的气泡。随着中国贸易额的下降,其他国家的贸易也会受到不同程度的影响,可见中国在国际经济贸易中的重要地位。但另外,中国深深地沉于图表下方,似有拖累世界经济之意,构建了一种中国贸易进口额下降是其他国家经济减速的原因的内在逻辑。

"Volatile"(变化无常)是西方数据新闻对中国股市的描述。《纽约时报》数据新闻报道"How to Make Sense of China's Plummeting Stock Market"(怎样理解中国暴跌的股市)[③],使用折线图对比了世界股票市场与中国股票市场近十年来的变化情况(见图7)。相较于世界股市的起伏,折线图清晰地展现了中国股市近十年来更为激荡的变化,因此"the kind of volatility in Chinese stocks witnessed over the last year isn't that uncommon"(像去年[④]一样巨大的股市波动在中国并不少见)。除此之外,研究还发现,西方数据涉华报道在处理经济议题时,总以拟人化的方式呈现中国,如标题中"Why Did China Devalue Its Currency? Two Big Reasons"(为什么中国要让它的货币贬值?两大原因)

① 财新网(2017年10月23日),《一张图揭示区域间发展不均衡》。引自 http://datanews.caixin.com/2017-10-23/101159740.html。

② The Guardian(2015, August 26). How China's Economic Slowdown Could Weigh on the Rest of the World. Retrieved from https://www.theguardian.com/world/ng-interactive/2015/aug/26/china-economic-slowdown-world-imports.

③ The New York Times (2015, July 7). How to Make Sense of China's Plummeting Stock Market. Retrieved from https://www.nytimes.com/2015/07/07/upshot/how-to-make-sense-of-chinas-plummeting-stock-market.html.

④ 即2015年。

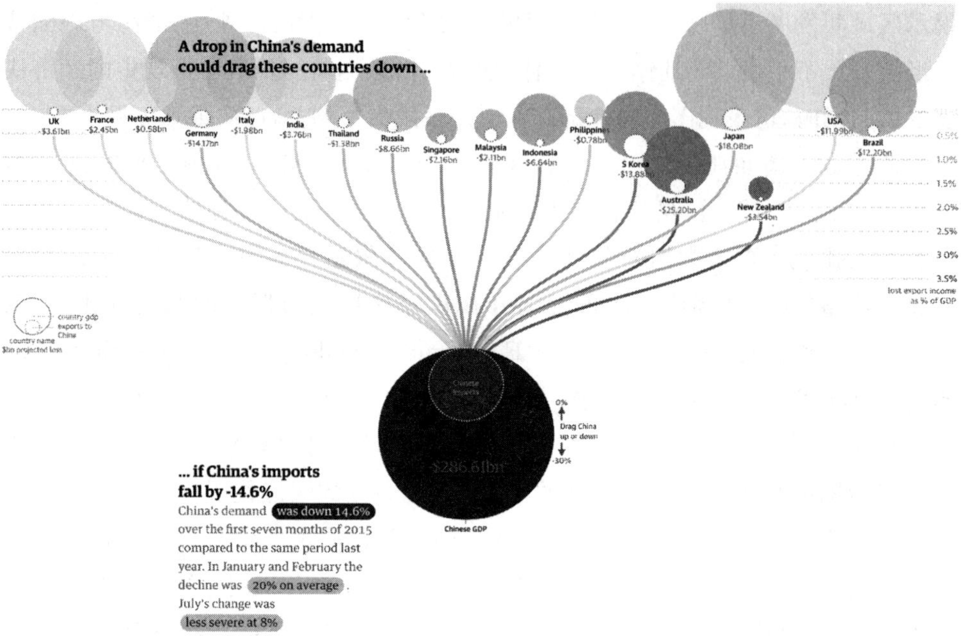

图 6 《卫报》数据新闻报道"How China's Economic Slowdown Could Weigh on the Rest of the World"

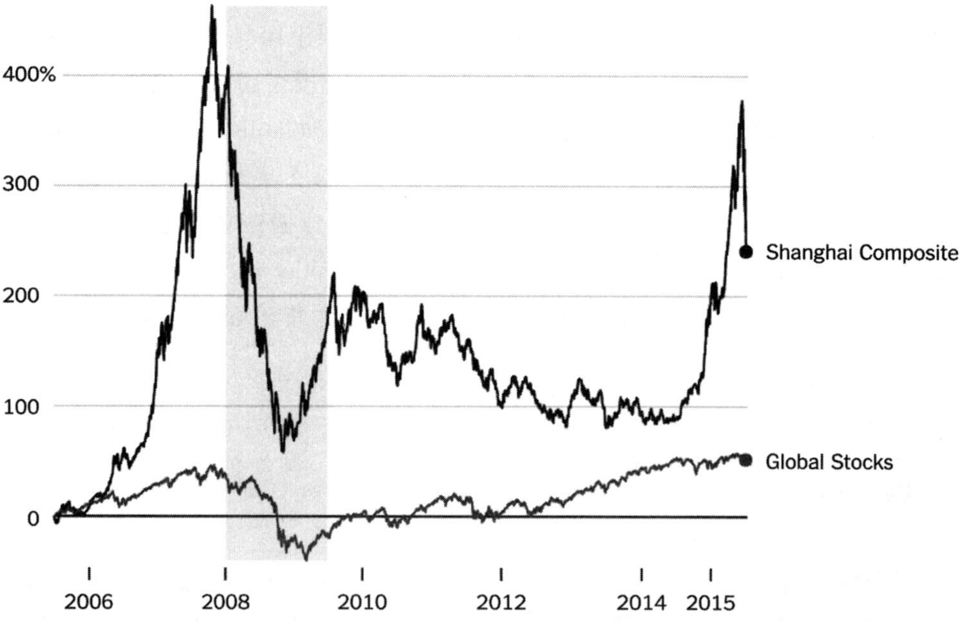

图 7 《纽约时报》数据新闻报道"How to Make Sense of China's Plummeting Stock Market"

"How China Is Trying to Stabilize Its Economy?"(中国是怎样稳定它的经济的?)等,这背后蕴藏的是中国国家层面对本国经济的全面控制和接管的逻辑,这是西方媒体乃至西方社会对中国的一贯看法,它们试图把中国塑造成自由市场经济的"规则破坏者"。

(三)中西方数据新闻报道中的中国社会形象

本节将根据前文内容分析的结果,归纳总结中西方数据新闻中的中国社会形象。社会形象是一个宽泛的概念,本节将根据内容分析中对报道议题的统计分析,整合社会、环境、科技、健康、文体议题组成中西方数据新闻中国社会报道,从而归纳总结数据新闻中的中国社会形象。

国内数据新闻涉及社会议题的报道共76篇,其中中性报道59篇、正面报道8篇、负面报道9篇。视觉表现形式上多以静态信息图为主,而在信息告知功能上内容分析部分中的三个功能均有所体现。国内数据新闻关于中国社会议题的报道主题分布广泛,包括教育、医疗健康、交通运输、文化产业、体育、环境、科技、房地产等。在这些报道中,国内数据新闻媒介呈现了中国社会的方方面面,既有中国在教育、文化产业、交通运输等方面的进步,也有中国在医疗健康、环境以及科技等方面的不足。在这些数量可观的报道中,中国社会形象呈现出复杂的一面,总体上看,进步与不足并存是国内数据新闻中中国社会形象的最主要特征。例如,澎湃新闻数据新闻报道《英国一教育杂志公布最新亚洲大学排名:中日大学"今非昔比"》①,使用折线图呈现了近些年中日大学排名对比,展现了中国教育实力的增强(见图8)。又如财新网数据新闻报道《中国城市生活质量:空气和水拖了后腿》②,则呈现了"中国城市普遍面临空气质量和水污染挑战"。对于缺陷与不足的呈现也是国内数据新闻关于中国社会报道的主要内容之一(见图9)。

---

① 澎湃新闻(2016年6月27日),《英国一教育杂志公布最新亚洲大学排名:中日大学"今非昔比"》。引自 https://www.thepaper.cn/newsDetail_forward_1489238。

② 财新网(2015年3月9日),《中国城市生活质量:空气和水拖了后腿》。引自 http://datanews.caixin.com/2015-03-09/100789469.html。

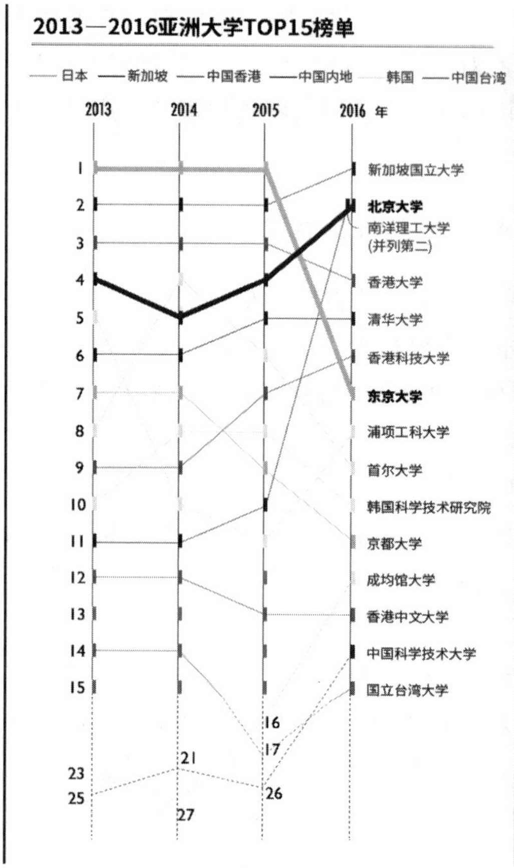

图 8　澎湃新闻数据新闻报道《英国一教育杂志公布最新亚洲大学排名：中日大学“今非昔比”》

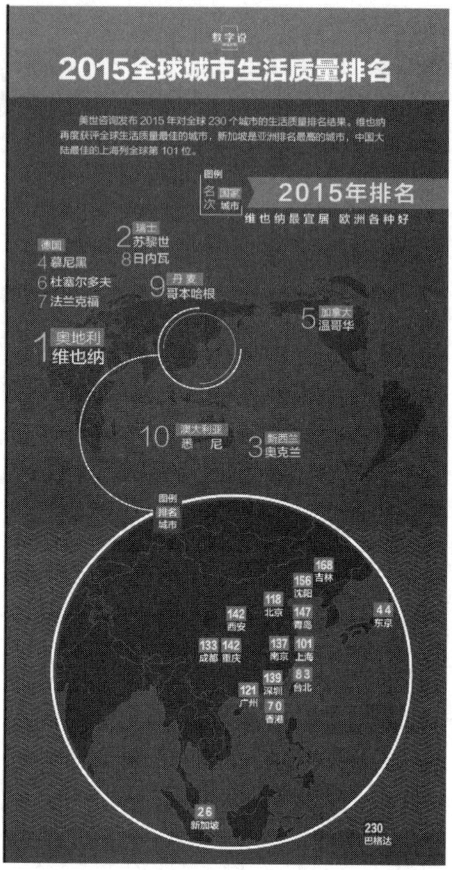

图 9　财新网数据新闻报道《中国城市生活质量：空气和水拖了后腿》

西方数据新闻涉及中国社会的报道共 22 篇，其中有 10 篇中立报道、2 篇正面报道、10 篇负面报道，视觉表现上有 10 篇报道使用了交互设计，信息告知功能上以信息整合为主。《卫报》与《纽约时报》有关中国社会的数据新闻报道主题包括独生子女政策、环境问题和城市发展等。在西方媒体语境下，数据新闻呈现的中国社会是一个问题丛生、充满危机的形象。如《卫报》数据新闻报道“The Impact of China's One-Child Policy in Four Graphs”（四张图表解读中国独生子女政策的影响）[①]，使用了人口增长率、适龄工作人口率、抚养比和性别比四张图表来反映中国独生子女政策的影响，展现了当前中国社会巨大的人口压

① The Guardian (2015, October 29). The Impact of China's One-Child Policy in Four Graphs. Retrieved from https://www.theguardian.com/world/datablog/2015/oct/29/impact-china-one-child-policy-four-graphs.

力。再如《卫报》的数据新闻报道“How the World Uses Coal”(世界如何使用碳资源)[①],使用交互图形式,以地图上每个国家之上的圆圈面积表示碳的排放量大小(见图 10)。随着时间推移,中国的圆圈不断膨胀几乎要占满整张地图。该报道以视觉意义上的圆圈代替数字,放大了中国与世界的紧张关系,并强调了在环境乃至社会层面中国社会的危机形象。

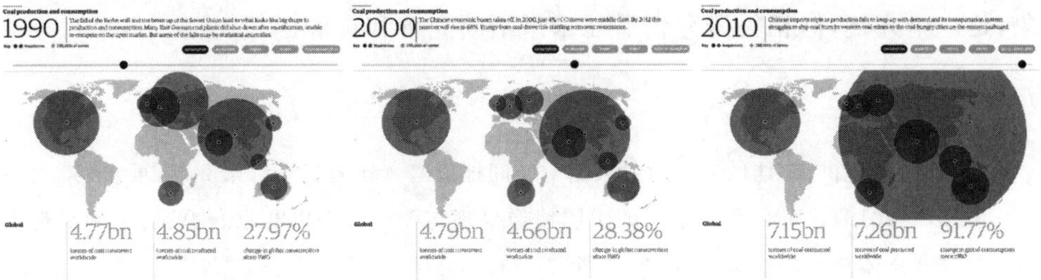

图 10 《卫报》数据新闻报道“How the World Uses Coal”

七、结语

本文通过内容分析法和社会网络分析法,梳理归纳中西方数据新闻关于中国议题的报道中中国形象的异同。中西方数据新闻通过数据的可视化实践对中国的国家形象进行建构。总体上看,两者呈现的中国形象都具有两面性,即都在一个“全球语境”中描绘了一个经济发展迅速、综合实力日益增强的中国,同时也描绘了一个负面的中国形象。只不过这个负面的中国形象在中西方数据新闻的话语中有所不同,国内数据新闻侧重强调中国在生态环境、均衡发展方面的不足;而西方数据新闻则描绘了一个拥有着不受欢迎的政治体制且风险频发的中国。

多项研究指出一些西方国家的媒体对于他国的报道通常是建立在本国语境和资本主义价值取向的基础之上的,经常使用政治和意识形态框架,从而在报道其他国家的新闻时带有一些主观偏见。许多关于西方涉华传统报道的研究,如关于西藏事件(薛可、梁海,2009)、气候变化(Wu, 2009)、“非典”(Beaudoin, 2007)等议题,都得出了大致相同的结论,即西方媒体的涉华报道以负面

① The Guardian (2014, November 10). How the World Uses Coal. Retrieved from https://www.theguardian.com/environment/ng-interactive/2014/nov/10/interactive-how-the-world-uses-coal-us-china-carbon-deal.

新闻为主。而本研究发现,中西方数据新闻有关中国议题的报道均以中性报道为主。究其原因,我们认为这与数据本身的跨文化特性有关,使得因文化差异而出现的对立话语在一定程度上得以消弭。但值得注意的是,数据新闻拥有在数据和视觉层面的话语生产能力,中西方数据新闻中的中国形象虽然并非完全对立,但两者的差异依然明显,中西方新闻界通过数据新闻展开的国际话语权建构与争夺正在展开。本研究探索性地选取数据新闻这个新视角考察中国形象,是一个开端,但相关研究仍需在未来不断完善和扩展。

参考文献

陈力丹、李熠祺、娜佳(2015),《大数据与新闻报道》。《新闻记者》,第 2 期,页 49-55。

陈丽江(2016),《BBC 奥运报道的中国镜像呈现与变迁——以北京、伦敦和里约奥运会为例》。《北京体育大学学报》,第 12 期,页 37-43。

董军(2018),《国家形象研究的学术谱系与中国路径》。《新闻与传播评论》,第 6 期,页 105-120。

方洁、颜冬(2013),《全球视野下的"数据新闻":理念与实践》。《国际新闻界》,第 6 期,页 73-83。

康秋洁(2016),《"中国形象"的另一维度:从自我认知开始》。《现代传播》,第 4 期,页 158-160。

刘涛 (2016),《西方数据新闻中的中国:一个视觉修辞分析框架》。《新闻与传播研究》,第 2 期,页 5-28。

王琼、刘真真、田青等(2015),《中国数据新闻发展报告》。《中国媒体发展研究报告》,第 1 期,页 101-148,379。

韦路、谢点(2017),《全球中国形象研究的知识版图——基于 SSCI 期刊论文(1998—2015)的文本挖掘》。《浙江大学学报(人文社会科学版)》,第 1 期,页 96-106。

吴小坤(2017),《数据新闻:理论承递、概念适用与界定维度》。《新闻与传播研究》,第 10 期,页 120-126。

薛可、梁海(2019),《基于刻板思维的国家形象符号认知——以〈纽约时报〉的"西藏事件"报道为例》。《新闻与传播研究》,第 1 期,页 13-18。

喻国明(2014)。《新闻传播的大数据时代》。北京:中国人民大学出版社。

张玉(2007),《日本报纸中的中国国家形象研究(1995—2005)——以〈朝日新闻〉和〈读卖新闻〉为例》。《新闻与传播研究》,第 4 期,页 76-84。

郑保卫、赵丽君(2012),《视觉符号视角下的中国国家形象——基于西方国家主流杂志封面图片的研究》。《国际新闻界》,第 12 期,页 53-60。

Beaudoin, C.E.(2007). Sars News Coverage and Its Determinants in China and the US. *International Communication Gazette*, 69(6), 509-524.

Bucher, T. (2017). Machines Don't Have Instincts: Articulating the Computational in Journalism. *New Media & Society*, 19(6), 918-933.

Knight, M. (2015). Data Journalism in the UK: A Preliminary Analysis of Form and Content. *Journal of Media Practice*, 16(1), 55-72.

Peng, Z. J. (2004). Representation of China: An across Time Analysis of Coverage in the New York Times and Los Angeles Times. *Asian Journal of Communication*, 14(1), 53-67.

Syed, N. A. (2010). The Effect of Beijing 2008 on China's Image in the United States: A Study of US Media and Polls. *The International Journal of the History of Sport*, 27(16-18), 2863-2892.

Wang, D. (2009, May). The Changing of the Image of China: A Framing Analysis of the Coverage of China in the Time Magazine from 1992 to 2008. Paper presented at ICA 2009 Annual Conference, Chicago.

Wu, Y.(2009). The Good, the Bad and the Ugly: Framing of China in News Media Coverage of Global Climate Change. In *Climate Change and the Media*(pp.158-173).Peter Lang.

Zhang, L., & Wu, D. (2017). Media Representations of China: A Comparison of China Daily and Financial Times in Reporting on the Belt and Road Initiative. *Critical Arts*, 31(6), 29-43.

国内高校数据新闻课程的内容研究和模式分析*

Content Research and Model Analysis of Data Journalism Courses in Domestic Universities

李　榕　任乐毅　黄秀清**

Li Rong　Ren Leyi　Huang Xiuqing

摘要:“数据新闻”作为大数据时代热门的新闻形态,被认为是“大数据时代新闻生产的核心竞争力”。当前,我国新闻传播教育正处于关键节点,随着大数据和新闻传播的紧密结合,数据新闻教育方兴未艾。在数据新闻教育迅速发展并成为新闻传播教育主要参与者的同时,课程内容和模式问题得到越来越多的关注。如何挖掘数据新闻内容本质与分析课程模式并适用于未来数据新闻课程专业建设,成为当下的首要问题。本文通过对比研究和内容分析的研究方法,选取国内外26所高校,并实地访谈和问卷调研了4所高校,整合形成国内高校数据新闻教学模式;厘清了国内外数据新闻教育课程发展模式的不同,在梳理数据新闻课程内容和教学类型的基础之上,总结出国内高校数据新闻存在的教育起点滞后、缺乏“双师型”教师人才和坚实的课程基础、人才培养与业界脱节等问题,数据新闻学体系亟待建构。最后,本文根据上述问题提出了相应的课程发展建议,为国内数据新闻教育的模式创新提供借鉴和参考。

Abstract:“Data Journalism”, as a popular news form in the era of big data, is considered to be “the core competitiveness of news production”. At present, China's communication education is at a critical juncture. With the close integration of big data and news communication, data journalism education is in the ascendant. With the rapid development of data news education and becoming the main participant of news communication education, many concerns

* 本文受2019年北京邮电大学双创课题基金及网络系统与网络文化北京市重点实验室主任基金资助。

** 李榕,研究生,北京邮电大学数字媒体与设计艺术学院,隶属于网络系统与网络文化北京市重点实验室;任乐毅,博士,北京邮电大学数字媒体与设计艺术学院副教授,就职于网络系统与网络文化北京市重点实验室;黄秀清,博士,北京邮电大学经济管理学院教授。

have been paid to the content and mode of curriculum. How to mine the essence of data news content and analyze the curriculum model and apply it to the construction of data news curriculum in the future has become the primary problem at present. This paper selects 26 universities at home and abroad through comparative research and content analysis research methods, and surveys 4 universities by field interviews and questionnaires, and integrates to form a domestic university data journalism teaching model. On the basis of combing the course content and teaching type of data journalism, this paper sums up the problems existing in data journalism in domestic colleges and universities, such as the lag of educational starting point, the lack of "double qualified" teachers and solid curriculum foundation, the disconnection between talent training and the industry, etc. The data journalism system needs to be constructed urgently. Finally, according to the above problems, the corresponding curriculum development suggestions are put forward, which can provide reference for the innovation of domestic data news education mode.
关键词:数据新闻课程,人才培养,课程设置,模式分析

Keywords: data journalism course, talent training, curriculum, model analysis

一、引言

我国与国外高校的数据新闻课程建设起步相当,但由于建设条件和中国特色新闻学的发展差异,国内各高校的数据新闻教学呈现内容理论化、课程分离性强、先理论后技术等特点。在国外,一些高校的新闻学院已经开设了相关的数据新闻课程,以组建数据新闻团队、培养具备数据新闻素养的学生为目标,跨学科培养已经成为共识。在国内,数据新闻课程作为新闻学大类中与技术手段联系最强的学科,在人才培养、技术对教学的冲击以及新闻与技术的平衡等方面面临诸多挑战。伴随社会发展,数据的价值凸显,数据新闻事业的发展也将推动传统媒体向新兴媒体融合转型。数据新闻不是单一的学科,它将传统新闻教育与可视化手段、数据收集工具的学习相结合,学科内容覆盖面广,需要高校建设人才和技术配备完好的学科体系。因此,国内数据新闻课程体系还未正式建构,如何进行符合中国特色的数据新闻课程体系建设和课程内容与模式的挖

掘,对“事实真相”的探索仍是一个首要问题。

二、数据新闻“真”内涵

自英国《卫报》2009年开设“数据博客”,业界便开始从数据中寻找故事并且利用数据讲述故事。作为精确新闻学(Precision Journalism)和计算机辅助报道(Computer Aided Reporting,简称CAR)的继承和发展,数据新闻将“数据”作为基础,同样是数据新闻的表达工具(黄志敏、王敏、李薇,2017)。数据新闻为社交媒体时代的记者赋予了一种新的核心竞争力,他们同时拥有敏锐的新闻嗅觉和大规模数据处理的能力。源于对数据的敏感性,新闻记者从一个“报道者”转化成新闻事件的“阐述者”(史安斌、廖鲽尔,2014),为大众解释宏大新闻背景下的新闻事件与个人之间的关系。国内高校的数据新闻课程以先理论后实践的教学模式为主,侧重于数据处理分析和视觉呈现两方面的培养。同时,数据新闻也是一门跨学科的应用科学。作为一个以数据为驱动的学科,数据新闻注重培养学生的数据处理和分析能力,并以相应的可视化手段加以呈现,最终以最简单的方式为受众讲述错综复杂的故事。数据新闻是在用“偏向量化的研究思路做新闻”(方洁,2017),新闻事实的产生基于数据挖掘和分析,这在一定程度上可以弥补新闻的片面性和主观性(方洁,2018)。因此,需要让学生了解并熟悉数据新闻课程的真正内涵,而并非只是对于其概念的粗浅认知。

(一)数据新闻是什么

依据目前存在的数据新闻课程工具书的研究,劳伦兹(Mirko Lorenz)在第一届国际数据新闻会议中将数据新闻定义为一种工作流程,“通过反复抓取、筛选和重组来深度挖掘数据,聚焦专门信息以过滤数据,可视化地呈现数据并合成新闻故事”(方洁,2018)。中国人民大学的方洁老师将狭义的数据新闻内涵定义为“基于数据的抓取、挖掘、统计、分析和可视化呈现的新闻报道形式”(方洁,2018)。从这些定义中可以清晰地将数据新闻的生产分为四个阶段:数据获取—数据处理分析—数据可视化—提取观点形成文章,每一个步骤都是独立但又相互联系的个体。国内高校开设的课程主要面对新闻传播学专业的学生,在数据新闻生产的前三个阶段并没有更深入的内容教授,也缺乏专业的课程融合体系的培养。各高校在设立数据新闻课程体系时,除了专注于数据新闻内容和概念的研究,更应该加强“双向”培养,同时切入大数据的搜集抓取和分析能力以及可视化呈现方式的培养。数据新闻的核心技术包括报道、写作、新闻敏感和对伦理法规的熟悉。“数据新闻最终必然会走向为数据服务,数据服务最终必然会走向数据体验。”(沈阳,2014)

数据新闻有其自身的特点。数据新闻作为一种新闻工具为传播而使用,新闻记者是真正“讲故事”的人。数据新闻与传统新闻的区别在于:一是“真实性”,传统新闻奉行的是“本质真实”,而数据新闻的“真实”是一个可操作性概念,是一种“再现”的真实;二是数据新闻重构了新闻价值体系,数据新闻依赖于数据“滞后”的整合,与传统新闻的时效性和新鲜性不同;三是基于大数据和算法的预测功能似乎也与传统新闻的审慎原则相冲突。数据新闻学和计算新闻学(Computational Journalism)的范畴经常被混淆。计算新闻学包括自动化新闻,是使用机器学习算法对数据进行分类和聚类以及基于用户行为量身定制的新闻源(Carlson, 2015)。计算新闻学基本上没有使用数据集查找、验证或扩展特定故事的实践。计算新闻专注于“计算的处理能力”(白红义, 2017),特别是“对信息进行聚合、自动化和抽象化的能力”(白红义,2017)。

(二)数据新闻课程的范畴

数据新闻课程是一门涵盖传统新闻学、数据分析处理、可视化、设计和编程在内的综合课程。调查发现,一些国内高校淡化了传统新闻学的基础教育和数据新闻的自身建设,将技术培养作为现阶段的主要目标。不应该忽视的是,传统新闻学教育是研究数据新闻的基础和保障,学生需要在选题层面拥有一定的新闻敏感性,能够在掌握选题价值之后进行新闻生产。数据新闻的最终形成既需要数据和可视化工具的业务操作,同时也需要新闻理论给予思想和精神支撑,两者是“学”与“术”的关系(郑飞莉,2015)。数据新闻是对具有新闻价值的复杂性数据关系的揭示和简化的一种新闻类型,能以更具深度和富于专业性和逻辑性的报道感染受众,如何“讲好故事”是核心(方洁,2018)。

“发现事实”和“讲述故事”是坎贝尔总结的新闻事业的两大传统(高红波,2017)。不论是传统新闻学还是数据新闻教育,都应将“讲好故事”作为培养学生的核心标准。数据新闻学追求深度解析事件,揭示事情真相,以规律性、科学性和客观性作为新闻报道的标准;数据新闻课程的理念则是以叙事为中心,基于技术和课程思维模式,以数据驱动和可视化效果为最终呈现方式的数据新闻“故事”。

三、高校数据新闻课程模式分析

数据新闻课程建设的研究学者和研究成果为数不多,主要集中在数据新闻课程开设情况。本文使用比较研究和内容分析方法就国内外高校数据新闻课程建设模式进行具体分析,将国内外数据新闻的建设情况和建设经验进行整合,为今后国内数据新闻的教育体系建设提供思路和参考。

数据新闻作为大数据技术背景下兴起的一种新闻生产方式,核心是数据挖掘、分析和可视化呈现(Splendore,et al.,2015)。一项研究显示,“全球已经有25 所大学提供专门的数据新闻学位或项目”(Heravi,2018),有 153 所大学在常规新闻学位的项目中开设了数据新闻课程。余下的学校主要开展网络课程、慕课(MOOC)、职业培训或其他类型的数据新闻教育。北美大多数高校(55%)都覆盖整个数据新闻过程:获取、清理、分析和呈现数据,但是课程很少涵盖高级数据分析,“几乎有一半(48%)是研究生课程”(Heravi,2018)。除此以外,多数大学认为数据新闻是个重要的课题。该研究显示,55%的课程都围绕“数据新闻”这个大主题来设计,主要关注数据新闻的整个工作流程,从查找数据、收集数据、清洗数据到分析、可视化和传播,还会涉及一些高级的工具方法;10%的课程则是计算机辅助课程,涉及使用 SQL 和其他方法来创建和分析数据库;此外,7%的课程更关注数据可视化,5%有关编程,4%归类于“计算机新闻”(更关注数据新闻中所运用到的数据计算方法而非对数据的分析)(Heravi,2018)。数据新闻的整个工作流程被分组细化,但所有课程的中心都是教授学生精准分析数据和可视化效果的能力。

斯坦福大学、伯克利大学、哥伦比亚大学和西北大学等新闻学院都建立了数据新闻项目,尤其是在数据研究方面,各高校开设的课程不尽相同,但核心都是培养学生的数据分析能力和报道呈现能力。表 1 是根据具体开课课程内容和技术偏向以及教育部第四轮学科评估结果选取的国内外 26 所高校,覆盖美洲、欧洲、澳洲、亚洲等高校总结而成的全球高校数据新闻课程开设情况。

表 1　全球高校数据新闻课程建设情况

	名称	课程模式	特色项目	面向群体	特色课程
美洲	哥伦比亚大学	必修课程 选修课程 双学位课程 案例中心课程	Lede 项目 TOW 数据新闻中心 计算机和数学双学位硕士 开设独立数据新闻硕士专业	本硕	数据科学导论 计算新闻学 数据叙事 信息筛选算法 新闻可视化表达
	斯坦福大学	必修课程 选修课程	[本科]数据新闻课程内容 [研究生]创作和技术结合 斯坦福计算机新闻实验室	本硕	Data + Storytelling Public Affairs Reporting Computational Methods Investigative Stories Journalism Law
	得克萨斯大学	必修课程 选修课程	奈特新闻中心	硕士	数据驱动新闻
	迈阿密大学	必修课程 选修课程	同微软开设数据可视化的在线课程(采用 Power BI 交互演示)	本硕	数据可视化(新闻学生必须有图形、可视化、制图、3D 建模、高级编程学习)
	密苏里大学	必修课程 选修课程	Data journalism 模块培养学生搜集数据、分析数据和数据可视化的运用	MA	新闻和计算机科学融合课程 数据可视化课程
	雪城大学	必修课程 选修课程		本硕	数字新闻写作 音频新闻报道 新闻报道 新闻制作呈现

续表

	名称	课程模式	特色项目	面向群体	特色课程
欧洲	卡迪夫大学	理学硕士课程 文学硕士课程 新闻传播学士	将计算机和数据新闻相结合	本硕	Python 信息处理 Web 应用程序开发 数字化调查 数据新闻学 大数据 社会与日常生活 公民新闻数字公众 理解数字媒体
	伦敦城市大学	模块课程(本) 必修课程(硕)		本硕	创意数字成像 响应式网页设计、社会媒体 数据新闻学 讲数字故事 数字视频制作 网页设计
澳洲	墨尔本大学	选修课程		硕士	数据新闻学
中国	清华大学	必修为辅 选修为主	数据新闻工作坊	本硕	数据新闻 媒体数据挖掘 财经新闻数据挖掘与分析
	北京大学	暑期课程	面向全球本科生的选修课,由叶韦明主讲	本科生	数据新闻 Python 数据分析 社会网络分析 地理信息数据分析
	北京大学深圳研究生院	选修课程	财经传媒专业研究生的选修课程	硕士	数据新闻与信息可视化
	香港大学	讲座	新闻及传媒研究中心	硕博	可视化技术 自然语言处理 社会网络分析 统计

续表

	名称	课程模式	特色项目	面向群体	特色课程
	香港浸会大学	本科课程 主修课程	新闻主修—数据与媒体传播专修 香港立法会投票分析数据新闻项目 数据和媒体通信集中度(DMC):基于计算机科学系(COMP)+理学院和新闻(JOUR)+传播学院的跨学科课程	本硕	数据新闻生产案例 数据新闻导论 可视化课程 端传媒数据
	复旦大学	必修课程 选修课程	网络数据挖掘研究团队 数据新闻工作坊	本硕	数据新闻概论 数据新闻选题策划 R语言基础知识 数据预处理和挖掘 数据统计分析
	中国人民大学	必修课程 选修课程	新闻学院联合培养	本硕	数据新闻 数据可视化 数据新闻基础 大数据与舆情分析
	中国传媒大学	必修为主 选修为辅	首个数据新闻实验班 独立专业方向授课模式	本科生 MA	新闻史论 新闻实务 数据处理 网页抓取技术 基础统计 可视化技术
	北京师范大学	必修课程 选修课程	计算传播学研究中心	本硕	数据新闻
	南京大学	必修课程 选修课程		本硕	数据新闻 新闻可视化 新闻实务 可视化设计
	北京邮电大学	选修课程	基于数字媒体与设计艺术优势的数据新闻课程建设	MA主 MS辅	数据新闻基础 MOOC

续表

	名称	课程模式	特色项目	面向群体	特色课程
	暨南大学	选修课程	计算新闻传播研究中心重点推进以数据分析为核心的新闻传播学相关研究，构建“数据湖泊”和“数据仓库”	本硕	数据新闻 数据挖掘与应用 数据科学技术 数据挖掘与可视化
	中国政法大学	必修课程 选修课程		本硕	数据新闻报道 数据库管理与应用 数字媒体技术 Python 语言设计 数字媒体新闻实务
	武汉大学	必修课程 选修课程	镝次元数据新闻研究中心	MA/MS	网络数据分析挖掘 交互式设计 数据结构
	华中科技大学	选修课程		本硕	数据新闻报道 数据挖掘 传播数据挖掘 视觉新闻报道
	上海交通大学	选修课程	大数据与传播创新实验室（T-Lab）	本硕	数据新闻报道
	西安交通大学	必修课程 选修课程	数据新闻工作坊：深入探讨利用软件获取数据、数据分析与可视化等内容	本硕	数据新闻计算传播 数据新闻可视化
	上海财经大学	必修课程	实验课程内容	本科生	理论介绍 案例解析 操作流程 实践课程 R 语言基础 数据处理文本挖掘
	西北师范大学	必修课程 选修课程	数据新闻工作坊 甘肃省融合媒体培训基地 中国数据新闻大赛	MA	数据新闻

各高校在开设数据新闻课程上所面向的群体不同,体现了不同高校课程建设的主线各有特点。整体看来,以美国高校为代表的国外新闻院校数据新闻人才培养形式多元,课程设置不固定,正处于“探索性的尝试阶段”(申琦、赵鹿鸣,2018)。就国内外高校培养目标而言,国外高校更注重学生在未来职业选择方面的能力提升,教授算法分析和统计等数据分析手段,课程面向群体主要为 MS 学生,双学位课程可以为数据新闻未来的内容生产培养双向群体,高校邀请有从业经验的人员作为课程项目负责人(Course Leader);国内数据新闻教育更注重概念以及初步数据抓取和分析能力的培养,面向群体以 MA 学生为主,缺乏对于双向能力学生的培养,导致数据新闻行业整条生产线上的技术和内容生产较为分离。

(一)国内高校数据新闻课程设置模式

笔者依据内容分析方法和对比分析法对国内数据新闻的课程内容和模式进行研究,依据高校地域、课程、教学模式、教师资源、教学工具等内容进行分析。

由上述表 1 可看出,国内数据新闻教育分布比较集中。北京、上海、广州和香港等地区的高校明确开设数据新闻相关课程,地区差异较大。其中,北京和上海两地高校以多覆盖、多融合和系统性为主要特点进行数据新闻建设,呈现出以下三个特点:

第一,数据新闻教育高校差异较大。各高校数据新闻因依靠学院和自身新闻学基础存在很大差异,因此数据新闻课程体系建设有极大差别。

第二,数据新闻教育课程内容不同。内容决定教育的投入方向,国内数据新闻教育目前存在三种方向,即数据分析、新闻学和可视化。

第三,数据新闻教育发展程度不同。香港地区两所高校的数据新闻教育依据其专业新闻传媒中心和丰厚的国外教学经验与师资力量,发展迅猛;中国传媒大学率先开设数据新闻独立专业,以专业性、一体化的教学模式输出数据新闻人才。

国内数据新闻教育的发展依靠各高校实际情况和特色发展模式。针对数据新闻课程设置模式对三位国内高校教师的电话/邮件访谈和问卷调查数据见表 2。

表2 两所高校访谈数据

高校机构	西安交通大学	中国政法大学
学科对象	文学硕士	本科
学科设置	跨学科教学	学院内部培养
学科课时	半学期	半学期
教师配备	一线教师 专业教师 学业界合作	专业教师
教学工具	数据抓取软件(Python等) 数据清洗工具(OpenRefine等) 数据可视化制作(CSS等) 设计软件(PS等)	数据挖掘工具 Python R语言 D3
课设模式	教师团队授课 工作坊授课	教师团队授课
授课类型	案例教学 MOOC教学 操作教学	操作教学
课程体系	基础课程教学 选修课程教学	基础课程教学
课程类别	新闻大类	新闻大类 数据分析类 可视化大类
特色项目	中国数闻大赛 数据新闻工作坊 数据新闻MOOC (吴小坤、胡辟厉)	
选题类型	数据新闻选题类 可视化效果类	数据挖掘类
教学教材	《数据新闻入门教程》	
开设时间	研一、大二	大二

同时,笔者也对接受过数据新闻课程的学生进行了相关调研,并依据收回的61份有效问卷进行分析,分别从课程设置模式、课时设置、教师配备、教材类型、教育覆盖面、授课类型、教学模式、教学工具、数据新闻能力评估和未来职业选择性等方面进行研究。图2是根据调研记录整理得出的国内数据新闻课程/教育关键词词云分析,可直观看出目前学生在高校接受数据新闻教育的主要关

注点与关切诉求。

图 2　国内数据新闻问卷记录关键词词云分析

同时,笔者依据“数据新闻课程/教育”关键词聚类分析(见图 3)得出,“交互”“叙事”“人才”“数据”“转型”“可视化”“伦理”等是目前数据新闻教育的研究前沿,也是目前在领域内拓展数据新闻教育研究的主要方向。另外,“数据挖掘”(BURST 3.2226)是近几年爆发的研究热点。因此,各高校将数据新闻课程研究主要放在了关于新闻内容的挖掘、数据分析和把握、最终可视化呈现这三

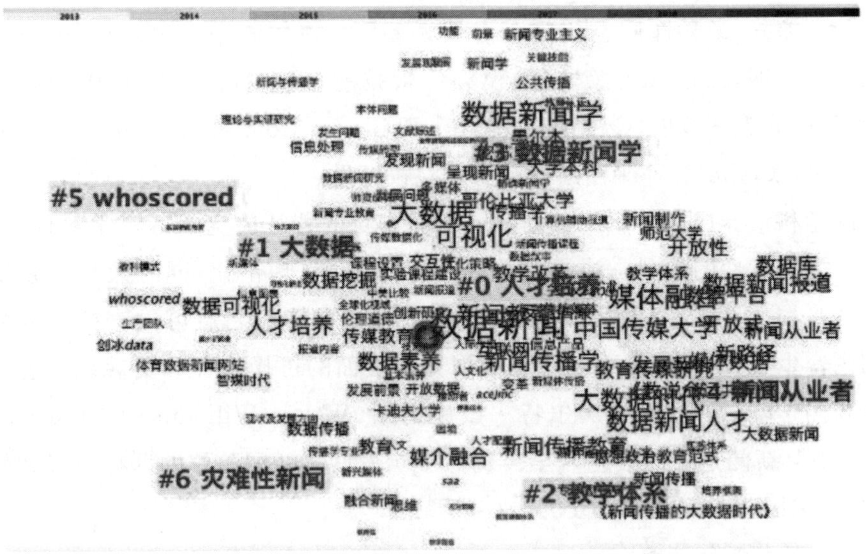

图 3　国内数据新闻课程/教育关键词聚类分析

个方面，这也是目前数据新闻课程研究的重难点。针对数据新闻课程各一线教师和科研单位进行的相关调研，在数据统计和研究前沿分析后得出国内高校目前的数据新闻课程设置模式。

1.开设类型

国内数据新闻教育的认知研究始于2013年，根据目前各高校数据新闻课程的开设情况可以分为三个类型，表3是对国内高校数据新闻课程设置模式的总结。

表3 国内高校数据新闻课程设置模式

课设模式	内容	高校典型
教师团队联合授课	多名教师联合授课 跨学科培养	清华大学
独立专业方向授课	系统掌握数据新闻知识 注重全环节能力培养	中国传媒大学
工作坊授课	短时间内掌握数据知识能力	西北师范大学

针对数据新闻课程的开设情况，各高校也会根据其技术能力和特色开设相关课程，主要有三种类型：一是侧重开设数据获取和分析的相关课程，如武汉大学；二是开设计算机新闻学和数据新闻报道等课程，如复旦大学；三是偏重于可视化和视觉化的课程，如上海交通大学。根据各校资源优势建设数据新闻具体学科在国内是一种趋势。因此，全国范围内的数据新闻学科建设有很强的地域性和校级差异，学科性质也相应会有很大差别。总体看来，大多数高校仅教授较为初级的网页制作、图像处理、视频剪辑技能，而数据新闻报道中的高级技能，如编码和数据技能(Coding and Data Skills for Communication)、Python编程(Python Coding)等课程则只有少数院校开设。

跨学科培养成为共识。数据新闻课程本身的特征决定了其跨学科性，同时也是极具探索性的学科。讲授的内容要求系统化、理论化，同时兼具实践操作性。各高校建设该学科的最终目的是希望学生在毕业之后可以直接投入数据新闻内容生产，同时具备可视化和数据分析层面的可操作性和美观性概念。密苏里新闻学院第一任院长沃尔特·威廉姆斯(Walter Williams)的"Journalism is a craft"(新闻是一门技艺)，至今仍然影响着许多新闻院校的课程设置和教学方式(郑保国，2012)。

2.授课类型和模式

国内高校数据新闻的教学方式主要有三种：案例教学、MOOC教学和操作教学。根据不同高校的课程设计研究发现,操作教学是目前最受学生欢迎和实际教学效果最好的方式。表 4 是国内高校数据新闻授课类型总结。

表 4　国内高校数据新闻授课类型

授课类型	课程操作	特点
案例教学	从经典案例入手讲述制作传播方式方法 根据不同选题寻找切入点 以事件性和话题型选题为主	数据新闻课程 最常见的方式
MOOC 教学	视频教学同课堂教学结合 体系化和模式化	数据新闻未来主要方向
操作教学 (翻转课堂)	现场教学传授数据爬取、 选题分析、新闻写作	数据新闻教育中 最具有实际意义的教学类型

国内高校数据新闻课程的教师授课模式主要有三种:一是以一位教师为主导,采用系统式教学,以案例为主,实践为辅,每一单元布置相关作业,逐阶式展开;二是学、业界专家合作授课,一线数据新闻工作者开展研讨式教学,为学生提供相关阅读和参考内容,因此协调教学进度和各教学单元的衔接成为关键;三是在学校内部整合资源,新闻学院与统计学院、计算机学院等学院进行合作,创新课程体系,实现共同培养。北京邮电大学发挥其在数据领域的传统优势,突出“文工交叉”,通过同院系的各专项教师的合作授课,为新闻传播系的学生系统讲授可视化知识。

3.课程设置

数据新闻课程在中国各高校发展较晚,而且作为技术型课程,需要跟随技术演变更新教材和教学资源。根据各高校的重点技术偏向,目前的数据新闻课程设置可以分为三个方向:一是偏向数据新闻选题类的高校,教授学生将热点新闻以年度回顾等方式展现,注重选题的多样性、深刻性和社会性。这些高校一般以其深厚的新闻学基础建设数据新闻学科,数据分析和可视化呈现一般会和外院合作进行,学科教材偏向新闻内容生产类。二是偏向数据新闻数据算法类的高校,上海财经大学和武汉大学因其工科背景深厚,注重教授学生在数据分析和挖掘层面对数据新闻进行新的思考,选用教材偏向算法和数据甄别处理类。三是加强数据新闻最后阶段的可视化层面的高校,例如迈阿密大学,侧重数据新闻在交互阶段的研究,教材更加注重用户的交互体验和动态可视化效果研究。

鉴于数据新闻课程的复杂性,需要复合型人才教授课程。教师队伍是数据新闻课程建设的基础。根据目前数据新闻课程的研究,大部分高校是将新闻学教师转变为数据新闻教师,采用多名教师联合授课、跨学科联合教学的模式。但目前具有全环节能力的教师较少,缺乏系统性的教师队伍培训体系。

4. 特色项目

各高校建设数据新闻不光依靠数据新闻课程,建设特色的培养项目也成为一种趋势。目前的特色项目有数据新闻中心、数据新闻实验室、数据新闻工作坊、企业在线合作课程、数据新闻大赛等。国外高校在课程建设之外继续对数据新闻的探索,哥伦比亚大学的 TOW 数据新闻中心和 Lede 项目(The Lede Program)针对计算机方面零基础或者基础较薄弱的学生,给本科生接触数据新闻的机会。这些项目旨在培养学生在计算机编程、数据挖掘处理和分析、数据呈现相关技术方面的能力,是新闻教学领域的探索与尝试。以工作坊或热点话题的方式聘请外校或社会讲师对数据新闻进行短期培训也是大多数高校开设的特色课程(申琦、赵鹿鸣,2018)。总体而言,国外数据新闻教育涉及本科和硕士层次,开设课程系统化,跨学科培养思路明确。武汉大学的镝次元数据新闻研究中心和中国传媒大学的数据新闻实验班,同样以垂直化挖掘数据新闻的内涵和生产方式培养该领域的专业人才。

(二)国内数据新闻课程存在的问题

1.数据新闻理念认知缺乏

国内数据新闻教育问题的主要表现是人文观念的衰退和数据新闻素养的缺失。数据新闻是建构在数据框架之上进行的"人文故事的叙述"(刘涛,2019),"来自新闻学以外的其他教育背景的教师更可能排除诸如道德、透明度或数据新闻责任感之类的话题"(Splendore,2016)。数据新闻课程在教学理念上以培养学生掌握专业技术的基本能力和创新精神为目标,不仅需要数据与可视化工具的业务操作,也需要"新闻基本理论和素养给予思想与精神支撑"(李小军,2017)。但是,仅培养数据新闻基本知识并不能加强学生发掘数据新闻内涵和完成叙事流程的能力,学生最终缺乏的是对事件真相的科学把握。另外,国内院校将培养重点放在学校,出现了实践和教学分离的现实情况,限制了数据新闻教学与业界的优质对接和人才产出。

新闻建构现实的认识框架和价值原点发生了变化。数据新闻的最终目的是为受众传递信息。目前一些高校开设以可视化为主要授课重点的课程,反而忽略了新闻本身的内容建设,与数据新闻的课程建设初衷相悖。学生对于数据新闻的认知也同样发生了变化,"酷炫""好看"等成为数据新闻的关键词。教育理念的变化会使得学生在制作和生产数据新闻时缺乏人文素养的加持,对文字的考究和内容的陈列也不做推敲,作品产出不能够以新闻的准确性和及时性特点得到大众的接受。

数据统计推理能力缺失。数据新闻基本技能中最重要的是计算能力,即正确使用数据、理解数据及其含义的能力。除计算能力外,还需要了解描述性统计的基本概念(平均值、百分比、比率等),以便学生更好地对研究对象进行比较(如人口变化、国家预算等),并了解对应领域和调查相关数据。批判性思考能力是处理数据的进阶,即询问数据是如何产生的,由谁产生的以及出于什么目的产生的。"统计推理的基本能力将使新闻工作者有能力利用新闻的力量"(Nguyen&Lugo-Ocando, 2016),即他们具有总结模式、描绘和预测趋势以及识别可能的原因和结果的能力,以达到新闻目的。此外,"数学厌恶"(Davies, 2016)和"数字恐惧症"(Nguyen, 2015)是目前数据新闻文科导向学科面临的重要障碍。MA 学生的数字传统恐惧感使他们在数据分析中有很强的消极感,不利于以数据为导向的数据新闻教学的推行。

2."唯数据论"成为主流

"数据≠数据新闻"的理念并没有深入高校培养理念的核心。数据新闻不等于数据,它是依托大规模数据处理分析之后得出的科学化、规律性的结论总结。在强调大数据的时代,学生们容易"偏向于过度相信数据,不对数据质疑,不去质询数据"(金梅珍, 2016)。一些高校将数据处理作为数据新闻课程的核心,"唯数据论"成为高校数据新闻课程建设中的一大弊病——它将数据作为主要切入点,缺乏新闻学理论和可视化内容等课程贯线的培养。价值密度低是大数据先天的特点,是数据量规模大所带来的间接结果。处理、分析数据的目的就在于提高数据的价值,找到其隐藏的复杂的关系。现在和未来几年的数据新闻教学应该为学生提供一些学习一种或多种编程语言的机会,JavaScript,Python 和 R 是最佳选择,这无疑增加了新闻教育工作者的挑战性。

通过调查问卷可以看出,各高校的数据新闻课程覆盖面广,但是差异性较大。新闻写作作为讲授新闻内容生产的基础,并没有得到官方院校的重视。相反,高校对数据分析领域更为关注,这在一定程度上能够证明高校中"唯数据论"现象的存在(见图 4)。

此外,对该领域的专业人才理性批判欠缺,炫技现象普遍。数据可视化不是为装饰数据,而是为一目了然。视觉语言是一种完整的语言,和人类有着天

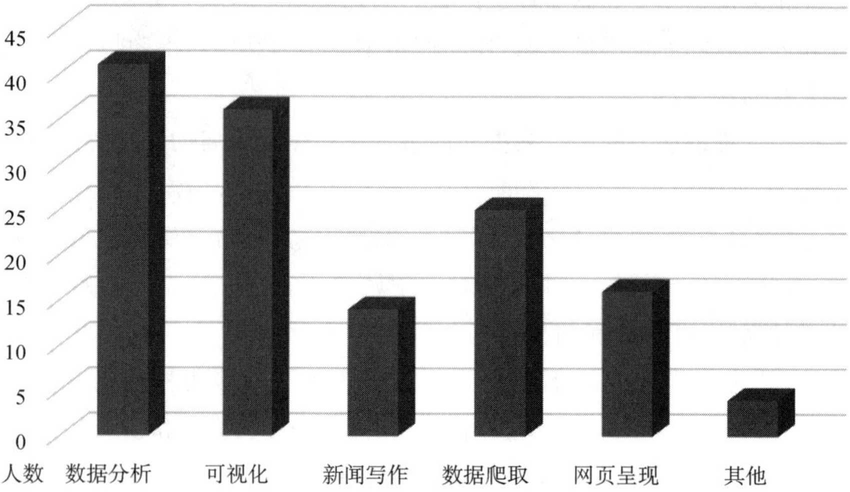

图 4　数据新闻教育覆盖层面

然的心灵联系,能够快速抓住受众的注意力。但目前数据新闻的一大问题是炫技现象明显。学生为了表示数据的抽象性和追求美观的可视化效果,热衷于利用各种技术手段呈现精彩的画面,但是却忽视了新闻选题的内涵表现。同样,高校教师也将技术培养作为培养学生的中心,认为"数据新闻=可视化呈现",学生对数据新闻的认知仅包含在数据新闻可视化的最后阶段。一些学生还盲目模仿该领域的优秀作品和专业人才的风格特点,缺少对其的理性批判和对新闻选题本身的价值追求。

3. 课程整合度不高

针对各高校数据新闻教学模式的研究发现,数据新闻的创新性模式在教学上并未有所体现。目前常用的教学手段集中在课堂的传统教学模式、在线课程、MOOC 和工作坊模式。对于 MA 学生来说,高校建设课程缺乏可视化工具、交互层面的可视化效果和数据处理的实践课程;对于 MS 学生来说,高校建设课程缺乏基本的新闻写作和新闻伦理道德的培养,缺乏数据新闻基本思维会影响新闻生产的内容选择和生产部分。方式的单一性使数据新闻教学成为普通的书本教育,缺乏实践性和课程特殊性培养。

国内高校的数据新闻课程作为整合型课程,需要融合文工学科的特色优势;双学位课程可以有效地整合资源,培养复合型人才。目前国内高校的课程设置比较分离,本科课程和研究生课程出现了断层。将研究生作为主要培养对象的各高校依靠各自的学科优势建设,交叉现象并不明显。在国内高校,根据数据新闻生产的四个步骤延伸出来的各类学科分散于不同学院和专业,教学资源和学生培养分属于不同的体系,一条生产线内的资源整合程度不够,由此产生的问题比较明显,各高校应注重根据现实的需要改变自己的课程设计。

学生对于数据新闻未来的授课类型选择以在线学习和工作坊教学为主(见图 5),但是数据新闻在线课程基本属于社会授课模式,授课内容单一且缺乏针对性,知识覆盖面小。各高校开设的数据新闻在线课程基本是自给自用,学院之间也有差别,课程内容免费但是不对外界开放,这并不符合数据新闻的合作特性。因此,每个高校的发展情况各不相同,很难建立统一的教学评价体系。

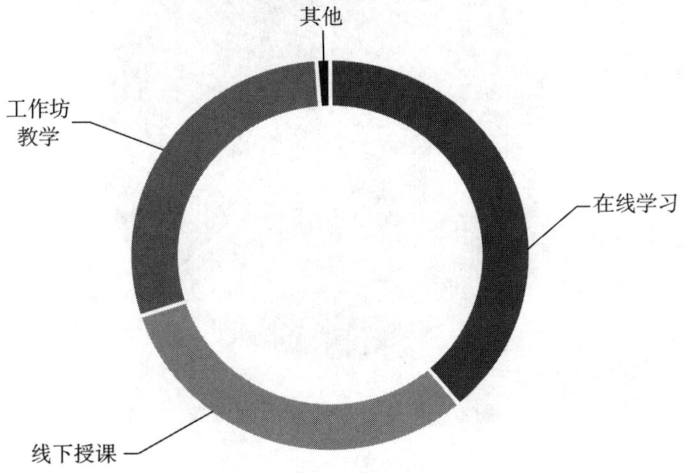

图 5　学生对未来数据新闻的授课类型选择

4. 综合实力亟待培养

第一,课程建设体系单一。课程面向对象因开设课程性质而各有不同,大部分高校面向硕士生开放。由于文理学科性质不同,针对数据分析处理和可视化表达的专业课程面向 MS 学生开设,针对新闻选题和内涵表达的专业新闻写作课程面向 MA 学生开设。目前,可以协调开设综合课程的高校数量较少,而且开设课程较为单一。课程内容的单一性导致研究主题单一化。

第二,复合型人才匮乏。根据调研结果发现,一线教师和专业教师成为目前国内高校教育的主干力量,各高校均采用学、业界相结合的方式教学(见图 6)。合作的教学手段虽然能够补充教师团队的内容缺陷,但是并不能生成完整的教学体系和培养路线。相较于国外教师团队,国内因培养方向不同,很多教师并没有实际从事和生产过数据新闻,因此缺乏实际操作经验和能力。澳大利亚在对25所大学的研究中特别指出,"寻找时间来学习新技能"(finding the time to learn new skills)是教师教授数据新闻学的障碍(Davies&Cullen, 2016),数据新闻教师大多是原新闻学教师的转型,教学内容和手段不能紧贴社会目前发展,有一定的脱节。作为实践性的学科,数据新闻要求学生从一线掌握数据新闻生产的基本运作,因此,高校虽然拥有各自的侧重点和教学内容,但是培养出的学生并不能很好地符合社会需求。

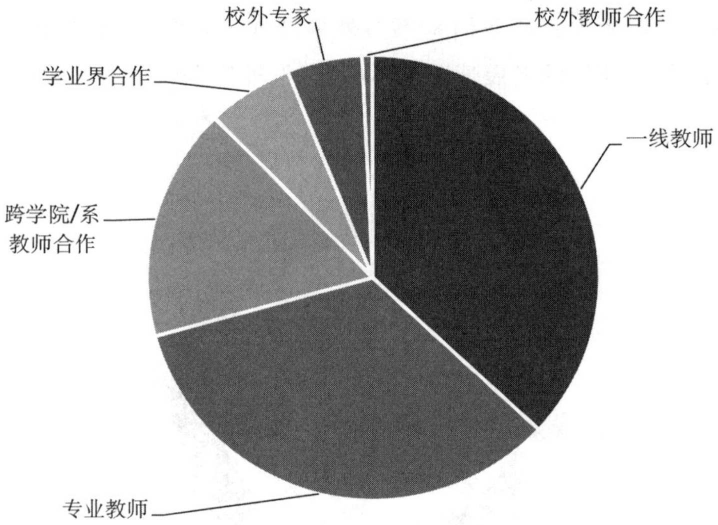

图6　高校数据新闻教师配备

第三,相关教材缺乏。目前各高校采用的教材横向研究欠缺,纵向发展迅速,垂直专业化较强。教材主要包括数据新闻的定义、重要性、新闻编辑室、经典案例、具体操作流程等方面(如陈积银的《数据新闻入门教程》、方洁的《数据新闻概论——操作理念与案例解析》),在方式上主要是结合数据新闻室及其从业者所参与的数据新闻事件和经典案例论述,并且只以案例分析为主(如陈积银的《数据新闻案例教程》),可视化和数据方面的教材各自分离。缺乏针对性和系统性的教材不利于学生对数据新闻进行系统性学习。教材缺乏是造成数据新闻全系列课程产生脱节的重要原因之一。

第四,技术手段单一。使用技术工具加强学生对数据新闻的运用和理解是一种科学的教学方法。数据分析软件(如OpenRefine)、可视化软件(如Tableau)、编程类高阶课程,后端开发的可视化、地理信息系统等课程,Python、R和D3是数据记者工具包的基础功能。基于网络的开源软件可以迅速而便捷地进行数据收集、处理、分析和可视化的工作,可以将以往需要长篇累牍地描述或解释的新闻故事通过大数据信息处理技术变成清晰易掌控的静态或动态视图。但是,由于技术手段和师资条件的限制,很多高校没有将软件技术编入课程环节,学生缺乏必要的数据处理能力(见图7)。马丁(Martin)主张为新闻专业学生开设的统计课程,应教他们"使用SPSS之类的软件或其他广泛使用的非Excel程序分析数据","鼓励学生加强对数据随机性和错误的认知,以及对官方内容无所不知的怀疑"(Martin,2017)。

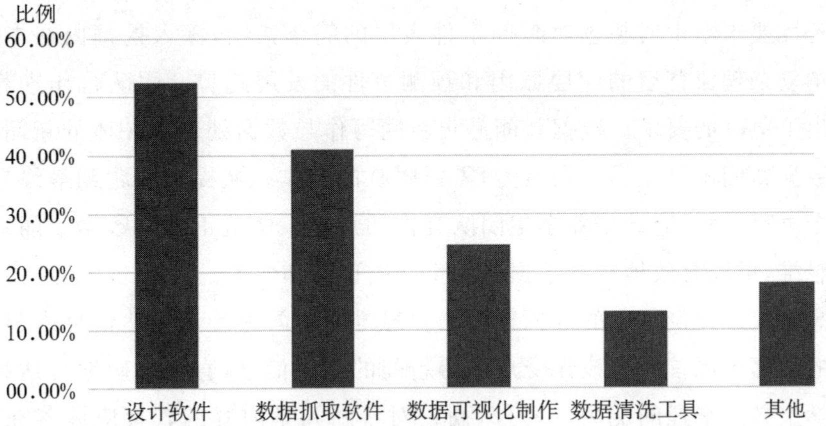

图7　数据新闻课程教学工具

四、结论与展望

如何挖掘数据新闻内容本质与分析课程模式并适用于未来数据新闻课程专业建设是数据新闻发展的关键节点。数据新闻是传统新闻的革新和升级，是适应媒体融合发展的新形态;但数据新闻不是与传统新闻的割裂，而是在形式和内容上进行的又一次尝试。辩证地看待数据新闻与传统新闻的关系，将有助于新闻生产在今后更大的变革与创新(陈昌凤,2015)。基于上述对国内外数据新闻课程教育模式和国内数据新闻教育的问题研究,笔者从三个方面对未来高校数据新闻建设提出建议。

(一)塑造正确的数据新闻素养理念和思维

数据新闻素养是数据新闻生产过程中学生必备的理念和思维。针对目前存在的人文观念和数据素养的缺失问题,高校必须开始重视并提出符合本校特色的新闻素养理念建设方法。

当下高校培养学生应具备的数据新闻素养主要有三种:数据意识、数据能力以及团队合作(孟笛,2018)。数据意识即对新闻内容、数据伦理和新闻制作的数据敏感性以及在新闻生产中的反思和批判意识。数据意识是数据新闻素养的核心。目前高校的学生缺乏对数据本身的亲近感,缺乏以全视角冷静客观看待数据和新闻关系的能力。数据能力是从实务层面对学生提出的能力要求。获取数据、分析数据、整合数据、呈现数据是研究数据新闻的工具化手段,从海量数据中发现新闻线索,提炼主题,讲清、讲好新闻故事才是最终目标。数据新闻的特性要求学生要超越对新闻事件表层的简单描绘,深入挖掘内在本质,注重归纳复杂现象背后的深层原因和预测事件的发展趋势。团队合作素养对学生提出了更高的要求。数据新闻是集新闻写作与数据处理为一体的新闻类型。生产数据新闻不可能是一人所为,需要团队的合作。从提出选题到最终呈现需要一个过程,因此应该培养学生团队合作的意识。塑造正确的数据新闻素养理念和思维,可以有效地提高数据新闻生产的速度和效率。

高校应该建设正确的数据新闻培养思维。新闻为受众传达信息内容,一篇优秀的数据新闻首先应该让受众获得新闻的主要信息,直观准确地传达数据是高校学生必须掌握的能力。另外,高校对于新闻学内容的教育应该落在实处。新闻学是一切新闻开展内容的基础,学生应该掌握新闻的基本原理和新闻编写的基本方法。这是进行数据新闻未来生产工作的基础。

(二)培养高校数据新闻教育的综合实力

数据新闻课程的基础设施极为重要。开设数据新闻课程需要从教材、教师队伍、教学工具、人才培养、技术手段等方面出发增强高校的数据新闻综合实力。教材方面需要联合数据新闻课程建设高校进行编写,从新闻学、数据学、可视化方面整合教学内容,形成具体、科学的教学课程体系。教师队伍方面,高校要注重学、业界合作,培养"双师型"和"复合型"人才,增强教师队伍的实力和竞争力。高校还应该重视教师知识能力的更新,以季度形式举办工作坊,增强校内教师、校外教师以及社会新闻单位的需求对接,支付相应培训费用和提供相关课程内容发行刊物,对教师的教育教学工作提供实际参考。数据新闻教学实力不强的学校可参考利用"众包"(Crowdsourcing Methods)或"外包"(Outsourcing Methods)的方式将教学内容切分到最佳组合,实现教学最优效果(见图 8)。

教学工具方面,及时更新教学的软硬件设备是重点。数据新闻偏重实战,

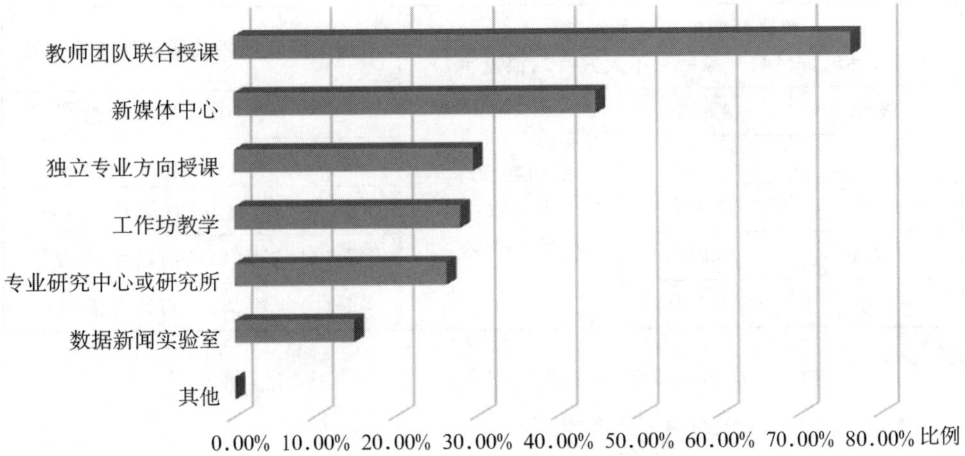

图 8　高校数据新闻课程建设情况

需要专业和操作性强的数据分析软件、可视化呈现软件和基本的新闻编辑软件。人才培养方面,对接学界和业界的相互需求和培养复合型人才是高校培养数据新闻人才的主要方向。复合型人才培养由于现实情况的限制比较缓慢,但高校应该具备复合型人才培养的观念。技术手段方面,学生掌握多种处理分析数据的工具和呈现可视化的手段,学会"监控数据质量"(Treadwell, 2016)和有耐心、有组织性地"管理数据踪迹"(Treadwell, 2016),并充分注意清理和检查数据事实,以专注于数据事实真相不断提升质疑其核心故事的表达能力。另外,应该培养学生接纳数学和统计学的心理认知,可以先让学生从轻松使用Datawrapper之类的在线工具创建数据图形,以便他们可以"专注于讲故事"(Bradshaw, 2018)。综合实力是考验高校数据新闻竞争力的原则,高校应加大资金投入,吸纳复合型教师,建设优良的教师队伍。

高校只有提升综合实力并丰富科研成果,才能培养具备综合能力的数据新闻人才。根据调研,数据新闻能力自我评估高的学生,在未来更容易选择从事与数据新闻相关的职业,这不仅对未来的人才输出,而且对国内未来数据新闻的发展都具有重要意义(见表 5)。

表 5　数据新闻能力自我评估和职业选择倾向性

数据新闻能力自我评估 (很好=5,好=4,一般=3,不太好=2,很差=1)			未来数据新闻相关职业选择倾向性
很好	3.3%	平均数:2.59 中位数:3 方差:1.09	是(1) / 否(0) / 有待考虑(1)
好	14.8%		是(2) / 否(2) / 有待考虑(5)
一般	37.7%		是(5) / 否(8) / 有待考虑(10)
不太好	26.2%		是(4) / 否(4) / 有待考虑(8)
很差	18.0%		是(0) / 否(8) / 有待考虑(3)

(三)增强高校学科资源整合

学科资源分散和课程体系设置不科学是造成学科发展羸弱的重要原因之一。未来高校数据新闻建设必须加强合作,以“跨专业合作—跨校合作—跨领域合作—跨境合作”为主线,共同加强数据新闻的主线建设、教材开发、人才合作和专业融合的目标。数据新闻课程建设开发首先要对课程有一个明确目标和正确的认知结构,“数据是手段,新闻是核心”将会促进数据新闻课程建设的良性发展。表 6 是对国内高校数据新闻课程整合体系的总结。

表 6　国内高校数据新闻课程整合体系

课程整合体系	课程可规划性	课程说明
基础课程教学	1. 学生基本新闻能力 2. 统计计算和推理能力 3. 数据处理和分析能力	统计推理具有总结、描绘和预测趋势以及识别可能的原因和结果的能力,最终达到新闻目的
选修课程教学	完成基础课程之后,指导学生从一个或多个专业选修课中进行选择(选修课涵盖数据分析或可视化等高级主题)	以在线的形式提供,具有相关经验的专业新闻工作者教授,或者以密集的两到三天的 workshop 形式提供
交叉课程教学	数据新闻学同其他课程交叉教学	将数据新闻学主题插入现有课程中,例如多媒体/视频/视觉新闻学、法律和道德、新闻史、调查报告等。在外部专业人士的帮助下,教授学生尝试基于数据的全面调查

另外,各高校应该加强学科间横向联系。利用数据新闻大赛和数据新闻论坛等形式,通过数据新闻作品角逐,引导学生练就数据可视化新闻的生产制作

能力,共享数据新闻前沿发展成果,研究并探讨目前国内数据新闻学科发展存在的问题和未来发展的模式。

数据新闻在中国的发展方兴未艾,一度成为新闻媒体发展的亮点,受到大众的欢迎和追捧,但是各高校也应该看到目前数据新闻发展的重点难点,科学地发展该领域的教育模式,循序渐进地对学生进行培养,有的放矢,增强学科资源整合,以实现人才培养和学科发展为最终目标。

参考文献

199IT(2014 年 8 月 3 日),《电视记者需要具备的数据新闻素养》。引自 http://www.199it.com/archives/262133.html。

白红义(2017),《大数据时代的新闻学:计算新闻的概念、内涵、意义和实践》。《南京社会科学》,第 6 期,页 108-117。

陈昌凤(2015),《数据新闻带来的变革》。《青年记者》,第 16 期,页 69-70。

陈积银(2018),《数据新闻案例教程》。西安:西安交通大学出版社。

陈积银、曹树林(2016),《数据新闻入门教程》。西安:西安交通大学出版社。

陈积银、杨廉(2016),《中国数据新闻发展的现状、困境及对策》。《新闻记者》,第 11 期,页 64-70。

方洁(2018),《数据新闻概论 操作理念与案例解析》。北京:中国人民大学出版社。

高红波(2017),《"发现"和"呈现":数据新闻学建构的两个关键词》。《新闻爱好者》,第 4 期,页 34-36。

黄志敏、王敏、李薇(2017),《数据新闻教育调查报告》。《新闻与写作》,第 9 期,页17-24。

金兼斌(2016),《数据媒体与数字泥巴:大数据时代的新闻素养》。《新闻与写作》,第 12 期,页 29-32。

金梅珍、丁迈(2016),《我国数据新闻教育的困境与对策》。《现代传播(中国传媒大学学报)》,第 3 期,页 157-158。

李小军、吕萌、朱琼琼(2017),《数据新闻实验课程建设与教学实践》。《新闻研究导刊》,第 16 期,页 15-16。

刘涛(2019),《理解数据新闻的观念:可视化实践批评与数据新闻的人文观念反思》。《新闻与写作》,第 4 期,页 65-71。

孟笛(2018),《论数据新闻编辑素养》。《中国出版》,第 2 期,页 56-60。

申琦、赵鹿鸣(2018),《审慎前行:美国数据新闻人才培养现状研究——基于美国新闻和大众传播教育认证委员会(ACEJMC)100 所新闻院校的实证分析》。《新闻记者》,第 2 期,页 39-45。

沈阳(2014),《数据新闻的未来:数据新闻、数据服务、数据体验的结合》。《中国传媒科技》,第 Z1 期,页 11-12。

史安斌、廖鲽尔(2014),《"数据新闻学"的发展路径与前景》。《新闻与写作》,第 2 期,页 17-20。

郑保国(2012),《约翰·B.鲍威尔与美国新闻专业主义在中国的实践与传播》。《国际新闻界》,第 4 期,页 120-126。

郑飞莉(2015),《数据新闻:"学"与"术"融合教学的改革与创新》。《传播与版权》,第 8 期,页 157-158。

Bradshaw, P. (2018). Data Journalism Teaching, Fast and Slow. *Asia Pacific Media Educator*, 28(1), 55-66.

Davies, K., & Cullen, T. (2016). Data Journalism Classes in Australian Universities: Educators Describe Progress to Date. *Asia Pacific Media Educator*, 26(2), 132-147.

Heravi, B.R. (2018). 3Ws of Data Journalism Education. *Journalism Practice*, 13(3) 1-18.

Hewett, J.(2015). Learning to Teach Data Journalism: Innovation, Influence and Constraints. *Journalism: Theory, Practice & Criticism*, 17(1), 137-199.

Knight, M.(2015). Data Journalism in the UK: A Preliminary Analysis of Form and Content. *Journal of Media Practice*, 2015, 16(1), 55-72.

Martin, J. D. (2017). A Census of Statistics Requirements at U.S. Journalism Programs and a Model for a "Statistics for Journalism" Course. *Journalism & Mass Communication Educator*, 72(4), 461-479.

Nguyen, A., & Lugo-Ocando, J. (2016). The State of Data and Statistics in Journalism and Journalism Education: Issues and Debates. *Theory, Practice & Criticism*, 17(1), 3-17.

Splendore S., Di Salvo P., Eberwein T., et al.(2015). Educational Strategies in Data Journalism: A Comparative Study of Six European Countries. *Journalism*, 17(1), 138-152.

Treadwell, G., Ross, T., Lee, A., & Lowenstein, J. K. (2016). A Numbers Game: Two Case Studies in Teaching Data Journalism. *Journalism & Mass Communication Educator*, 71(3), 297-308.

理论前沿

“中美贸易摩擦事件”媒体与公众议题注意力周期相关性研究*

Exploring the Correlation Between the Attention Periods of Media and the Public During the Sino-US Trade Conflicts

◈ 褚建勋　方玉婵**

Chu Jianxun　Fang Yuchan

摘要：本文基于“中美贸易摩擦事件”中我国报纸媒体和公众微博为期一个月的内容发布相关数据，引入舆情生命周期理论，通过对媒体与公众在舆情发展不同阶段中的议题注意力属性网络进行建构，从 NAS(Network Agenda Setting，网络议程设置)的视角分析了媒体与公众在舆情不同发展阶段议题注意力间的相关性。研究结果表明，在舆情发生期，媒体与公众议程之间没有显著关联；而在舆情的爆发期和消亡期，媒体议程对公众关于“中美贸易摩擦事件”的理解都表现出明显的议程设置效果。本文的发现拓展了舆情分析的新视角，也丰富了“网络议程设置”在中国语境下的具体应用。

Abstract: This study based on the one month content by Chinese newspapers and public Weibo during the Sino-US trade conflicts incident, the public opinion life cycle theory was introduced to build a network of attention attributes of the media and the public in different period of public opinion duration, using the NAS(Network Agenda Setting) model to analyze the correlation between the media and the public's attention to issues at different period of public opinion. This study found that there is no significant correlation between media and public agenda during the period of public opinion occurrence, during

* 国家自然科学基金项目(71573241)“基于交互记忆系统的在线社交网络应急管理传播建模机器神经机制研究”；中国科学技术大学新文科应急课题(YJ2020211001)；新文科基金“一带一路背景涉华舆情的大数据分析：基于计算传播学的交叉创新模式”(YD2110002008)。

** 褚建勋，博士，中国科学技术大学人文与社会科学学院副教授，主要研究领域为计算传播、危机传播和网络传播；方玉婵，中国科学技术大学科技传播与科技政策系 2018 级硕士研究生，主要研究领域为计算传播。

the outbreak and extinction period of public opinion, the media agenda has shown an effective effect on the public's agenda. The findings in this article expand the new perspective of public opinion analysis and enrich the specific application of "network agenda setting" in Chinese context.

关键词:网络议程设置,舆情生命周期,注意力,中美贸易摩擦

Keywords:network agenda setting, public opinion life cycle, attention, Sino-US trade conflicts

一、引言

近年来,随着移动互联网的不断普及和社会化媒介的快速发展,公众通过手中掌握的社交工具对各种社会问题及现象进行评判、发声的行为越发普遍,互联网日益成为反映社会舆情的重要载体。由于通过互联网进行的传播行为参与成本较低,传播的范围和影响较大,因而当前形成了以党报党刊等传统媒体为主体的官方舆论场和以微博、微信等为主要载体的民间舆论场并立的局面。网络舆情具有突发性、非理性、隐蔽性等特点,导致近几年舆情事件失控的情况屡有发生。在进行网络舆情治理时,舆情产生的根源是什么?舆情是怎样发生动态演变的?哪些话题占据了舆情话语的中心?这些问题的解决显然与掌握舆情事件中的议程设置密不可分。

议程设置的"零和博弈"理论认为,公众的注意力是有限的,议题之间在有限的空间中相互竞争争夺公众的注意力(Zhu,1992)。基于此,本文对我国当前网络热点舆情事件中媒体与公众的议题注意力进行对比研究,分析议题属性的显著变化模式及其在媒体与公众议程上的分布规律。理论上,本文引入了网络议程设置(NAS)模型和舆情生命周期阶段的观点,以"中美贸易摩擦事件"为个案,收集了一个月内媒体新闻报道和新浪微博用户关于该事件的话题讨论进行内容分析,旨在说明随着媒体和公众议题注意力的转移,各议题属性之间关系网络在短时间内的变化特征,为提升媒体的舆论引导功能和公众的接受度提供参考。同时,也为网络议程设置这一议程设置理论的最新成果在中文语境下进行舆情分析提供现实的依据。

二、文献综述

(一)舆情生命周期

生命周期是一个应用很广泛的概念,在社会、政治、经济等诸多领域经常出现,它的基本含义可以理解为事物从萌芽、生长到消亡的整个过程,这一概念也可以用来解释网络舆情的演化。在已有的关于网络舆情周期特征的研究中,学者们从各自的研究角度出发,提出了多种阶段的舆情传播模型。比如,徐敬宏等按照非常规突发事件从酝酿到爆发再到演化的顺序,将非常规突发事件的整个过程划定为事前、事中、事后三个阶段,并且认为这三个阶段对应着网络舆情的产生、传播和整合(徐敬宏、李欲晓、方滨兴、刘颖,2010);晏敬东等利用扎根理论的方法,以反映舆情事件的关键词被提及的累计次数和变化幅度作为表征量,将微博舆情生命周期阶段划分为潜伏期、预热期、热议期和衰退期四个阶段,并寻找各阶段舆情的特征,提出相应的引控工作流程(晏敬东、杨彩霞、张炜南,2017);谢科范等基于生命周期原理,将网络舆情突发事件分为潜伏期、萌动期、加速期、成熟期、衰退期五个阶段,并据此提出了网络舆情突发事件应对集群决策的原理与方法(谢科范、赵湜、陈刚、蔡文静,2010);李彪以 2010 年 34 个网络热点事件为研究对象,借助百度指数功能,提出了网络事件传播的六个阶段,并对每个阶段进行了时长和临界阈值研究(李彪,2011);曾润喜等在对舆情传播的三阶段、四阶段、五阶段、六阶段模型的特点进行对比后,认为四阶段、五阶段、六阶段模型都是对三阶段模型的进一步扩展与完善(曾润喜、王晨曦、陈强,2014)。

本文以三阶段舆情传播模型为标准,对比分析各阶段内媒体与公众议题注意力属性网络间的特征和差异,进而归纳出网络舆情事件各生命周期阶段内媒体与公众议程网络的变化规律,最后对媒体与公众议程在三个阶段的关联性进行检验。

(二)注意力

注意力资源是众多资源中的一种,指人们关注事物、世界、行为、信息而形成的持久效应力的大小(苏君华、周林兴,2003)。就这个意义而言,注意力的分配能够体现公众对于一个议题认知的稳定性。认知心理学家长期以来一直认为人类的信息处理能力是有限的，这种有限性表现在各个层面，如注意力、知觉、记忆等。在这些层面上，注意力资源的限制可能对公众议程的影响最大。以往的研究表明，随着信息技术的发展，信息传播的速度、影响力迅速扩大，涌现了大量的社会议题，由于公众对这些议题处理能力的有限性，导致议题之间在有限的空间里相互竞争，任何新议题影响力的增加都意味着其他议题影响力的减少（Zhu，1992）。网络舆情是通过互联网传播的公众在一定的时间、空间内，对社会中的某些热点、焦点问题所持有的较强影响力、倾向性的言论和观点，其主要通过各种社交媒体的跟帖、转帖等来实现并加以强化，伴随着网络舆情的实现及强化，公众注意力也在不同的议题间转移并重新分配（宗利永、顾宝炎、孙绍荣，2010）。

媒体注意力是指由于外界某些因素的刺激，媒体选择把有限的时间和精力投注在某些议题上，对这些议题进行实时报道（曹堂哲、郝宇华，2019）。对于网络舆情事件，媒体往往在议程设置上扮演重要角色，一方面，通过对特定议题的聚焦报道加强公众对事件的关注程度；另一方面，也会促使更广泛的媒体加大对舆情事件的报道和关注。因此，对媒体注意力水平的考量也是对网络舆情研究的一个重要方向。在国外，对媒体注意力进行操作化时，学者们大都选用国家层面的权威媒体报刊。

（三）网络议程设置

传统的议程设置理论可以追溯到 40 多年前，美国传播学者麦库姆斯（McCombs）和肖（Shaw）在开创性的“教堂山镇研究”中提出，新闻媒体强调的议题重要性可以转移到公众的认知当中，并保持一种对应的关系（McCombs & Shaw，1972），这被认为是议程设置理论的起源，也被称为议程设置理论的第一层次。议程设置的第二层次也称为“属性议程设置”，由麦库姆斯等人在 1997 年的一篇研究西班牙选举的论文中提出，该理论认为媒体不仅能将议题的显著性从媒体议程向公众议程转移，还能影响公众对议题属性的判断（McCombs，1997）。议程设置的第一层次向第二层次的发展，体现了该理论研究重点的转移，从初始阶段的“赢得关注”向传播效果研究终端的“形成认知”转化（史安斌、王沛楠，2017），即大众媒体不仅能告诉公众“想什么”，也能成功地告诉公众“怎么想”。

进入 21 世纪后，随着互联网的普及，媒体环境发生了深刻的变化。除此之外，对于人类认知结构认识的加深也对传统的议程设置理论形成了一定的冲击。2012年，麦库姆斯和郭蕾借助网络分析的框架，提出了议程设置理论的第三层次——“网络议程设置”（Networked Agenda Setting，或称 NAS 理论）（Guo，2012）。不同于议程设置的前两个层次基于人类认知结构为线性的假设前提，NAS 理论建立在人类的认知结构接近于网络结构的基础上，在这个结构中不同的节点相互连接共同构成了认知的图谱。该理论的中心假设是节点之间的相互关系或关于某一议题的关联网络之间的相互关系可以从媒体议程转移到公共议程（Guo & McCombs ，2012），也就是说，对公众议程产生影响的，不仅是单个的议题或者属性，而是一系列议题所组成的认知网络。该理论提出以来，各国的传播学者们进行了大量的检验性研究，梅拉（Meraz）等人运用 NAS 模型检验了特定时间内美国的传统媒体与 Twitter 上的政治讨论组之间议程的相互关系（Meraz，2016）；韦斯-布拉特（Weiss-Blatt）整合了二级流动和议程设置理论，使用 NAS 模型考察了传统媒体和科技博客在新媒体环境下的相互作用，该研究将网络的视角扩展到了新闻创新领域（Weiss-Blatt，2015）；金（Kim）等人收集了韩国的主流媒体对于朝核问题的报道和韩国网民在 Twitter 上的相关话题讨论，运用 NAS 模型进行分析发现，在其划分的议题发展阶段中，媒体和公众的议程具有高度的网络相关性（Kim & Min，2015）。

近几年，网络议程设置理论也逐渐受到国内学者们的关注。刘毅等人通过对“魏则西事件”中报纸对微博公众意见影响的研究，探讨了医疗议题中报纸对社交媒体公众意见的议程设置效果（刘毅、王聿昊，2019）；蒋俏蕾等人以“萨德事件”为个案，为我国公众对于萨德事件的理解认知及其与媒体报道之间的关联提供了现实依据（蒋俏蕾、程杨，2018）；郗艺鹏等人以“Alpha Go 对战李世石事件”为研究议题，针对以传统媒体为代表的垂直媒体以及以社会化媒体为代表的水平媒体进行第三级议程设置效果研究，发现水平媒体报道的议程设置影响效果更为显著（郗艺鹏、罗海娇，2018）。先前的研究丰富和完善了 NAS 模型，并以大量的检验性研究证实了这一理论的信效度和解释力，本文在此基础上运用 NAS 模型对短期内媒体与公众阶段性的议题注意力展开对比分析。

三、研究设计

（一）案例选取

议程设置理论从第一层次发展到现阶段的第三层次，与政治相关议题的研究一直发挥着重要作用(McCombs & Shaw,1972;McCombs,Llamas,Lope-Escobar,& Rey,1997;Vargo,Guo,McCombs,& Shaw,2014)。以往的议程构建理论研究也发现,在一些公众接近性低、抽象程度高的国际冲突议题中,媒体更容易通过饱和报道来更好地发挥议题建构作用(Lang & Lang,1983;张克旭,2019)。

中美两国之间自开展贸易以来,由于经济发展阶段、经济制度等的不同一直存在着大大小小的摩擦,公众也都习以为常,在中国媒体不间断的新闻报道当中也可见一斑。2018 年 3 月 23 日,美国总统特朗普(Donald Trump)在白宫签署对华贸易备忘录,中美贸易摩擦开始升级。2019 年 5 月 15 日,特朗普再次签署了一项行政命令,要求全国进入紧急状态,禁止美国企业购买、使用和安装对国家安全构成风险的企业制造的电信设备。就在同一天,美国商务部宣布,将中国的华为技术有限公司及其子公司加入商务部产业安全局(BIS)的“实体名单”。该消息一出,迅速在国内的各大网络平台掀起了中美贸易战的舆论狂潮。

在百度搜索指数中检索 2018 年 3 月 1 日至 2019 年 6 月 30 日期间关于中美贸易战关键词所呈现出的舆情走势如图 1 所示。2018 年 3 月 23 日,特朗普决定对中国产品加征惩罚性关税后,相关舆情开始在网络平台发酵,2018 年 3 月 23 日至 4 月 12 日间的搜索指数形成一个小高潮,其最高峰值出现在 4 月 5 日左右,达到 83,225。之后相关舆情逐渐减少,除 2018 年 6 月 15 日至 7 月 22 日搜索总量略微抬升,总体走势呈现长尾效应。然而,2019 年 5 月 15 日美国宣

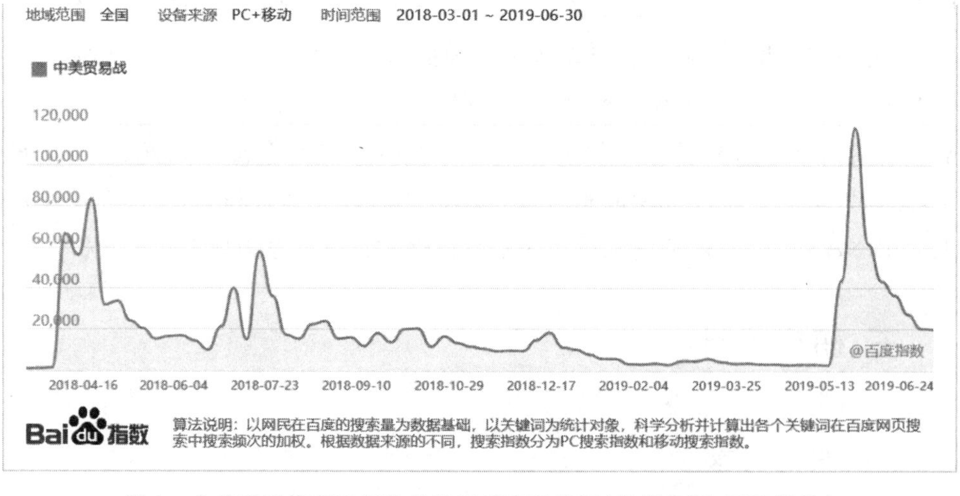

图 1 中美贸易战百度指数关键词搜索趋势图(数据来源:百度指数)

布将中国企业华为列入管制清单后，关于中美贸易战的搜索量呈现出爆发式增长，其搜索指数在5月16日左右达到了自2018年3月1日以来的最高峰值117,884。因此，对这种短时间内迅速引发热议的现象级网络舆情事件的舆情变化特征进行分析具有一定的参考价值。

(二)研究问题假设

基于上述理论和案例，本文拟通过阶段性对比分析媒体与公众在“中美贸易摩擦事件”上的议程属性网络，揭示媒体和公众在舆情发展的每个阶段议题注意力的变化特征以及相互之间的议程属性网络关联性，提出以下研究问题和假设：

研究问题一：在“中美贸易摩擦事件”舆情周期的每个阶段，占据媒体和公众各自议程核心的属性是什么？

研究问题二：随着“中美贸易摩擦事件”舆情的传播，媒体和公众议程网络的议题分布特点是怎样的？

为了进一步探析媒体的报道是否在各阶段对公众的议题注意力产生了影响，本文使用NAS模型来检验媒体和公众的议程属性网络之间的相关性水平：

假设一：关于“中美贸易摩擦事件”媒体议程属性网络与公众议程属性网络之间存在显著关联。

假设二：关于“中美贸易摩擦事件”媒体和公众议程属性网络之间的相关性贯穿了舆情的整个生命周期。

(三)样本选取

本文的研究数据来源于慧科中文媒体资讯及商业情报数据库(Wise Search)，数据采集的时间为2019年5月15日至2019年6月15日。“中美贸易摩擦事件”在网络上引发热议源于2019年5月15日美国总统特朗普签署的一项行政命令以及美国商务部宣布将华为列入管制名单。随着媒体对该事件的报道，越来越多的微博用户开始关注此事件，并将自己对该事件的看法发表在微博平台，舆情开始逐渐形成。到了5月27日，“中美女主播周四约辩”的消息登上了微博热搜榜，此事件引发了中美两国观众的密切关注。在这一时期，随着国务院新闻办《关于中美经贸磋商的中方立场》白皮书的发布，中方对待贸易战的态度和立场越发明确，大量的新闻报道涌入舆论场，网络空间中对中美贸易战事件的话题讨论更加热烈，舆情在这一时期开始爆发。6月5日开始，随着世界各国以及社会各界学者专家对“中美贸易摩擦事件”进行的不断警示与反思,美国国内反对贸易战的情绪也逐渐升温,尽快结束贸易战是中美两国人民共同的心愿,网络舆论热潮逐渐消散。

基于数据采集时期内“中美贸易摩擦事件”媒体日均报道量和在此期间发生的重要新闻事件,可以将这一时期的舆情划分为三个阶段(见表1)。

表1 “中美贸易摩擦事件”舆情发展的三个阶段

阶段	日均新闻数量	重要新闻事件
阶段一:发生期(5.15—5.26)	81	5.15 美国将华为列入管制清单 5.17 华为宣布海思将启用“备胎”计划 5.20 美国商务部宣布给华为90天临时许可 5.22 美国欲制裁海康威视 5.25 联想CFO就自己不当言论道歉 5.26 华为回应被Wi-Fi联盟和SD卡协会除名
阶段二:爆发期(5.27—6.04)	144	5.27 中美女主播周四约辩 5.31《人民日报》九论美国“必将失败” 6.01 中国对美部分进口商品加征关税 6.01《关于中美经贸磋商的中方立场》白皮书 6.04 中方发布赴美安全提醒
阶段三:消亡期(6.05—6.15)	71	6.05 国内外专家学者对贸易战进行警示、反思 6.14 逾600家公司联名致信特朗普,要求尽快解决美中经贸争端

对媒体议程进行研究的数据采集在慧科数据库中以“中美、贸易战”为关键词,以“报刊”为数据来源,以“日报,早报,晚报及都市报,政府机关报,其他新闻报,新闻门户网站,政府门户网站”为媒体类别,共计检索到相关报道3,047篇。其中按照发文量和影响力来看,国家层面的权威媒体排在前六位的是《环球时报》、《光明日报》(数字版)、《中国新闻》、《新华每日电讯》、《北京日报》(数字版)、《人民日报》,总计357篇,两名研究人员对所选取到的新闻报道进行人工筛查,确认所选择的样本包含了舆情生命周期内所有的新闻热点事件。根据之前学者在进行类似研究时的编码方式(McCombes,2000),筛选出文章中每一个包含“中美”“贸易战”关键词的独立段落作为一个编码单元,共计获得1,798个独立段落全部取样进行内容分析。

对公众议程进行研究的数据采集同样在慧科数据库中以“中美贸易战”为关键词,以“微博”为数据来源,在相同的时间段内共检索到相关原创微博

21,316 条。为保障数据的准确性,研究者对机器采集下来的数据进行人工清理筛查,去除了一些关键词涉及的广告、旅游、金融类冗余信息,最终共有 7,436 条微博信息可作为内容分析的样本。

(四)样本编码

本文内容分析以媒体新闻报道中筛选出的包含"中美""贸易战"的段落和清理后的有关"中美贸易战"的微博为分析样本,以每个段落和每条微博作为一个分析单位。每个单位基于相同的编码表来进行编码,由于网络议程设置研究考察的重点是属性在同一文本中的共现,因此常规的方法是采用二元编码方式,即一个分析单元的文本中,如果涉及了相关属性编码为"1",没有涉及编码为"0",以此来建立属性间的共现矩阵。编码表由分析样本涉及的"中美贸易摩擦事件"的主要属性构成,其中像"苹果"和"iPhone"这样的同义词被定义为同一属性,在 Python 中对全体分析样本进行停用词过滤、Jieba 分词后进行词频统计。

经过整理和概括识别出 28 个关于"中美贸易摩擦事件"的重点属性,如表 2 所示。

表 2　28 个属性的定义

序号	属性	定义
1	5G	最新一代蜂窝移动通信技术
2	爱国	我国民众在贸易摩擦中表现出的爱国情绪或言论
3	白皮书	中国国务院新闻办发布的《关于中美经贸磋商的中方立场》白皮书
4	产业链	中美贸易摩擦对产业链造成的影响
5	磋商	中国提倡解决贸易争端的手段
6	打压	美国对中国企业进行的打压行为
7	关税	美国对中国发起贸易战的主要手段
8	合作	中国提倡的中美两国应有的贸易交往方式
9	华为	华为公司及其员工以及其在中美贸易摩擦中的行为举措
10	经贸	中美之间的经贸关系
11	科技	中美在科技领域的竞争
12	联想	联想公司及其在中美贸易摩擦中的相关行为举措
13	刘欣	中美女主播"约辩"的中方女主持人

续表

序号	属性	定义
14	农民	在中美贸易摩擦中遭受损失的美国农民
15	苹果	苹果公司及其产品、员工等
16	企业	中美贸易摩擦对企业造成损失
17	任正非	华为公司主要创始人兼总裁
18	日本	日本作为国家或日本的官员
19	升级	贸易摩擦升级造成的影响
20	世界	中美贸易摩擦对世界产生的影响
21	市场	贸易摩擦对中美两国乃至国际市场造成的影响
22	特朗普	第 45 任美国总统
23	稀土	被称为中国在贸易摩擦中的一个强大的“秘密武器”
24	芯片	现代科技竞争中的核心领域
25	支持	中国民众对中方支持的言论和行动
26	中美关系	贸易摩擦对中美关系产生影响
27	霸凌	美国对中国的经济霸权主义
28	理性	“中美贸易摩擦事件”中对理性的强调

四、数据分析和结果

（一）“中美贸易摩擦事件”阶段性议程属性网络分析

本文采用社会网络分析的方法，点度中心性是社会网络分析中衡量节点重要性最直接的指标，一个节点的节点度越大说明这个节点在网络中越重要。使用 UCINET6 软件对每个阶段内媒体和公众议程网络的点度中心性（Network>Centrality>Degree）进行测量，本文列出了每个阶段排在前十的议题节点（见表 3），并使用 NetDraw 软件对媒体和公众在各阶段的议程网络进行了可视化展现（见图 2）。

表 3　各阶段排名前十的媒体和公众议程网络点度中心性

	阶段一(发生期)		阶段二(爆发期)		阶段三(消亡期)	
序号	媒体	公众	媒体	公众	媒体	公众
1	世界 (497)	华为 (3,609)	经贸 (764)	华为 (2,289)	经贸 (237)	华为 (813)
2	经贸 (494)	企业 (1,519)	磋商 (468)	世界 (1,158)	世界 (149)	世界 (452)
3	关税 (456)	世界 (1,246)	关税 (428)	企业 (1,108)	升级 (98)	科技 (341)
4	磋商 (271)	科技 (1,115)	世界 (372)	科技 (908)	磋商 (90)	5G (293)
5	升级 (258)	特朗普 (833)	合作 (327)	市场 (661)	企业 (87)	企业 (263)
6	企业 (229)	市场 (696)	企业 (315)	特朗普 (562)	合作 (80)	特朗普 (262)
7	合作 (185)	芯片 (650)	白皮书 (281)	关税 (530)	关税 (79)	市场 (225)
8	市场 (173)	支持 (633)	升级 (242)	打压 (518)	市场 (62)	支持 (191)
9	特朗普 (145)	任正非 (563)	市场 (190)	5G (509)	华为 (60)	关税 (174)
10	华为 (139)	5G (536)	华为 (126)	任正非 (469)	产业链 (48)	打压 (166)

图 2 所显示各个阶段的议程网络中,每个节点代表一个属性,连接任意两节点间的线段表示节点间的关联程度,线段越短,关联程度越密切。由表 3 数据可知,从整体上看,各阶段内媒体和公众的议程均被几个重要的属性占据,在媒体议程方面,"世界""经贸""关税""磋商""升级"等属性始终保持着比较高的点度中心性。在图 2 中,这些属性也占据了网络中的中心位置,说明媒体在对"中美贸易摩擦事件"进行报道的时候,将大量的注意力放在这些属性上,将它们和其他的属性内容联系起来进行话语构建。

媒体的注意力根据事态的发展会发生相应的变化,在舆情的爆发期,随着"中美女主播约辩""国务院新闻办发布《关于中美经贸磋商的中方立场》白皮书"等事件的发生,"刘欣""白皮书"等属性出现在媒体的报道中,且在媒体的议程网络中占据了比较重要的位置。在舆情消亡阶段,随着对贸易摩擦事件造成

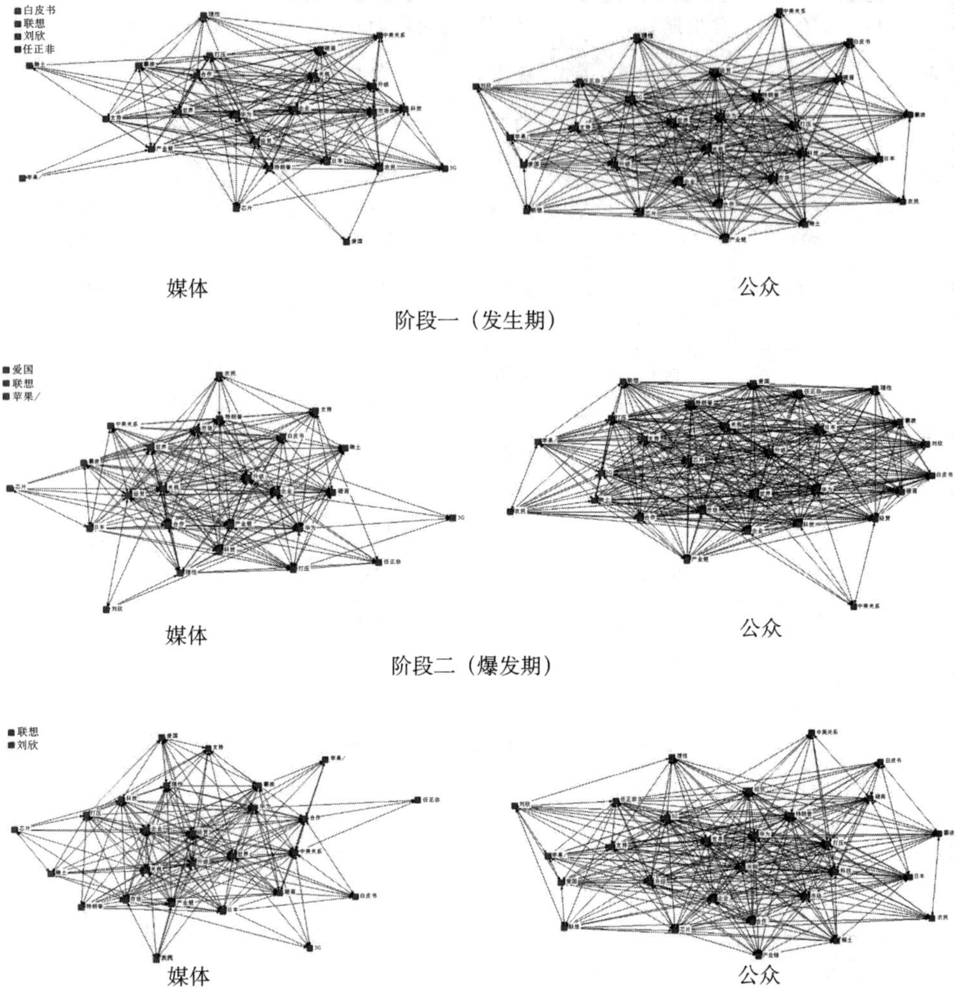

图 2　各阶段媒体和公众议程网络

的影响的反思,“中美关系”“理性”等属性较之前一阶段吸引了更多的媒体注意力,频繁地和其他属性内容一起出现在媒体报道当中。

和媒体议程相比,公众的议程属性更加多元化。比如,“联想”这样一个在媒体对“中美贸易摩擦事件”进行报道时从未涉及过的企业频繁地出现在公众所发布的微博信息中。在舆情的各个阶段内,公众的话语大致围绕“华为”“企业”“世界”“科技”“特朗普”这些属性展开。

相比媒体报道,公众的注意力主要集中在舆情发展过程中的各类热点事件上且注意力比媒体报道更加持久,比如,“中美女主播约辩事件”直到舆情进入消亡期，仍在公众的议程中占据着一定的位置。不同于媒体议程在消亡阶段对“理性”的呼吁和对“中美关系”等的反思，“爱国”“支持”这样一些具有感情色彩的属性吸引了公众更多的注意力。可以说，在“中美贸易摩擦事件”中，媒体的议程大致上经历了从对客观事实的报道到对事件产生影响理性反思的阶段，公众的议程则大致是在评论客观事实的基础上进行了更多横向属性的比较关联并进行一些情感的宣泄。

（二）“中美贸易摩擦事件”阶段性议程网络凝聚子群分析

为了更加科学、系统地了解“中美贸易摩擦事件”舆情生命周期内各阶段媒体和公众的议题注意力分布情况及其内部关系，需要在了解各阶段重点关注议题的基础上对媒体与公众议程网络的凝聚子群进行分析。

凝聚子群是网络中某些节点之间因关系紧密而结合成的次级团体性结构(Ma，2003)。凝聚子群分析能够在直观显现各关键词在网络中所处位置的基础上，找出其中呈现出的凝聚子群结构，实现网络中关键词的聚类分析。目前，学术界用以确定凝聚子群数量的量化方法有两种：一种是以群体内部成员间关系的频次来计算（点的度数），一种是以群体内部成员间的距离（如接近性、可达性等）来确定（刘军，2009）。根据关系数据采集时的属性，本文采用K-核计算凝聚子群。K-核指的是在一个凝聚子群的内部，任意成员与其他成员之间至少保持K条联系，即所有节点的度数至少为K。对于“中美贸易摩擦事件”传播网络的K-核测量结果如表4所示。

表4 “中美贸易摩擦事件”舆情传播网络的K-核测量结果

类别	阶段一（发生期）		阶段二（爆发期）		阶段三（消亡期）	
	媒体	公众	媒体	公众	媒体	公众
K-核分区数	7	4	5	3	7	5
最大K值数	13	17	12	19	11	15
最大K值规模	16	23	20	26	16	19
最大K值规模占比	57%	82%	71%	93%	57%	68%

由表4可知，在舆情发展的各阶段，媒体和公众的议程均存在关系紧密的凝聚子群结构，且该凝聚子群结构在当前舆情发展阶段占据着议程的主导地位，吸引了大量媒体和公众的议题注意力。此外，我们还注意到在舆情发展的每个阶段内，公众议程的凝聚子群数量均少于媒体议程，而公众议程中凝聚力

最大的K值均高于媒体议程,公众议程最大K值所包含的节点数和节点规模占比也都比媒体议程高。因此,我们可以得出公众议程的凝聚子群结构比媒体议程更加紧密的结论,这也说明相比媒体的议题注意力,公众的议题注意力分布更加集中。

除此之外,舆情发展的不同阶段,在度数最大(K值最大)的凝聚子群中,其所包含的节点完全概括了上述网络分析中高中心度的节点,这也验证了点度中心性分析所得出的高关注度议程属性的准确性。

根据上述数据显示,我们还可以判断,在舆情的发生期,该事件的媒体和公众两个舆情传播网络群体中均存在一定数量的议题属性集群,其最大K值所包含的节点在整个网络中的占比较爆发期而言更低,这反映出舆情发生阶段的去中心化特征;在舆情的爆发期,媒体和公众舆情传播网络K-核的分区数量均有所下降,而最大K值所包含的节点在整个网络中的占比有了明显的提高,因此,在舆情的爆发阶段,其传播网络中心化特征更显著;在舆情的消亡期,媒体和公众舆情传播网络中的K-核分区再次增加,而最大K值所包含的节点在整个网络中的占比降至三个阶段中最低,舆情传播网络呈现出去中心化并且逐渐消解的特征。

(三)"中美贸易摩擦事件"网络议程设置效果分析

QAP(Quadratic Assignment Procedure,二次指派程序)相关分析的方法被用来检测媒体和公众在舆情事件各阶段议程网络之间的对应关系,通过比较两个方阵网络中的关系强度和规格来计算出两个矩阵间的相关程度(刘军,2007)。

表5的结果显示,在舆情的发生期,媒体报道属性的议程网络与公众微博信息属性的议程网络($r=.15, p>0.05$)之间不存在显著相关;在舆情的爆发期,媒体报道属性的议程网络与公众微博信息属性的议程网络($r=.24, p<0.05$)呈现出正向的相关;在舆情的消亡期,媒体报道属性的议程网络与公众微博信息属性的议程网络($r=.23, p<0.05$)也呈现出正向的相关。

表5 "中美贸易摩擦事件"各阶段网络议程设置效应

	阶段一(发生期)	阶段二(爆发期)	阶段三(消亡期)
网络议程设置相关系数(r)	0.15ns	0.24 *	0.23 *

注:* $p<0.05$, ** $p<0.01$, *** $p<0.001$。

舆情发展的三个阶段中，有两个阶段显示出了网络议程设置效果，即媒体议程在爆发期和消亡期对公众关于“中美贸易摩擦事件”的理解都体现出议程设置功能，该结论支持了假设一。由于舆情发生期媒体与公众议程之间没有显著关联，因此本文的假设二没有得到支持。

五、结论与讨论

在对“中美贸易摩擦事件”的舆情进行网络分析时，本文使用点度中心性结合属性议程网络图来代表特定属性在网络议程中的相对显著性。虽然在一个月内，媒体和公众议程属性的点度中心性程度在舆情的三个阶段没有太大的变化，但它也呈现出了一定的规律，媒体和公众的议题注意力随着舆情的发展不断发生变化，对新议题注意力的上升伴随着对旧议题注意力的下降，媒体的议题注意力更加客观、理性，公众的议题注意力持续时间比媒体更长且更加情绪化。

通过对媒体与公众议题属性网络的分区测量，我们发现在舆情发展的各个阶段，媒体和公众的议程网络中均存在议题属性集群且在该阶段的议程中占据主导地位，其中，议程网络的中心化特征在舆情的爆发期最为显著。相比公众，媒体在对舆情事件进行报道时的话题范围更加广泛，议程更加分散。反之，公众议程在整个舆情事件中的议题注意力更加集中。这些规律的发现可以为主流媒体和政府部门在舆情应对及处理上及时把握情绪传播对舆论形成的影响，进而有效引导舆情的焦点和走向提供一些参考(孟育耀，2017)。

作为对先前学者提出的针对宏观和微观层面偶然因素对于解决议程设置效果重要性呼吁的响应(Blumler，1983；Jochen，2003；McCombs，2014)，本文的实证案例在中国特定政治、社会和文化体系背景下进行了网络议程设置的效果研究，结果体现了该理论在中文语境下的适应性。值得一提的是，在与现有的西方社会背景下的类似研究进行比较时，对比舆情周期内不同阶段媒体与公众议程的相关性检验的结果，我们发现公众与媒体的议程并不总是存在相关性的。与预期和先前学者的研究结论相反(Kim & Min，2015)，在舆情发生期，媒体与公众的议题注意力没有显示出显著的相关性；而在舆情的爆发期和消亡期，当媒体对于“中美贸易摩擦事件”的某一相关属性进行大量报道时，会引发公众对其的关注，并且这种关注程度会紧随着媒体报道量的增加和减少最后保持在一个比较均衡的注意力水平上。这一发现表明，媒体议程对公众议程的影响在舆情生命周期的初期可能十分有限。公众在舆情发生期,会从海量的信息当中选择性地去关注一些特定的属性议题。比如,在舆情发生期,相对于媒体议程网络中的属性而言,公众议程对"华为""任正非""5G""特朗普"这些话题旋涡中的人物、事物的注意力要比媒体高得多。这一发现也验证了早期学者在进行公共危机事件公众舆论流变时的研究,即舆情事件在发生的早期,人们对环境的感知依赖大众的认知,而不是依据个人的判断,这种情况下个体更容易产生盲从(丁迈、罗佳,2016)。

首先,从理论上来说,本文通过对中国语境下中美贸易摩擦这一特定国际冲突事件进行舆情生命周期议程网络的考察,它将网络议程设置理论扩展到中文语境下特定案例的检验与应用,进一步拓展了舆情分析的视角。

其次,本文将注意力的研究与舆情的生命周期相结合,既回应了议程设置"零和理论"(Zhu,1992)的重要发现,也丰富了注意力研究的理论内涵。在数据操作上,本文将媒体与公众的注意力针对同一实证案例在舆情生命周期不同阶段的表现进行可视化的对比分析,对属性共现网络的关注,为网络议程设置的效果提供了更为细致的理解,也使得李普曼(Walter Lippmann)提出的经典比喻更加形象化,即"新闻媒体架起了外面世界和我们头脑中图片的桥梁"(Lippmann,1989)。

最后,在方法层面上,本文使用了一些社会网络分析的概念(Guo,2012),如点度中心性分析、凝聚子群分析等去对特定属性的网络及其节点进行测量,使得研究整个舆情周期内媒体与公众的议程网络整体图景成为可能。在样本数据采集上,与以往研究采用的问卷调查形式相比,本文采用的数据收集方法重点聚焦于"中美贸易摩擦事件"中媒体与公众的主要属性和热点事件,最大限度地确保了样本覆盖面,也使得数据更为直观。因此,本文的结果比以往的研究更具有外部效度。

然而,本文的研究工作也存在其他待完善的地方,中美贸易摩擦已经存在了很长一段时间且仍在持续发展中,我们可能需要一个相当长的时间去考量媒体和公众在该事件中的议程及其相关性。此外,新浪微博作为本文所选取的数据源,其覆盖面也不够广阔。未来的研究将考虑在更长的舆情周期范围内,对媒体和公众的议题注意力属性网络进行分析,也将选取更加广泛的话题和数据源进行深入研究。

参考文献

曹堂哲、郝宇华(2019),《间断均衡理论视角下媒体注意力与议程设置的因果关系——

基于我国教育议程设置变迁的检验》。《治理研究》,第 3 期,页 56-67。

丁迈、罗佳(2015),《心理应激影响下突发性公共危机事件的公众舆论流变——以“昆明暴恐”事件为例》。《现代传播(中国传媒大学学报)》,第 2 期,页 50-53。

蒋俏蕾、程杨(2018),《第三层次议程设置:萨德事件中媒体与公众的议程网络》。《国际新闻界》,第 9 期,页 85-100。

李彪(2011),《网络事件传播阶段及阈值研究——以 2010 年 34 个热点网络舆情事件为例》。《国际新闻界》,第 10 期,页 22-27。

刘军(2007),《QAP:测量“关系”之间关系的一种方法》。《社会》,第 4 期,页 164-164。

刘军(2009),《整体网分析讲义:UCINET 软件实用指南》。上海:格致出版社/上海人民出版社。

刘毅、王聿昊(2019),《医疗议题议程设置效果研究——基于报纸对社交媒体公众意见影响的分析》。《新闻大学》,第 9 期,页 52-68,119-120。

孟育耀(2017),《“穿山甲事件”中的网络舆情发展及政府应对启示》。《当代传播》,第 5 期,页 51-54。

史安斌、王沛楠(2017),《议程设置理论与研究 50 年:溯源·演进·前景》。《新闻与传播研究》,第 10 期,页 13。

苏君华、周林兴(2003),《注意力资源与信息服务业发展》。《情报杂志》,第 12 期,页 60-61。

沃尔特·李普曼(1989),《舆论学》(林珊译)。北京:华夏出版社。

郗艺鹏、罗海娇(2018),《媒介议程与公众外显议程的网络关联性研究——基于第三级议程设置理论》。《新闻界》,第 12 期,页 74-82。

谢科范、赵湜、陈刚等(2010),《网络舆情突发事件的生命周期原理及集群决策研究》。《武汉理工大学学报(社会科学版)》,第 4 期,页 482-486。

徐敬宏、李欲晓、方滨兴等(2010),《非常规突发事件中网络舆情的生成及管理》。《当代传播》,第 4 期,页 41-43。

晏敬东、杨彩霞、张炜南(2017),《基于生命周期理论的微博舆情引控研究》。《情报杂志》,第 8 期,页 88-93。

曾润喜、王晨曦、陈强(2014),《网络舆情传播阶段与模型比较研究》。《情报杂志》,第 5 期,页 119-124。

张克旭(2019),《中西方主流媒体的国际议题话语权竞争——基于“华为危机事件”的实证分析》。《新闻大学》,第 12 期,页 50-66,120-121。

宗利永、顾宝炎、孙绍荣(2010),《基于注意力资源分配机制的网络危机舆情演变研究》。《情报理论与实践》,第 10 期,页 29-33。

Blumler, J. G. (Ed.) (1983). *Communicating to Voters: Television in the First European Parliamentary Elections*. London: SAGE Publications.

Guo, L., Vu, H. T. & McCombs, M. (2012).An Expanded Perspective on Agenda-setting Effects: Exploring the Third Level of Agenda Setting. *Revista de Comunicación*, (11), 51-68.

Guo,L.(2012). The Application of Social Network Analysis in Agenda Setting Research: A Methodological Exploration. *Journal of Broadcasting & Electronic Media*, 56(4),616-631.

Jochen, P. (2003). Country Characteristics as Contingent Conditions of Agenda Setting: The Moderating Influence of Polarized Elite Opinion. *Communication Research*, 30(6), 683-712.

Kim J., & Min Y. (2015).An Issue Attention Cycle Analysis of the Network Agenda Setting Model. In Guo, L., & McCombs, M. (Eds.), *The Power of Information Networks : New Directions for Agenda Setting*. London: Routledge.

Lang, G.E., & Lang, K.(1983).*The Battle for Public Opinion: The President, the Press, and the Polls during Watergate*. New York: Columbia University Press.

Ma,H.W., & Zeng, A.P. (2003).The Connectivity Structure, Giant Strong Component and Centrality of Metabolic Networks. *Bioinformatics*, 19(11),1423-1430.

McCombs, M. (2014). *Setting the Agenda : The Mass Media and Public Opinion*. Malden, MA: Polity.

McCombs, M., Llamas, J. P., Lope-Escobar, E., & Rey, F. (1997). Candidate Images in Spanish Elections: Second-Level Agenda-Setting Effects. *Journalism & Mass Communication Quarterly*, 74(4), 703-717.

McCombs, M., Lopez-Escobar, E.,&Llamas, J. P.(2000). Setting the Agenda of Attributes in the 1996 Spanish General Election. *Journal of Communication*, 50(2),77-92.

McCombs,M.,& Shaw,D.L.(1972).The Agenda Setting Function of the Mass Media. *Public Opinion Quarterly*, 36(2),176-187.

Meraz, S.(2016). An Expanded Perspective on Network Agenda Setting between Traditional Media and Twitter Political Discussion Groups in "Everyday Political Talk". In Guo, L.,& McCombs, M. (Eds.),*The Power of Information Networks : New Directions for Agenda Setting*. London: Routledge.

Vargo C. J., Guo, L., McCombs, M.,& Shaw,D.L. (2014).Network Issue Agendas on Twitter During the 2012 U.S. Presidential Election. *Journal of Communication*,64(2),296-316.

Zhu,J.H.(1992).Issue Competition and Attention Distraction: A Zero-Sum Theory of Agenda-Setting. *Journalism Quarterly*,69(4),825-836.

崛起与遏制:基于社会网络分析的贸易战中美国家形象研究*

Rising and Containing: A National Image Analysis of China and the US by SNA

相德宝　曹春晓　庄思雨**
Xiang Debao　Cao Chunxiao　Zhuang Siyu

摘要:国家形象不仅是自塑、他塑的建构与修辞问题,更是一国在国际体系中的位置和角色的结构性问题。本文以中美贸易战为例,首次将社会网络分析方法运用到国家形象研究中,通过中美在贸易战全球国家网络中的结构和关系探讨其国家形象。研究发现,贸易战在社交媒体上形成以美国、中国和中美作为整体为核心的三个节点以及涉及全球五大洲 34 个国家的社会网络。美国出度最高,指向中国,呈现出美国挑起贸易战、强硬施压、遏制中国的霸权主义形象;中国入度最高,呈现以牙还牙、坚决反击、灵活应对的形象。中国崛起打破现有国际体系,重塑世界格局,遭遇世界最强大国——美国的遏制;贸易战成为美国遏制中国打破现有国际体系的制衡举措。崛起与遏制成为中美国家形象的关键词。

Abstract: The image of a country is not only an issue of the construction and rhetoric of self-shaping and other shaping, but also an architectural issue of a country's role and position in the international system. Taking the Sino-US trade war as an example, the study applies social network analysis into China and the US national image research for the first time and explores the national image of China and the US through the structure and relationship of them in the global network of nations. It finds that the US, China, and Sino-US are the three core nodes in the trade war network, involving 34 countries from five

* 本研究为国家社科重大项目"中国特色对外话语体系在英语世界的译介与传播研究(1949—2019)"(项目编号:19ZDA339)前期研究成果。

** 相德宝,上海外国语大学新闻传播学院教授,主要研究领域为计算传播、国际传播;曹春晓,上海外国语大学新闻传播学院硕士研究生;庄思雨,上海外国语大学新闻传播学院本科生。

continents. The US has the highest out-degree and points to China, showing the hegemonic image of provoking the trade war, pressing and containing China; China has the highest in-degree, showing the image of fighting back tit-for-tat, and responding to the US initiatives flexibly. China's rise has broken the existing international order, reshaped the world system, and therefore confronted with the world's most powerful country, the United States. The trade war has become the counter-measure adopted by the US to contain China from breaking the existing international system. Rising and containment have become the keywords for the image of China and the US.

关键词:社会网络分析,国家形象,中美贸易战,网络结构

Keywords: Social Network Analysis (SNA), national image, Sino-US trade war, network structure

一、研究背景

国家形象是国家软权力的重要体现,正面的国家形象能够生成文化、意识形态,以及政治价值观的吸引力和感召力,进而帮助一国制定国际规则并决定政治议题(Nye, 1990; 张小明, 2005)。随着国家硬实力的提升,中国对自身软实力的建设愈益关注。传统国家形象研究更多关注西方传统主流媒体和自媒体对中国形象的他塑,以及中国媒体讲述中国故事,提升中国国际传播能力建设的自塑。自塑和他塑都是国家形象的媒体建构与修辞问题。然而,国家形象不仅是媒体建构和修辞,更是一国在国际体系中的位置和相互关系的结构性问题。

全球网络社会(Castells, 2009),国家与国家之间相互连接形成的国家网络正结构性地塑造着一个国家的形象。国际社交媒体上传播主体的多元连接,个性化算法推荐机制带来的信息传播偏向(陈文泰、李卫东, 2018),以及情感评价的不断增殖与迭代(王斌、戴梦瑜, 2017),都在碎片化的文本中建构着一国的国家形象认知网络,并在互动过程中强化甚至重构一国的国家形象(陈文泰、李卫东, 2018)。因此,作为遵循着可程序化(programmability)、流行性(popularity)、连通性(connectivity)及可数据化(datafication)交互逻辑的社交媒体(Dijck & Poell, 2013),网络为国家形象结构化的研究提供了实时、便

利的研究条件。

过去的国家形象研究拘泥于自塑、他塑的媒体建构和修辞研究，缺少对一国在国际网络中的位置以及相互关系的结构性把握。社会网络分析作为研究结构和关系的社会学范式，既能体现人际资源的流动、社会关系的变化，又能以抽象的社会行动者作为关键节点，来分析其在网络中的位置特征（Freeman，2004；Scott，2000）。中美贸易战不仅是中美经贸领域的竞争，更是中美国际舆论、国际话语权的争夺。中美贸易战从长远来看，本质是争夺未来世界经济秩序的主导权和全球规则的制定权（陈继勇，2018）。本文尝试以社会网络为理论视角和研究方法对中美贸易战社交媒体上的国家形象进行研究，以期为国家形象研究提供新的研究思路和方法取向。

二、文献综述

（一）国家形象研究

国家形象是国际公众对一国的“评价、认知和态度”（孙有中，2002；丁磊，2010；刘小燕，2002；吴献举、张昆，2016）。国外对于国家形象的研究一般集中在商学，从产品市场影响、品牌形象塑造方向入手（Bannister & Saunders，1978）提出原产国形象（country-of-origin，COO）（Erickson，Johansson，& Chao，1984；Roth & Romeo，1992；Laroche，Papadopoulos，Heslop，& Mourali ，2005）。

国内对于国家形象的研究自 20 世纪 90 年代勃兴，2006 年相关文献陡增（王海洲，2013）。研究主要通过选取一家或多家国际主流媒体的涉华报道文本，探究在“自塑”“他塑”，以及“合塑”视角下呈现的整体或局部的国家形象样态（刘小燕，2002）。如王秀丽等人（2010）通过对美国主流媒体有关“中国制造”的 30 年报道的数量、体裁、选题、新闻框架，以及具体词汇的内容分析发现，美国媒体呈现的“中国制造”形象经历了从物美价廉到廉价劣质的过程，其形象变化受到产品质量、中美关系和大众传媒等因素的影响；甘莅豪（2011）通过建立新闻文本数据库，人工对文本中对中美形象的各种隐喻建构做出定量统计，发现中美两国虽使用了大致相同的隐喻类型，但服务于不同的“修辞意图”，各自建构出对方是南海问题的挑起者，好斗，且威胁区域和平；也有研究通过对新闻文本进行关键词统计、主题分类来讨论奥运会期间外媒塑造的国家形象（董小英等，2005)；另外有学者对报道类别、消息来源、报道态度、风险责任归属、议题的内容、主题框架等指标进行了国家形象分析（郭小平，2010)；也有研究人员采用 LDA 主体建模法进行文本情感计算来分析“一带一路”国家品牌形象的传播（段淳林、吕笑，2018)。总体来看，从报道文本出发来分析国家形象时，研究人员大多使用内容分析法，人工对报道的数量、框架、主题，以及文本的情感态度进行编码，结合定量统计和定性分析对国家形象进行精细化呈现，如国家形象中的经济、文化形象，或某一城市形象，研究方法较为单一，较少在关系网络中对国家形象进行结构化呈现。

社交媒体平台的出现消弭了线上线下的界限（Slater，2010)，社交媒体上超越时空的信息传播为用户提供了海量的认知、评价资源，在用户琐碎的文本中蕴含着更加多元的谈论主体、更鲜明的情感指向、更复杂的主体与情感之间的网络勾连。因此，社交媒体作为信息的聚合平台，其中用户对信息解读的偏向（bias)、“信息茧房”的效应都会在即时强化，或是重构着一国的国家形象（陈文泰、李卫东，2018)。因此，迫切需要从社交媒体平台出发，以网络视角来精细化、可视化地呈现国家形象。

(二)社会网络分析

社会网络(social network)指的是社会行动（actor）及其相互关系的集合(Scott，2000)。一个社会网络一般由多个节点（node）和各点之间的连线(edge）组成。社会网络分析法（Social Network Analysis）是分析社会网络中各种关系、结构及其属性的方法，它通过建立行动者之间交往关系的模型，借用不同评判指标描述整体网络状况、局部网络状况，以及个体节点状况（Freeman，2004)，来评判社会网络的凝聚性、分裂性，并凸出关键节点。而社会网络分析中的“网络”实质上是社会关系或联系，这些关系联结着网络中的行动者，这意味着，行动者既是有意识的行为体，又不得不受社会网络的制约（张存刚、李明、陆德梅，2004)。

社会网络分析法肇始于 20 世纪 50 年代，受哈佛大学学者哈里森·怀特(Harrison White）等人对社会结构的数学模型研究的推动而得到广泛运用。除了传染病、物理学、数学、生物学及计算机科学等自然科学领域外，社会网络分析也被广泛运用于社会学、组织研究、社会心理学、人类学和经济学等社会科学领域。

在新闻传播学领域，社会网络分析法主要被用于研究新媒体领域，国内主要集中于微博平台上的信息传播规律以及关键意见领袖的识别（康伟，2012；平亮、宗利永，2010），国外利用社会网络开展分析研究较早，内容涉及广泛，涵盖人际传播、组织传播等领域（Verweij，2012）。分析指标主要采纳网络密度、中心性测度、聚类系数等来发掘整体网络特性和关键节点（杨春华，2015）。国外方面，郭蕾、麦库姆斯等人将社会网络分析法运用到议程设置研究，提出第三层网络议程设置（Guo & McCombs，2011a，2011b）。社会网络分析法为网络议程设置的研究提供了合适的分析指标，推动了议程设置理论的发展（Guo，2012）。

社会网络中边的属性包括：第一，指向（direction），即指出和指入；第二，值（valence），即正向、中立，以及负向；第三，主题（theme），即边所指代的内容（张存刚、李明、陆德梅，2004）。郭蕾曾对中国、美国、菲律宾三国在南海问题中的报道框架进行了研究，并将边的属性特征整合进去（Guo，Mays，& Wang，2017）。然而，新闻传播学领域运用社会网络分析法边属性对国家形象、国家关系的研究却整体缺失。

（三）研究问题

鉴于此，本文尝试借鉴社会网络研究理论视角和方法，将其运用到国家形象研究之中。本文的主要研究问题包括：第一，贸易战中，中美两国置于怎样的全球国家网络之中？该网络具有怎样的结构特征？第二，中美两国在全球国家网络中呈现怎样的结构和位置？各自的国家形象如何？根据以前国家形象文本分析指标和维度，并结合社会网络分析指标，本研究选取社会网络中边的指向（direction）、强度（strength）、值（valence）、内容（content）指标来测量中美具体国家形象。

指向（direction）：边的方向能够代表网络中信息或资源流动的方向，以及关注度的流向（Scott，2000），有出度（out-degree）与入度（in-degree）之分，出度彰显主动形象，入度表现出被动形象。经过对部分样本的初步阅读，笔者发现社交媒体推特上有关中美贸易战的舆论涉及国家较为广泛，不同国家对于中美两国报以不同的关注度，这会导致国家节点在社会网络中位置的差异。本文尝试通过边的指向讨论中美贸易战舆论指涉了哪些国家，国家之间的联系方向如何。

强度（strength）：在社会网络分析中，强度与方向一般会被放在一起阐释，来表现观察对象与网络中其他节点的联系紧密度。推特上有关中美贸易战的舆论中,对美国和中国的指向数量有所差异,该差异能够体现出中美双方谁据主动,谁处被动。本文尝试分析所指涉的国家与中美两国之间的联系强度如何,全球国家网络相互间的链接、方向、态度,以及主题如何影响贸易战中美国家形象的建构。

值(valence):边的另外一个属性维度是这条边所蕴含的态度,即正向、中立和负向。即便是一条边的指向、强度相同,但表示出的情感取向不同,其建构出的国家形象也有所不同,这对于观察国家形象是一个关键指标。本研究将探讨不同国家节点之间联系的态度。

内容(content):边的值或边所蕴含的态度,一般是附着在具体事件之上的,针对某个事件各个国家对某国家进行的情感价值评判。因此,边的值能够定位缘于何事件导致互动过程产生了如此的情感关系走向。本文通过边的内容属性讨论中美贸易战的主题。

在此基础上,本文尝试反思社会网络分析能否为国家形象研究提供有益的分析视角,为拓展国家形象研究提供价值理论问题。

三、研究设计

(一)案例选择

2018年3月中美爆发贸易战并持续至今。作为世界上两个最大的经济体,中美经贸关系长期被认为是“压舱石”,是中美关系发展的“稳定器”(钟飞腾,2018)。哈佛大学沃伯格经济学讲座教授罗伯特·巴罗(Robert J.Barro)表示,中美贸易摩擦(战)会影响世界经济形势,对全球经济构成严重威胁(邬梦雯,2018),因此引发国际舆论的强烈聚焦。

社交媒体推特作为极具影响力的国际舆论集散地和公共领域,在其创始之初就成为全球网民、各国政府、媒体、智库以及形色社会组织发表意见、传递声音、争夺话语权的角力领域。中美贸易战更是全球网民、各国政府、媒体、智库等不同类型的信息传播主体讨论的热点话题。国内对中美贸易战的研究主要从经济、贸易、国际关系、全球治理领域展开,以定性研究为主,而对中美贸易战的国际社交媒体则呈现出国家形象研究的缺失。

(二)研究对象与数据抓取

本文选取国际社交媒体推特作为研究对象,主要是由于该平台是全球舆论的集散地，且根据皮尤数据（2019），推特目前成为用户关注新闻最多的社交媒体网站之一，政治、经济、军事类信息在该平台上被广泛讨论。此外，该平台支持 34 种语言（Twitter Developer，2020），用户遍布全球五大洲，注册账户逾 13 亿（Wagemakers，2015）。目前，推特已成为全球用户探讨国内外政治的重要工具，深受政治人物和普通用户的青睐。

本研究以“US China trade war”为关键词，抓取 2018 年 4 月 9 日至 9 月 11 日间关于总计 225,616 条中美贸易战的推文数据，共涉及 109,759 位推特用户。社交网络中，粉丝数和被转发量是常见的影响力判断标准。但粉丝数指标更多地反应用户的人气影响力(popularity)，而推文则更多地反应了用户生产内容的影响力(influence)(Cha，Haddadi，Benevenuto，& Gummadi，2010)。由于本文侧重讨论中美贸易战这一特定专业领域的意见领袖，即用户生产内容的影响力，因此尝试以被转发量作为用户影响力的判断标准。

本文以被转发量指标对所有推文进行排序，最终筛选出被转发总数超过 100 次的 146 个用户总计 1,676 条推文的小数据作为研究对象，并进一步剔除无关和重复推文 476 条，对最终有效推文样本 1,200 条展开内容分析。

(三)研究方法

本文采取社会网络分析和内容分析方法对国际社交媒体推特中美贸易战舆论所建构的国家形象进行研究。首先，本文对 1,200 条推文进行了内容分析。内容分析编码包括：第一，中美贸易战涉及的国家和方向；第二，国家间是否存在联系；第三，联系的方向如何；第四，联系的态度；第五，涉及中美贸易战的主题。编码由 3 名编码员进行，编码之前进行预实验，最终通过 Cohen Kappa 检测，编码信度达到 0.8。

本文在此基础上进行社会网络分析，首先将中美贸易战涉及的国家作为社会网络分析的节点（node），国家之间存在的联系作为边（edge），构建网络矩阵(matrix)；之后运用 R 语言的 igraph 包进行数据可视化，形成社会网络图，研究中美贸易战国际社交媒体舆论涉及国家联系的强度、方向及态度。

在社会网络图中，节点的出度和入度大小决定了节点的大小和它所在的位置——越靠近图的中心且越大的节点，拥有更大的出度和入度；两节点间的距离越近，代表两节点的联系越紧密；箭头代表了联系指向的方向；边的粗细代表联系的频次，频次越高，边越粗。

四、主要研究发现

(一)整体网络结构与特征

1.整体网络:中美国家形象被置于全球五大洲34个国家和地区的社会网络之中建构

国际社交媒体推特上参与对中美贸易战期间中美国家形象建构的国家和地区极为广泛,包括英国、法国、德国、加拿大、俄罗斯、荷兰、澳大利亚、伊朗、伊拉克、叙利亚、也门、巴西、墨西哥、日本、印度、新加坡、韩国、朝鲜、中国香港、中国台湾、土耳其、尼日利亚、泰国、马来西亚等,涉及欧洲、亚洲、非洲、美洲、大洋洲五大洲共计34个国家和地区。

贸易战节点间共产生联系1,269次,双向连接次数125次,单向连接次数1,019次。网络密度指的是一个网络的凝聚力的总体水平,是测量网络行动者联系的紧密程度以及信息交流的积极程度的重要指标。网络密度的值介于0和1之间,越接近1则代表彼此间的关系越紧密,越接近0则节点间的联系越松散。国际社交媒体中美贸易战涉及国家间形成的社会网络密度为0.095,34个节点形成了相对紧密连接的社会网络,游离的节点仅有2个,分别是伊拉克和也门。这表明中美国家形象在推特上被全球各个国家密切关注,并从话语层面上频繁且紧密地建构着双方国家形象。

2.核心节点:美国、中国以及中美双方整体国家形象成为网络的核心节点被建构

如图1所示,有三个占据主导地位的节点,分别为美国、中国和中美。从点度中心性指标来看,美国最高,990次;其次是中国,927次;居第三位的是中美作为整体,共计353次。

出度代表主动性,入度代表被动性。从出度和入度值来看,美国出度最高,514次,说明贸易战中美国呈现攻击方形象;中国出度426次,仅次于美国。但中国入度值最高501次,美国入度值476次,说明中国在贸易战呈现被攻击方形象。

从中美两个节点的相互指向来看,美国共指向中国397次,其中69.3%是负向的,涉及主题主要为贸易战美国举措(115)、贸易战形势与中美举措(82),说明美国在中国负面国家形象的塑造过程中充当着“排头兵”的角色,主要是美

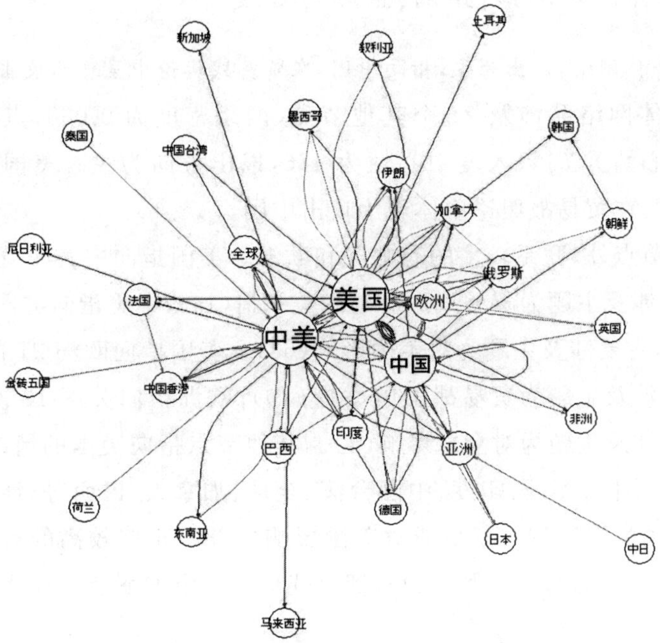

图 1　中美贸易战国家社交网络图

国以强势措施来折射中国在贸易领域的不公平行为；中国指向美国 361 次，其中 68.7%是负向的，涉及主题主要为贸易战中国举措(150)、贸易战形势与中美举措(71)，表明中国既在反击中自塑其坚决果断的国家形象，又以反击行为本身映射美国挑衅攻击的国家形象(见表 1)。

表 1　中美贸易战国际社交媒体中美之间入度、出度表

国家	入度			出度		
美国	中→美	361	476	美→中	397	514
	中美→美	88		美→中美	44	
	他国→美	27		美→他国	73	
中国	美→中	397	501	中→美	361	426
	中美→中	85		中→中美	34	
	他国→中	19		中→他国	31	

(二)个体国家网络:指向、主题与态度

1.美国个体网络:以出为主,指向中国,在贸易战舆论中呈现为攻击中国的形象

美国个体网络共涉及21个其他节点,网络密度为0.068,点度中心性为990,出度中心性为514、入度中心性为476,以出方向为主。美国节点以出为主,指向中国,在贸易战舆论中体现为攻击中国。

除中国节点外,联系较多的有中美和欧洲。美国指向中美44次,负向占比79.5%,主要涉及主题为贸易战形势与中美举措(14);中美指向美国88次,负向占比70.5%,主要涉及主题为对美国影响(63)。美国指向欧洲21次,负向占比62.5%,主要涉及主题为贸易战美国举措(10);欧洲指向美国10次,负向占比40.0%,主要涉及主题为对全球影响(4)。其他节点指向美国的情况中,负向较高的有中美、中国、美国、印度、中国台湾、全球、加拿大、巴西等,涉及主题主要为贸易战中国举措(152)、贸易战对美国影响(128);正向较高的有欧洲和俄罗斯,涉及主题主要为对全球影响(4)、贸易战形势与中美举措(3)(见图2)。

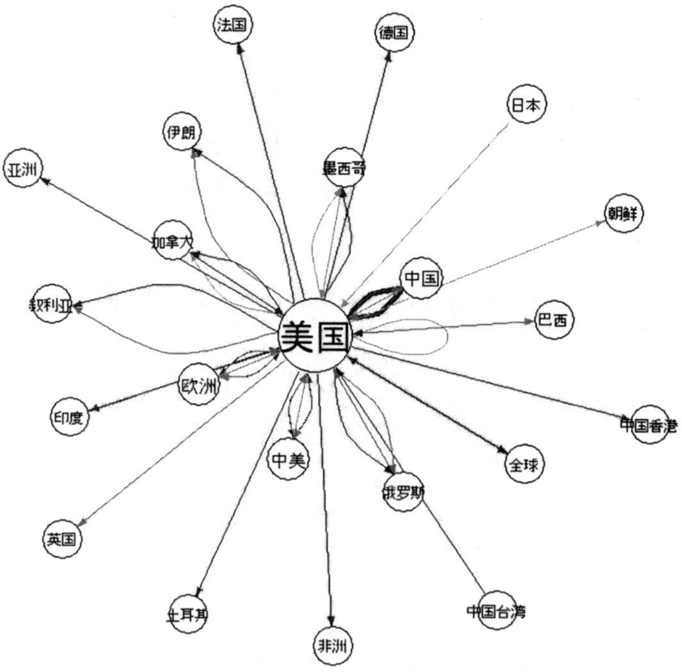

图2 中美贸易战美国社交网络图

2.中国个体网络：入度最高，在贸易战中呈现被动反击的形象

中国个体网络入度最高，在贸易战中处于被动反击状态。中国节点共涉及17个其他节点，网络密度为0.080，点度中心性为927，出度中心性为426、入度中心性为501，以入方向为主。

除美国节点外，联系较多的节点是中美。中国指向中美34次，负向占比79.4%，主要涉及主题为贸易战形势与中美举措(12)、贸易战中国举措(11)；中美指向中国85次，负向占比68.2%，主要涉及主题为对中国影响(44)。其他节点指向中国的情况中，负向较高的有美国、中美、欧洲、日本，涉及主题主要为贸易战美国举措(119)、贸易战对中国影响(95)、贸易战形势与中美举措(84)；正向较高的有德国、加拿大、巴西、非洲、英国，涉及主题主要为贸易战中国举措(5)(见图3)。

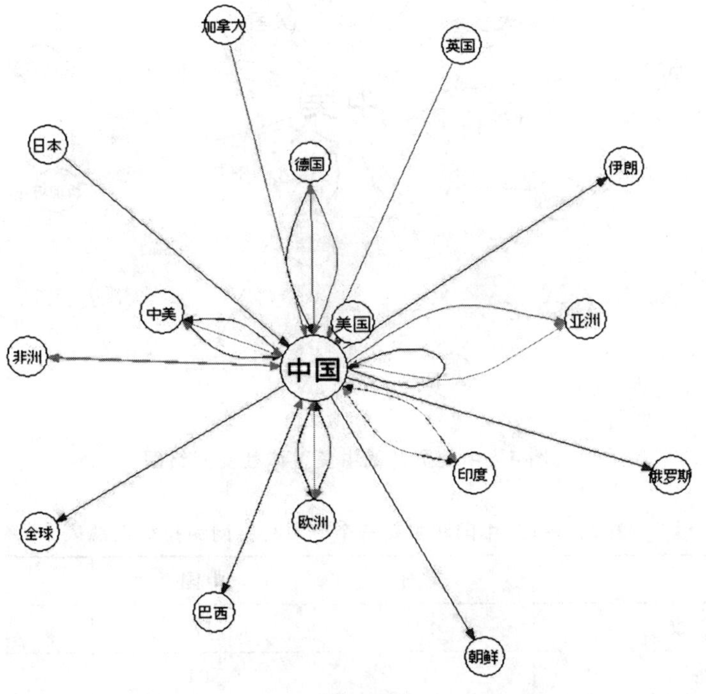

图3　中美贸易战中国社交网络图

3.中美作为整体连接节点的数量最多，关注中美贸易战对全球的影响

中美作为整体的节点与中国、美国独立节点不同。从点度中心指标来看，将中美作为整体节点点度中心性小于美国、中国作为独立节点的点度中心性，但中美整体节点联系的节点个数最多(23)，高于美国(21)和中国(17)。同时，

中美整体节点入度值(95)远低于出度值(258)。

其他节点指向中美的情况中,负向较高的有美国、中国、中国香港、亚洲、全球、加拿大、印度、巴西等,涉及主题主要为贸易战形势与中美举措(27);正向较高的有欧洲、法国、泰国、荷兰,涉及主题主要为贸易战形势与中美举措(5)(见图4)。这表明亚太地区、北美和南美地区对于中美国家形象都呈负面评价。这或许是由于地理上的接近性导致贸易冲击波及周边国家,致使其负面声音较多。

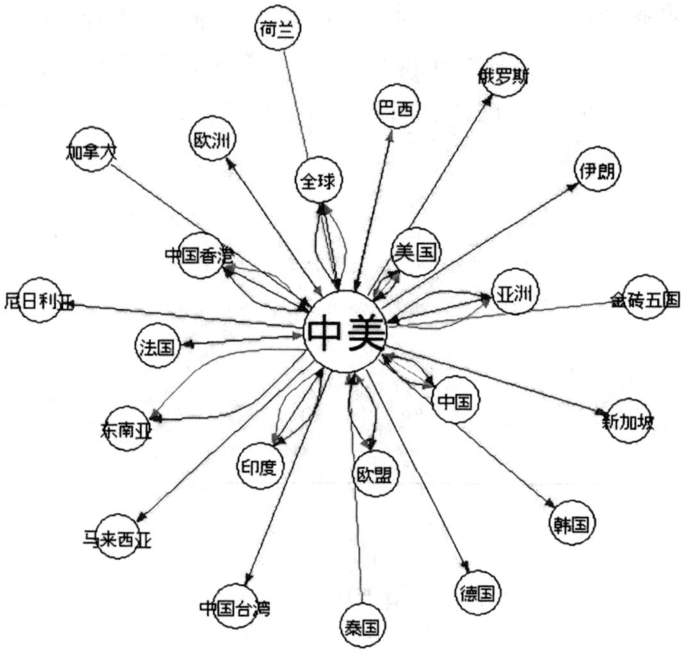

图4　中美贸易战中美整体社交网络图

表2　美国、中国和中美三个节点社会网络指标汇总表

	美国	中国	中美
联系节点个数	21	17	23
入度中心性	476	501	95
入度最高的五个节点	中国(361)	美国(397)	美国(44)
	中美(88)	中美(85)	中国(34)
	欧洲(10)	欧洲(4)	欧洲(5)
	美国(5)	德国(3)	印度(3)
	印度(3)	印度(3)	*

续表

	美国	中国	中美
正向	84	90	14
中立	17	19	2
负向	323	340	70
出度中心性	514	426	258
出度最高的五个节点	中国(397)	美国(361)	美国(88)
	中美(44)	中美(34)	中国(85)
	欧洲(21)	欧洲(7)	全球(21)
	伊朗(6)	亚洲(4)	中国香港(15)
	全球(6)	巴西(4)	中国台湾(11)
正向	76	78	47
中立	26	14	3
负向	358	286	175
点度中心性	990	927	353
正向	160	168	61
中立	43	33	5
负向	681	626	245

注：* 除以上四个节点，其余八个节点入度均为并列值 1，包括中国香港、亚洲、全球、加拿大、巴西、法国、泰国、荷兰。

(三) 贸易战中美国家形象

结合以上社会网络分析结果，本研究再次回溯至推文原文，以关键词归类的文本分析方法，以期获得更具体、更细致的中美国家形象。

1.贸易战呈现了美国挑起贸易战，强硬施压、威胁遏制中国的霸权主义形象，加剧了美帝国主义衰落

国际社交媒体上呈现的美国形象，是贸易战的挑起者，强硬施压(pressure)、欺凌(bully)、抹黑(defame)中国，不断升级(escalate)、加强(ramp up)贸易战，威胁(threaten)、惩罚(punish)、阻断(disrupt)、限制(restrict)中国。贸易战是特朗普的保护主义路径(Trump's protectionism)，加剧了美帝国主义的衰落(accelerate decline of the US empire)。

中美贸易战给美国带来了巨大损伤(major harm)、灾难性(disastrous)影响，导致美国经济衰退(concessions)，损失了数十亿美元(lose billions of dollars)。美国工业受到的伤害最大(hurt US industries the most);农民被困于(choke)贸易战中,紧张不安(on edge);美对华出口大豆陷入停滞(a halt),种植者们遭受痛苦(pain);国内商品价格上涨(increase prices),给生产商和消费者都带来了伤害(hurt American producers and consumers);就业岗位也受到威胁(threaten huge number of US jobs);此外,美国与中国的贸易逆差在2018年不断加大,增长到330亿(jumps to ＄33 billion)。美国企业成为中美贸易战的受害者(victim),深陷(trapped)中美贸易战的冲突,是中美贸易冲突的附加伤害(collateral damage),成为"谈判的筹码"(bargaining chip)。

美国所呈现的以上负面形象与2018年皮尤中心的报告《美国国际形象持续下滑》(America's International Image Continues to Suffer)所得出的结论相似,而据全球受访者反应,其形象下滑的原因之一是"美国在做出外交政策决定时没有考虑其他国家利益。一般而言,很少有人看到美国加紧解决国际问题"(Wike, et al., 2018)。

2.贸易战呈现了中国以牙还牙,坚决反击,极其有规划、灵活应对的国家形象,是中国"重塑世界秩序的机会"

国际社交媒体中美贸易战舆论呈现的中国形象是:面对美国贸易战的挑衅、威胁、制裁,以牙还牙,坚决反击,极其有规划、灵活应对的国家形象。国际社交媒体上描述中国态度的关键词主要有:面对美国发起的贸易战,中国政府"坚决反对"(resolutely opposes)贸易战,以牙还牙(tit for tat),坚决反击(retaliate、hit back、fight back),不屈服于(not surrender)美国贸易战。中国既不是第一个发起贸易战的,也不会是第一个认输的(won't be the first to wave white flag)。中国政府"极其有规划"(extremely calculated)且更加灵活(more nimble)应对。中国"嘲讽"(mocks/taunts)美国赢得贸易战"妄想"(wishful thinking)。

中国被贴上"货币操纵者"(currency manipulator),"滥用自由贸易,进行不透明的投资"(abuse of free trade and opaque investments)的负面标签。中国"债务缠身"(debt-driven economy),并会在"股票市场失去世界第二的位置"(loses spot as world's 2nd stock market),是"更为失败的一方"(the bigger loser)。但与此同时,中国是"世界第二大经济体",是"投资者的首选之地"(a favorite for investors),中国的外汇储备"出乎意料地增长"(unexpectedly rise),中国目前正在"努力减少对美国农民的依赖"(working hard to be less reliant on US farmers)。贸易战对中国是"重塑世界秩序的机会"(a chance for

Beijing to forge a new world order),“中国在朝着成为世界超级大国的长征路上迈进”(deep into the long march towards superpower status),并且最终会在“科技发明方面超过美国”(it will overtake US in tech innovation)。

整体来看,全球各个国家主体对于中美两国的国家形象舆论建构倾向负面,其中特朗普的领导人形象受国际舆论的一致差评;而对中国的形象建构则出现了矛盾复杂的一面。有学者（刘小燕，2002）曾对此做出过解读:当一国媒体形象在被建构时,建构主体遵循着具有意识形态倾向的哲学轴心,围绕的轴心不同,就会映射出不同的国家形象——当对象国与本国的价值取向一致时,对象国形象无可挑剔;反之则是十恶不赦的完全负面的形象,如萨达姆时代下的伊拉克之于彼时的美国;而当对象国符合本国的部分利益时,对象国的形象较为复杂,正负交融。中国作为世界第二大经济体,其贸易发展牵动着全球贸易的神经,国际舆论既对中国贸易的虹吸力有所警觉,又担心中国利益受损会“殃及池鱼”。因此,各国对贸易战中的中国形象怀揣的复杂情感也就不难理解了。

五、研究结果与讨论

本文以中美贸易战为例,运用社会网络分析法研究中美贸易战呈现的中美国家形象。研究发现,中美贸易战影响深远,形成美国、中国和中美作为整体三个核心节点,涉及全球五大洲 34 个国家的社会网络(国家网络)。国家间相互联系 1,269 次,双向连接次数 125 次,单向连接次数 1,019 次,网络密度为 0.095，34 个节点形成相对紧密连接的社会网络。

贸易战呈现的中美国家形象深植全球国家网络,全球国家网络相互间的连接、方向及态度决定了贸易战中美国家形象的建构。美国出度最高,指向中国,展示出主动攻击中国的形象;中国入度最高,在贸易战中处于被动反击状态。中美作为整体节点的点度最高,体现了全球对中美作为贸易战的联合主体对全球的影响。作为世界上最强大的两个国家,中美两国在全球国际体系中的位置决定了中美国家形象,中美贸易战不仅是中美间的贸易纠纷,更涉及对当下国际关系、世界体系的影响。中美贸易战斗则两伤,中美贸易战对全球以负面影响为主。

本文的主要创新在于体现了社会网络分析法对国家形象研究的意义与价值。区别于传统的国家形象研究,社会网络分析尝试从网络结构、网络连接、连接方向、连接态度等角度解析网络行动者在网络中的位置、资源、活跃程度、影响力。通过社会网络分析法切入国家形象分析有利于把握国家在全球国家网络中的位置和角色。一国的国家形象不仅是自塑、他塑的建构与修辞问题，更是一国在国际体系中的位置和关系的网络结构的问题。一国在国际体系中的位置已经决定了国际资源的动用能力，决定了其国家形象。

近年来，中国的崛起就是打破中国在固有国家体系中的位置和格局，重新在国际体系中寻找位置的过程。与此同时，中国崛起必然会打破国际体系的平衡，遭遇世界最大强国美国的抵制、打压。中美贸易战是美国遏制中国打破现有国际体系的制衡举措。因此，贸易战呈现了美国挑起贸易战，强硬施压、遏制中国的霸权主义形象；而中国呈现了以牙还牙，坚决反击，极其有规划、灵活应对的形象。社会网络研究强调从结构视角进行探析，有利于结构性把握国家形象及其演变。同时，社会网络采用定量研究的方法，利用可视化技巧，可以一目了然地展示国家形象的议题、属性与态度。相对于传统国家形象研究，社会网络分析具有定量和可视化优势。

本文的研究不足在于本文是对国际社交媒体中美贸易战的共时研究，而非历时研究，因此对中国崛起对当下世界体系的影响缺少全面的历时考察。本文研究通过抽样进行，未对中美贸易战推特数据进行全样本分析。另外，对中美国家形象属性的讨论更多基于定性讨论。未来研究可以采用大数据挖掘方法、社会网络分析法进行全面、深入讨论，进一步实现大数据时代国家形象研究的创新和突破。

参考文献

陈继勇(2018),《中美贸易战的背景、原因、本质及中国对策》。《武汉大学学报(哲学社会科学版)》,第 5 期，页 72-81。

陈文泰、李卫东(2018),《国际社交网络中“国家实在”传播与国家形象演化机制研究》,《新闻大学》,第 6 期，页 128-136,152-153。

丁磊(2010),《国家形象及其对国家间行为的影响》。北京：知识产权出版社。

董小英、李其、师曾志等(2005),《奥运会与国家形象:国外媒体对四个奥运举办城市的报道主题分析》。《中国软科学》,第 2 期，页 1-9。

段淳林、吕笑(2018),《“一带一路”国家品牌形象传播与主题模型计算的实证研究》。《现代传播(中国传媒大学学报)》，第 1 期，页 64-69。

甘莅豪(2011),《媒介话语分析的认知途径:中美报道南海问题的隐喻建构》。《国际新闻界》,第 8 期，页 83-90。

郭小平(2010),《西方媒体对中国的环境形象建构——以〈纽约时报〉“气候变化”风险报道(2000—2009)为例》。《新闻与传播研究》,第 4 期，页 18-30,109。

康伟(2012),《基于 SNA 的突发事件网络舆情关键节点识别——以“7·23 动车事故”为例》。《公共管理学报》,第 3 期,页 101-111,127-128。

刘小燕(2002),《关于传媒塑造国家形象的思考》。《国际新闻界》,第 2 期，页 61-66。

平亮、宗利永(2010),《基于社会网络中心性分析的微博信息传播研究——以 Sina 微博为例》。《图书情报知识》,第 6 期,页 92-97。

孙有中(2002)。《国家形象的内涵及其功能》。《国际论坛》,第 3 期，页 14-21。

王斌、戴梦瑜(2017),《迭代生产与关系建构:社交媒体中的国家形象塑造机制》。《兰州大学学报(社会科学版)》,第 5 期，页 37-44。

王海洲(2013),《“国家形象”研究的知识图谱及其政治学转向》。《政治学研究》，第 3 期,页 3-16。

王秀丽、韩纲(2010),《“中国制造”与国家形象传播——美国主流媒体报道 30 年内容分析》。《国际新闻界》,第 9 期，页 49-55。

邬梦雯(2018 年 9 月 9 日),《罗伯特·巴罗:贸易摩擦将对全球经济构成严重威胁》。引自 http://www.qhrb.com.cn/2018/0909/233143.shtml。

吴献举、张昆(2016),《国家形象:概念、特征及研究路径之再探讨》。《现代传播(中国传媒大学学报)》,第 1 期，页 57-62。

杨春华(2015),《社会网络分析在传播研究中的应用》。《当代传播》,第 4 期,页 29-33。

张存刚、李明、陆德梅(2004),《社会网络分析——一种重要的社会学研究方法》,《甘肃社会科学》,第 2 期，页 109-111。

张小明(2005),《约瑟夫·奈的“软权力”思想分析》。《美国研究》,第 1 期,页 3-4，20-36。

钟飞腾(2018),《超越霸权之争:中美贸易战的政治经济学逻辑》。《外交评论(外交学院学报)》,第 6 期,页 1-30。

Bannister, J., & Saunders, J. (1978). UK Consumers' Attitudes towards Imports: The Measurement of National Stereotype Image. *European Journal of Marketing*, 12(8), 562-570.

Castells, M. (2009). *The Rise of the Network Society*. Hoboken, New Jersey: Wiley-Blackwell.

Cha, M., Haddadi, H., Benevenuto, F., & Gummadi, K. P. (2010, May). Measuring User Influence in Twitter: The Million Follower Fallacy. Paper presented at ICWSM, Washington, D.C.

Dijck, J., & Poell, T. (2013). Understanding Social Media Logic. *Media and Communication*, 1(1), 2-14.

Erickson, G., Johansson, J., & Chao, P. (1984). Image Variables in Multi-Attribute Product Evaluations: Country-of-Origin Effects. *Journal of Consumer Research*, 11(2), 694-699.

Freeman, L. C. (2004). *The Development of Social Network Analysis: A Study in the Sociology of Science*. Vancouver: Empirical Press.

Guo, L. (2012). The Application of Social Network Analysis in Agenda Setting Research: A Methodological Exploration. *Journal of Broadcasting & Electronic Media*, 56(4),616-631.

Guo, L., & McCombs, M. (2011a,May). Network Agenda Setting: A Third Level of Media Effects. Paper presented at ICA Conference,Boston.

Guo, L., & McCombs, M. (2011b,August). Toward the Third Level of Agenda Setting Theory: A Network Agenda Setting Model. Paper presented at AEJMC Conference, St. Louis.

Guo, L., Mays, K., & Wang, J. (2017). Whose Story Wins on Twitter?: Visualizing the South China Sea Dispute. *Journalism Studies*, 20(4), 1-22.

Laroche, M., Papadopoulos, N., Heslop, L., & Mourali , M. (2005). The Influence of Country Image Structure on Consumer Evaluations of Foreign Products. *International Marketing Review*,22(1),96-115.

Nye, J. (1990). Soft Power. *Foreign Policy*,(80), 153-171.

Pew, R. (2019, June 12). Social Media Fact Sheet. Retrieved from https://www.pewresearch.org/internet/fact-sheet/social-media/.

Roth, M., & Romeo, J. (1992). Matching Product Category and Country Image Perceptions: A Framework for Managing Country-of-Origin Effects. *Journal of International Business Studies*,23,477-497.

Scott, J. (2000). *Social Network Analysis: A Hand Book*. Thousand Oaks, California: SAGE Publications Ltd.

Slater, D. (2010). Social Relationships and Identity Online and Offline. In L. Lievrouw, & S. Livingstone, *Handbook of New Media: Social Shaping and Social Consequences of ICTs* (pp. 533-546). New York: SAGE Publications Ltd.

Twitter Developer. (2020). Supported Languages and Browsers. Retrieved from https://developer. twitter. com/en/docs/twitter-for-websites/twitter-for-websites-supported-languages/overview.

Verweij, P. (2012). Twitter Links between Politicians and Journalists. *Journalism Practice*, 6(5-6),680-691.

Wagemakers, A. (2015, August 3). There Is a Possibility That the Quality of Twitter's Users Is Deteriorating. Retrieved from https://www. businessinsider. com/twitter-monthly-active-users-2015-7? r=UK&IR=T.

Wike, R., Stokes, B., Poushter, J., Silver, L., Fetterolf, J., & Devlin, K. (2018,October 1). America's International Image Continues to Suffer. Retrieved from https://www.pewresearch.org/global/2018/10/01/americas-international-image-continues-to-suffer/.

交互技术如何影响用户健康行为意愿：移情与有限认知容量*

How Interactive Affect Health Behavior Intention: Empathy and L4CMP

◎张　雯　方　玙　王　琦**
Zhang Wen　Fang Yu　Wang Qi

摘要：随着网络技术的发展，新闻逐渐由静态向动态转变，开始与用户产生交互。先行研究常基于提示—积累理论，认为交互技术调动了更多感官渠道，比静态信息更有效，但该理论存在限制且并未考察其作用机制。本研究基于移情与信息加工有限容量理论，分别设置叙事和数据可视化两种条件，对比两种条件下阅读交互与非交互式新闻用户的移情认知和行为意愿行为，探究交互对用户行为意愿行为的影响机制。构建以信息呈现方式（叙事 vs.数据可视化）为调节变量，交互（vs.非交互）为自变量，移情认知为中介变量，行为意愿为因变量的带调节的中介模型，通过 2×2 实验验证假设（N＝180）。结果表明，交互可直接影响行为意愿行为，同时经由移情认知影响行为意愿行为，且信息呈现方式调节此中介效应。如果信息为叙事，交互形式比非交互形式更容易被采纳，但如果信息为数据可视化，非交互则比交互更有效。上述结论加深了对交互信息效果产生机制的理解，为进一步考察交互技术效果提供了新的理论框架，且为健康传播中的交互技术运用提供了实践参考。

Abstract: With the development of new media technology, news gradually changes from static to interactive, and web-based interactivity is playing an increasingly important role now. Prior studies based on the theory of cue-accumulation, indicating web-based interactive is more effective because of mobilizing more sensory channels than static. However, this theory has limitations

---

*　基金项目：中南财经政法大学中央高校基本科研业务专项资金资助（项目编号：2722020JCT018）。

**　张雯，博士，中南财经政法大学新闻与文化传播学院讲师，硕士生导师，研究方向为用户行为、健康传播；方玙，兰州大学新闻与传播学院硕士研究生；王琦，博士，湖北工业大学工业设计学院讲师，研究方向为交互设计、人工智能。

and has not investigated the mechanism. This study based on empathy cognitive and L4CMP, investigated how and under what conditions Web-based interactivity influences the vaccination intentions of young females. A random sample of 180 Chinese female undergraduate students who had not received the HPV vaccination participated in an experiment with a 2 (interactivity: interactive information vs. non-interactive information) × 2 (presentation of information: narrative vs. data visualization) between-subjects factorial design. A moderated mediation model were constructed to test the hypotheses. The indirect relationship between interactivity and behavioral intention through empathy cognitive was moderated by the mode of presentation. Under the narrative condition, interactivity (vs. non-interactivity) increased the intention to obtain the HPV vaccine. However, under the data visualization condition, non-interactivity (vs. interactivity) was more effective on behavioral intention to obtain the HPV vaccine. The conclusion deepens the understanding of effect of interactive information and provides a new theoretical framework for further investigating the effects of interactive.

关键词:交互,数据可视化,叙事,移情认知,行为意愿,L4CMP

Keywords: interactive, data visualization, narrative, empathy cognitive, behavioral intention, L4CMP

一、引言

随着计算机技术的发展,交互已经成为新闻出版界常用的在线交流工具;随着移动设备的普及,用户可以通过交互技术,如点击、鼠标悬停、滑动或者缩放与信息交互,是“以用户为中心”“使人们更加接近信息”的互联网实践,计算机设备的交互属性得以体现。早在2011年,《纽约时报》和《卫报》就已经开始围绕艾滋病、犯罪和骚乱等议题制作了大量可交互的新闻报道,让用户积极探索数据图表和故事,这种用户驱动的传播方式引人入胜。

近年来,公共卫生问题不断受到重视,交互新闻被认为是一种有效的健康行为交流方式,受到国内外学者的广泛关注。基于交互信息的生动性与强操控性,研究者们在交互新闻比传统静态新闻更能获得用户对信息的好感上基本达成了一致，但在其认知效果上却产生了分歧。有研究者基于提示—积累理论(cue-summation theory)，认为信息学习和认知能力可以随着刺激物数量的增加而增加，动用多感知渠道的信息认知程度高于单一感知渠道，效果也随之增强。因此，动员了更多感知渠道的交互新闻有更好的劝服效果(Brashears, 2004)。

然而，将提示—积累理论运用于交互信息是否适用还需探讨。提示—积累理论与双通道编码理论相似，初期是为证明电视媒体效果好于纸媒，或者带图像新闻信息效果好于纯文字而提出的，其理论依据为语言刺激和图像刺激分属于两个不同感知系统，双感知系统同时启用的效果高于单感知系统。交互新闻包括大量传播符号，如文字、图表、声音、影像，且符号形态可以通过交互技术重新组合和改变，复杂程度远远超越了单纯文字和图像的刺激，或者被动的声音刺激，并且交互新闻与含有图表的静态新闻或者多媒体新闻在启用感官系统的数量上并无区别。反而，当人们接受信息时，对不同符号的编码和储存路径的不同加大了记忆难度，只有一个通道信息感知的时候精力反而最集中(Warnick et al., 2006)。而且，学者们只较为一致地认为交互能提高用户娱乐性及对信息的积极态度，并未对知识获取、信息记忆和行为意向方面所起的作用达成共识。我们认为，在讨论复杂的交互信息效果时，需突破提示—积累理论，寻找新理论角度。

此外，在健康传播实践中，除了交互数据可视化以外，交互叙事因能使用户生动想象负面健康后果而被认为是相当有效的劝服方式。但交互相关研究很少从经验上区分交互数据可视化与交互叙事这两种常用形式，也未检验两者对用户健康行为意愿的影响机制及差异。

因此，本文基于移情认知与信息加工有限容量理论(limited capacity model of motivated mediated message processing，简称 LC4MP)，认为用户对信息产生移情是交互影响行为意愿路径中的重要变量。同时，交互功能调动起的多通道可能导致受众认知超负荷，降低记忆库中的文字感知和相关系统的感知效率，影响信息的接受程度。但这一过程可能被信息形式——数据可视化或者叙事所调节，因为两种形式调动的资源量不同。本文拟通过 2(交互 vs.非交互)×2(数据可视化 vs.叙事)的完全组间实验，探索交互影响用户健康行为意愿机制，为提高交互新闻在健康传播运用中的效果提供理论和经验支持。

疫苗接种是公共卫生的关键一环，目前，我国正在大力宣传推广接种 HPV 疫苗。而实际情况是，我国的青少年女性并没有得到 HPV 疫苗的有效覆盖，也因为认知不足而存在接种犹豫。本研究以 HPV 接种劝服信息为实验对象。

二、文献回顾与假设

交互是“以计算机为中介的一种技术属性,使通信技术和用户间,或者用户间的信息交换变得可能”(Bucy & Tao, 2007)。交互随着网页界面的发展而发展,从嵌入式(如超链接)扩展到虚拟现实(VR)产品甚至物联网(IoT),但界面(包括移动端)交互仍是现阶段用户在线获取信息的主要途径。界面交互操作包括形态(modality)交互、消息交互性和源交互。形态交互指新媒体界面通过不同的交互技术或功能(如单击、鼠标悬停、滑动或者缩放)有意识实现信息的生动性和丰富性(Sundar et al., 2014);消息交互性指消息偶然性,即“系统消息的输出是基于用户的输入行为”,如聊天室或使用在线及时通信用户间的信息交互;源交互则指随着社交媒体发展,用户可以相互成为在线内容来源(Sundar et al., 2016)。计算机技术更多表现为形态交互,也是本研究中的交互。

(一)移情认知:健康行为意愿产生的前提

行为意愿是健康信息说服效果的预测指标。虽然在传统媒体时代,学者基于提示一积累理论得到了一系列电子媒体说服效果高于纸媒,或者图像和文字结合的说服能力高于纯文本形式的证据,但是进入网媒时代后,几乎没有学者可以直接证明相对于静态信息,复杂且丰富的交互信息有更好的劝服能力,换句话说,很少有经验证据显示交互健康信息对健康行为有直接效应。学者基于交互的属性,如操控性、灵活性、丰富性等,认为相对于静态信息,信息交互可以使得用户对信息本身产生好感,从而影响相对应的行为。比如科伊尔等人(Coyle et al.,2001)以四个商业网站的界面为对象,考察交互性与生动性如何影响用户对网站的态度和再次访问网站的意图,结果发现交互增加了网民临场感和对网站的积极态度,以及再次访问和推荐该网站的意愿。弗雷德里克等人(Frederick et al.,2015)的实验检验了在线购物网站交互功能与推荐行为意愿的关系,发现如果用户认为与商品的在线交互是有趣且有品质的,他们更愿意采纳该推荐信息。桑特皮斯和可汗穆拉(Suntornpithug & Khamalah,2010)调查了 1,744 位受访者,发现与其他用户、购物网站的良好交互促进了他们对广告信息的好感度,从而更愿意购买该商品。同样,在健康传播领域,利伯曼等人(Lieberman et al.,2001)的研究发现儿童更喜欢通过与信息的交互了解糖尿病相关知识，且能更好掌握该疾病的预防方法，增加自我管理能力。吉云(Jeeyun,2018)将交互性作为一种潜在机制，发现高交互性的信息能提高用户对肥胖的风险感知，更加支持肥胖预防政策。伍丹斯基等人(Wojdynski et al.,2015)发现交互数据可视化比静态数据图表更容易使用户沉浸，对健康信息产生更积极的态度。因此，我们推测交互信息与健康行为意图间存在中介变量。

近年来，心理学者一直强调情绪在信息与行为间的重要作用(Cheung & Mikels, 2011; Yan et al., 2012)。纳比(Nabi)早在2003年提出了情感框架模型(EFM)解释框架劝服效果产生的前提是情感，框架信息通过引发情感而达到劝服效应。高情绪经历能影响受众的风险感知、态度和行为意愿(Updegraff & Rothman, 2013)。移情认知指"自我感觉他人的感觉"，是一种心理过程，也是一种情绪的经历，包括情感移情和认知移情两个部分(Y. W. Wang et al., 2003)。情感移情指对他人经历或情绪表达的情感反应和经历过程，即理解和分享他人感受的过程。比如观察到他人处于疼痛、痛苦或者需要安慰时，产生同样情感的过程(Cassels et al., 2010)。认知情感指从他人角度出发，认知、理解和采纳他人观点的过程(Lazarus, 1968)。起先，移情认知被认为是一种人格特质，某些人比其他人更容易知觉他人的感受，随后发现某些信息更能激起人们的移情认知，改变人们的行为，成为医疗和健康沟通的研究焦点之一。

认知和情感上对信息内容的高投入是移情产生的前提(Oh & Sundar, 2016)。在交互环境中，用户可以通过单击、滑动、悬停、拖动等操作投入信息，产生"沉浸""与时间分离""控制感""好奇心"和"高享受"感(Agarwal & Karahanna, 2000)，进而在一定程度上增强用户的移情认知(Sundar et al., 2014)。汉德等人(Hand et al.,2009)通过实验发现，如果游戏广告中的被试能自主选择或设计主角，他们会更容易对广告主角产生移情认知。王等人(Wang et al.,2018)基于交互媒体效果理论认为，交互功能通过提示路径和行动路径影响用户移情认知。页面的生动性和时髦性触发网民的认知移情，页面的易用性与自然性调动用户的情感移情。

H1：与非交互相比，交互新闻能让用户对HPV感染者产生更强烈的移情认知。

移情认知影响着用户的认知、态度和行为，是用户听取健康意见或对健康政策产生共识的重要因素。用户对信息中角色的移情认知越强，对信息的采纳意愿就越高(Slater & Rouner, 2002)。研究发现，人们在进行电脑游戏时，如果对地理或者文化上遥远的人物产生移情认知，他们更可能开始对全球问题产生兴趣且对干预政策更加积极(Bachen et al., 2012)。在公共卫生信息中,吉云等人(2018)发现,一旦用户对肥胖者的痛苦产生移情认知,他们便更愿意进行运动。同样,当用户对艾滋病病人产生更高的移情认知时,对艾滋病风险认知也随之提高,他们会更愿意采取健康措施预防艾滋病(Campbell & Babrow, 2004)。因此:

H2:对 HPV 感染者的移情认知越高,接种 HPV 疫苗的意愿越强。

H3:移情认知在交互与 HPV 疫苗接种意愿中起中介作用,与非交互式新闻相比,交互能增加用户对 HPV 感染者的移情认知,进一步提高对 HPV 疫苗接种的意愿。

RQ:交互信息是否能直接影响用户的健康行为意愿?

(二)交互数据与交互叙事:谁更挑战有限的认知资源

健康劝服信息主要包括两种形式,以个人经历为主的叙事与以提供数据为主的统计。叙事往往是从第一或第三视角描述和健康行为相关的亲身经历(Winterbottom et al., 2008)。统计指以数据为基础的科学描述。人们对叙事信息和统计信息的处理方式本质不同。阅读叙事信息时,用户能快速进入个人性故事,并容易对主人公产生同情(Steinhardt & Shapiro, 2015),产生消极或者积极情绪(Oatley, 1999),这种同情感或者情绪将进一步影响其判断(Nabi, 2003)、风险认知(Xie et al., 2011)和风险防御行为(Meijnders et al., 2001)。

另外,政府、NGO 以及官方媒体更习惯使用概率或平均值强调健康风险。然而,公众间数学能力存在较大差距,大部分人无法正确理解概率信息的真实含义(Ancker & Kaufman, 2007)。随着“信息之美”的提出与流行,统计逐渐以数据可视化展现,顺应“图形转向”的潮流,但图形素养也会影响数据可视化传播效果。用户常常无法准确解读数据图表与健康风险之间的关系,可视化成了公共卫生专业人士之间常用的高效交流工具(Armstrong et al., 2001)。

LC4MP 构建了人们处理信息的一般模型。该模型认为,信息处理包括编码、储存和检索三个非线性阶段,在信息处理过程中需要消耗注意力资源,但注意力资源是有限的。如果某一阶段占用过多注意力,分配给其他两个阶段的注意力就会随之减少(Lang, 2000),出现认知超载、信息处理不完全的现象。当用户面临复杂或难以操纵的信息时,个体会消耗大量认知资源进行编码,用于储存和检索的资源不足,信息效果减弱(Xu & Sundar, 2016)。当认知资源过多分配给交互操作而不是信息内容本身时,认知成本随之增加(Sundar et al.,

2017)。换句话说,如果信息难以理解或者枯燥无趣,则用户在编码时会调用过多注意力,降低信息效果;但如果信息新颖有趣,信息效果反而会增加。

LC4MP 模型表明,交互功能可能会争夺有限的注意力资源。如果页面上交互按钮较多,会引发用户的定向响应(orienting response),自动吸引更多的认知资源,用于操作交互功能的资源增加,分配给其他信息的资源就会减少(Lang, 2006)。在交互叙事条件下,用户可以在关键节点自主选择情节方向,交互按钮往往简单明确,逻辑清楚,使得用户更容易理解和接受信息,带来更高的信息记忆度,是一种主动参与。非交互叙事,即传统叙事,是用户无法决定角色行为的被动参与,行为意愿由情节决定(Green & Jenkins, 2014)。

但与非交互数据可视化相比,交互数据可视化的操作更加复杂,功能性强,可能会占用更多的认知资源,降低用户分配在健康知识上的资源,行为意愿行为可能随之降低。因此,基于交互叙事与交互数据可视化中交互性所占用资源的差异:

H4:交互作用于行为意愿的效果被信息呈现形式(叙事 vs.数据可视化)所调节。

进一步建立带调节的中介模型假设:

H5:移情认知是交互影响行为意愿的中介变量,且信息呈现形式(叙事 vs.数据可视化)调节中介路径。具体而言,交互叙事比非交互叙事能使用户产生更愿意接种 HPV 疫苗的想法;在数据可视化条件下,非交互数据可视化则比交互数据可视化更有效。

(三)研究模型:被调节的中介模型

基于上述研究假设,在移情理论的指导下,推测交互模式会影响用户的移情认知,随之影响用户行为意愿行为,移情认知在此过程中担当中介变量。但是根据信息加工有限容量理论,复杂或者难以理解的交互功能可能会占用过多的注意力资源,降低用户对信息资源的分配,从而影响行为意愿行为。与交互叙事相比,交互数据可视化的操作更为复杂,可能会占用更多的注意力资源,降低行为意愿行为,但叙事条件则不会。因此,本研究建构被调节的中介模型,如图 1 所示。

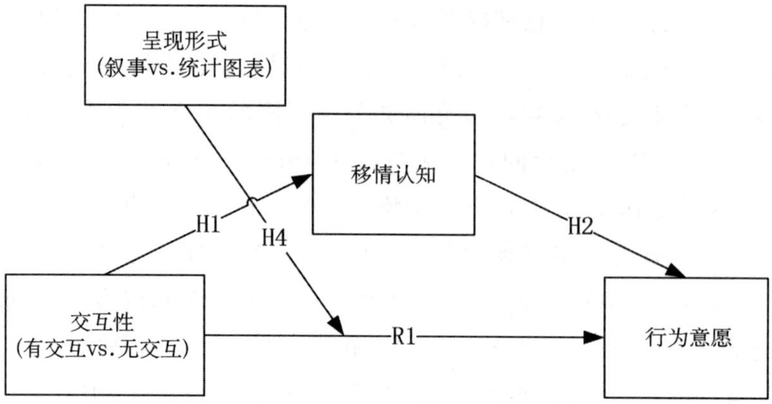

图 1　研究概念模型

三、研究方法

(一)被试

为方便取样，笔者通过微信在中南财经政法大学校内发布募集被试的邀请。被试需要满足五个条件：①女性；②年龄在 18～22 岁之间；③非医学或相关专业且无医科直系亲属；④未注射且未预约注射 HPV 疫苗；⑤经常使用社交媒体(比如微信、微博等)。最终一共招募了 183 位符合条件的参与者，按照时间顺序，选取了前 180 名为最终参与者。

(二)实验过程

实验在多媒体教室中进行，被试按要求分隔一定距离就座，防止互相干扰和讨论。首先，告知被试本次实验的目的是测试健康信息展示效果；随后，通过投影仪在屏幕上出示实验二维码，要求被试使用手机扫描二维码进入实验，并通过手机参与实验。第一页指导语的下方是关于 HPV 病毒和 HPV 疫苗的知晓度的问题，回答完毕后会出现进入正式实验的链接页面，点击链接后，被试将随机被分配至四个条件中的任意一个。阅读完实验新闻后，需要回答一系列题目并报告人口特征值，最后表达感谢并告知真实实验目的。整个实验持续约 40 分钟。

(三)实验素材

为检验假设，笔者设计了 2(交互性：有交互/无交互)×2(呈现方式：叙事/

数据可视化)的完全组间实验来验证假设。根据我国 HPV 感染现状、严重程度和 HPV 疫苗的有效率等数据，实验建构了四个版本的刺激页面：①有交互的数据可视化；②无交互的数据可视化；③交互叙事；④传统叙事。所有的实验材料都包括四个 HPV/HPV 疫苗的相关知识：HPV 感染很普遍；HPV 感染与宫颈癌；HPV 感染与其他癌症；HPV 疫苗有效预防癌症。数据可视化通过图表传播以上知识，叙事则通过第三人称的故事传播基本相同的知识。有交互和无交互数据可视化均包含相同信息的图表，如材料中提供了我国 2018 年各个地区宫颈癌的患病率，交互模式中数据可视化条件下的被试可以通过搜索、点击、鼠标悬浮等命令与图表交互，获得相关省市数据；无交互条件以静态地图呈现。有交互和无交互的叙事均以第三人称讲述了感染 HPV 的女性丽丽的故事，包括以下几个部分：丽丽婚前体检发现感染 HPV；丽丽在公司；丽丽的人际关系；丽丽的治疗。交互条件下，被试会通过按钮选择不同路径，最终读完整个故事(见图 2，左)；无交互条件下，被试会按照顺序读完丽丽的故事(见图 2，右)。

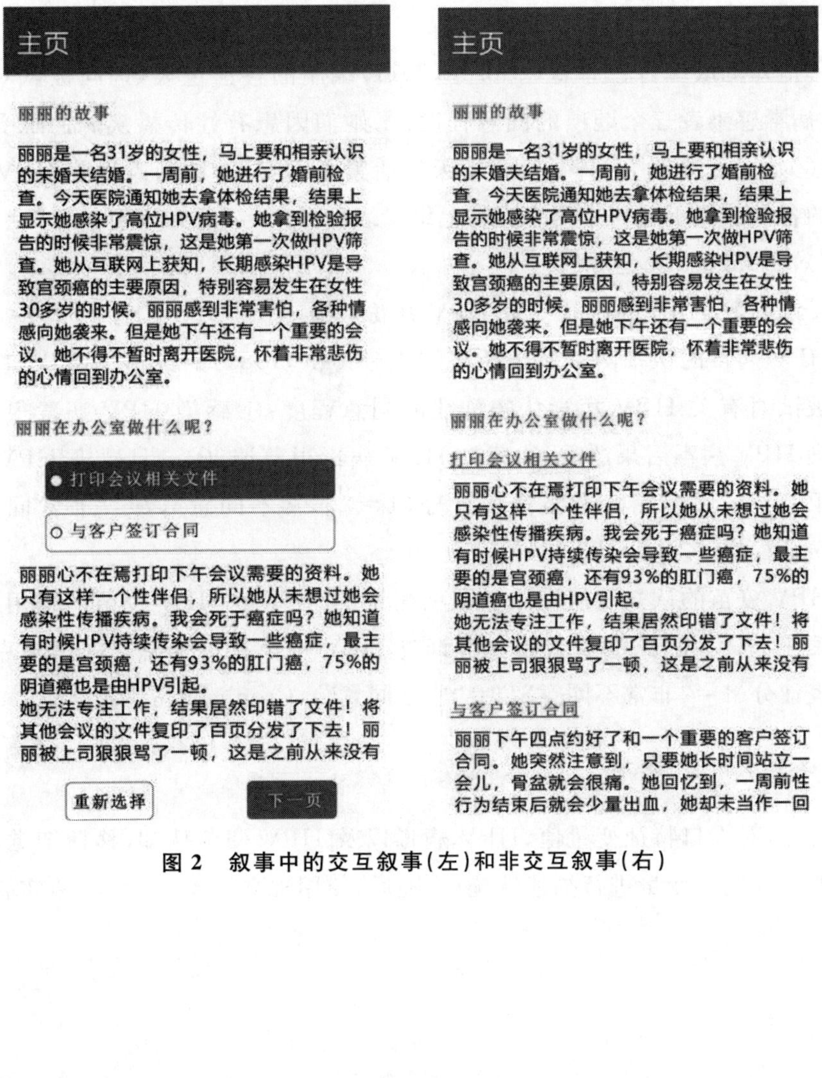

图 2　叙事中的交互叙事(左)和非交互叙事(右)

(四)变量测量

1.操作性检验

为检验实验材料中对信息交互性与呈现方式的控制有效性,实验要求被试对所看信息的交互程度以及呈现方式使用李克特七级量表进行判断,从1分"完全没有交互性"到7分"交互性非常强"判断交互性的控制,从1分"数据为主"到7分"故事为主"判断呈现方式。

2.因变量:行为意愿

采用吉兰德等人(Gerend et al.,2008)设计的疫苗行为意愿行为量表,量表包括三个题项分别询问被试在一年内采取以信息所推荐行为的可能:①预约注射HPV疫苗;②主动查阅HPV疫苗相关资料或向医生咨询;③与亲朋好友谈论注射HPV疫苗的事情。采用李克特七级量表计分(1="非常不可能",7="非常可能"),Cronbach'α为0.899。

3.中介变量:移情认知

移情知觉改编自吉布森(Gibson,2011)编制的移情量表,询问被试对有关HPV病毒感染者三个题项的同意程度:①她们因患有性传播疾病而承受社会压力;②她们因感染了HPV病毒每天生活紧张不安;③她们遭受着HPV感染带来的各种身体不适。采用李克特七级量表计分(1="非常不可能",7="非常可能"),Cronbach'α为0.907。

4.协变量:HPV病毒认知与HPV疫苗认知

HPV病毒的认知测量基于斯洛维克(Slovic,1985)的经典风险认知量表,询问被试对有关HPV病毒认知陈述的同意程度:①感染HPV病毒很可怕;②感染HPV病毒后果严重;③感染HPV病毒很普遍;④一旦感染HPV病毒很难根治。采用李克特七级量表计分(1="非常不同意",7="非常同意"),Cronbach'α为0.811。

HPV疫苗的认知度使用三个题项测量:①我了解HPV疫苗的作用;②我平时关注HPV疫苗;③我查阅和咨询过HPV疫苗相关信息。采用李克特七级量表计分(1="非常不同意",7="非常同意"),Cronbach'α为0.944。

(五)分析步骤

首先,对人口特征变量值、HPV病毒以及HPV疫苗认知、移情知觉、接种行为意愿等关键变量进行描述性统计;随后,使用独立样本t-test检验实验的操作性效度。

为检验研究假设，首先，通过两个 ACNOVAs 协方差分析，检验叙事与数据可视化对移情认知以及行为意向的调节作用是否显著；其次，构建简单中介模型检验移情认知是否是交互影响接种行为意愿的中介变量，这也是检验带调节中介模型的前提；最后，检验带调节的中介模型是否成立。中介模型和带调节中介模型的检验均采用巴伦、肯尼和海斯(Baron, Kenny, & Hayes)的经典方法，Bootstrap＝5,000。以上统计使用 SPSS18.0 以及 ProcessModel4 和 Model5 检验。

四、结果

(一) 描述性统计以及操作性检验

本实验共有 180 位女大学生参与，平均年龄 19.56(SD＝1.52)。使用 G×power3.1 计算最小样本量，在四组实验条件下检验交互效应，如果需要获得一个中等效应量 Cohan's f＝0.25，最小样本量需要达到 171 人，则 180 人符合最小样本量。被试报告了对 HPV 的中等认知(M＝4.80，SD＝1.21)以及对 HPV 疫苗较低的认知(M＝3.67，SD＝1.90)。关键变量描述性统计结果与重要变量相关系数如表 1、表 2 所示。实验同样使用 ANOVA 和精确 Fisher 检验比较了四个实验组组间被试的人口特征区别，结果显示四组被试的分布在年龄、出生地和专业上并不存在显著差异，随机分配是成功的，组间不存在人口特征差异。

操作性检验的独立样本 t 检验显示，实验对信息交互程度和呈现方式的控制是成功的，阅读交互式新闻条件下的被试(M＝6.48±0.84)比阅读非交互性信息条件下的被试(M＝1.21±0.97)认为信息更具有交互性，$p<0.001$；同样，阅读叙事信息的被试(M＝6.86±0.52)比阅读图表信息的被试(M＝1.24±0.76)认为信息更具有故事性，$p<0.001$。且交互叙事和交互数据可视化、非交互叙事和非交互数据可视化在交互程度判断上无明显差异。

表 1　关键变量描述性统计结果

变量	M	SD	题项	N
移情认知	5.32	1.18	3	180
接种意愿	5.02	1.65	3	180
HPV 病毒认知	4.80	1.21	4	180
HPV 疫苗认知	3.67	1.90	3	180

表 2　关键变量相关系数检验

变量	1	2	3	4	5	6
交互	1					
信息呈现方式	0.00	1				
移情认知	−0.31**	−0.22	1			
行为意愿	−0.03	−0.06	0.10**	1		
HPV 病毒认知	−0.169*	0.03	0.57**	0.32**	1	
HPV 疫苗认知	−0.044	0.06	0.09	0.54**	0.17*	1

注:** 在 0.01 水平上双侧显著,* 0.05 水平双侧显著相关。

(二)实验条件变量效果检验

首先,使用单因素 ANCOVA 检验实验条件对移情认知的影响,以交互性和信息呈现形式为自变量,移情认知为因变量,对 HPV 认知和 HPV 疫苗认知为协变量。结果显示,交互性显著影响被试的移情认知,F(1,174)=14.0, p<0.01,偏 $\eta^2=0.07$;交互条件下,被试有更高的移情认知(M=5.68,SD=1.17),而非交互条件下,被试的移情认知较低(M=4.96,SD=1.08)。信息呈现形式显著影响移情认知,F(1,174)=17.01, p<0.01,偏 $\eta^2=0.09$,叙事带来的移情认知(M=5.58,SD=1.02)显著高于数据可视化的移情认知(M=5.06,SD=1.27)。同时,信息呈现形式显著调节交互性对移情认知的影响,*F*(1,174)=5.96,p<0.05,偏 $\eta^2=0.03$。事后检验结果显示,虽然两种条件下,交互均比非交互激起更多的移情认知,但斜率不同。如果信息是叙事的,则交互形式(M=5.82,SD=1.21)比非交互形式(M=5.33,SD=0.71)激起更多的移情认知;如果信息以数据可视化形式呈现,则交互形式(M=5.54,SD=1.12)比非交互形式(M=4.60,SD=1.25)激起不同程度的移情认知(见图 3a)。协变量对 HPV 疫苗的认知显著影响移情认知,F(1,174)=90.0, p<0.001,偏 $\eta^2=0.34$,对 HPV 的认知则不显著。

随后,同样使用单因素 ANOCOVA 检验实验条件对行为意愿的影响。结果显示,信息呈现形式显著调节交互性对移情认知的影响,*F*(1,174)=13.02,p<0.001,偏 $\eta^2=0.07$。事后检验结果显示,如果信息是叙事的,则交互形式(M=5.51,SD=1.47)比非交互形式(M=4.72,SD=1.46)有更强的行为意愿行为;但如果信息以数据可视化呈现,非交互形式(M=5.21,SD=1.71)反而比交互形式

(M=4.63,SD=1.81)有更多的行为意愿行为(见图 3b)。协变量对 HPV 病毒的认知显著影响行为意愿行为,$F(1,174)=74.63$, $p<0.001$,偏 $\eta^2=0.30$,对 HPV 疫苗的认知同样显著,$F(1,174)=14.01$, $p<0.001$,偏 $\eta^2=0.08$。

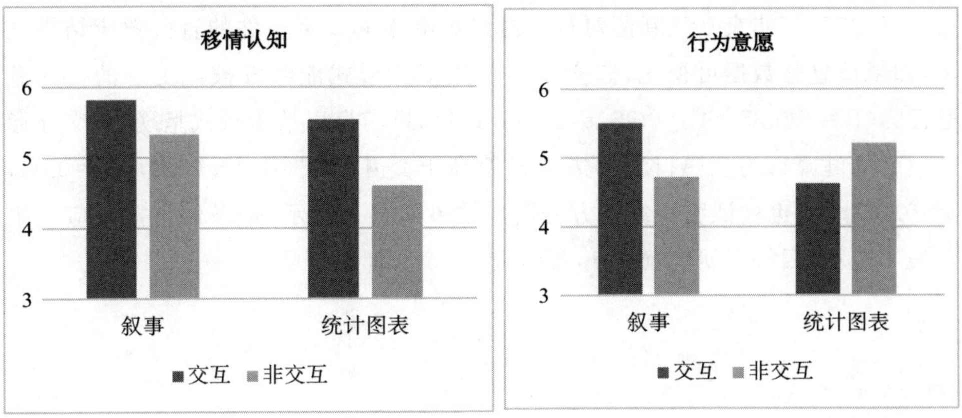

a　　　　　　　　b

图 3　信息呈现形式对交互性影响移情认知、行为意愿的调节作用

表 3　叙事和数据可视化条件下阅读交互和非交互式新闻用户的移情认知和行为意愿

呈现形式	交互程度	$M_{\text{移情认知}}$	$SD_{\text{移情认知}}$	$M_{\text{接种意愿}}$	$SD_{\text{接种意愿}}$
叙事	有交互	5.82	1.21	5.51	1.47
	无交互	5.33	0.71	4.72	1.46
统计图表	有交互	5.54	1.12	4.63	1.81
	无交互	4.59	1.25	5.21	1.72

(三)假设检验:一个被调节的中介模型

使用基于协方差最大似然估计值建立带调节的中介效应模型检验假设,模型考察 6 个拟合指标,结果显示拟合度良好,模型 $X^2=35.50$, df=20,卡方自由比为 1.78,RMSEA=0.07,CFI=0.98,TLI=0.97。交互性直接显著影响行为意愿(B=-2.15,SE=0.75,$p<0.01$),交互性越强,行为意愿越强,R1 得到了回答;H1 推测交互性影响移情认知,假设被支持,与非交互式新闻比,交互式新闻的移情认知更强(B=-0.51,SE=0.14,$p<0.001$);H2 也被证明,移情认知正向影响行为意愿(B=0.32,SE=0.11,$p<0.01$);同时,信息呈现方式显著调节交互性在行为意愿上的作用(B=1.52,SE=0.48,$p<0.01$),H4 同样被证明。

以上结果虽然证明了变量间的路径关系,但不能仅仅从路径关系推测中介效应的存在。随后检测中介效应,即间接效应的存在(Hayes, 2009)。Bootstrap 结果显示,移情认知作用于交互性于信息采用的中介效应显著,间接效应为−0.16(SE=0.07,−0.34,−0.06),H3 被证明;H5 认为在叙事条件和可视化条件下,交互与非交互式新闻对行为意愿影响不同。带条件的直接效应结果显示,如果信息是数据可视化,非交互形式比交互形式能激发被试更多的行为意愿行为(B=−0.35,SE=0.35,p<0.05);但如果信息以故事形式呈现,非交互形式激起的健康行为意愿行为则边缘显著高于交互形式(B=−0.63,SE=0.34,p=0.06),H5 也被证明。结构方程模型结果如图 4 所示,带条件直接效应结果如表 4 所示,回答了研究问题 1,且假设 1—5 全部被证明。

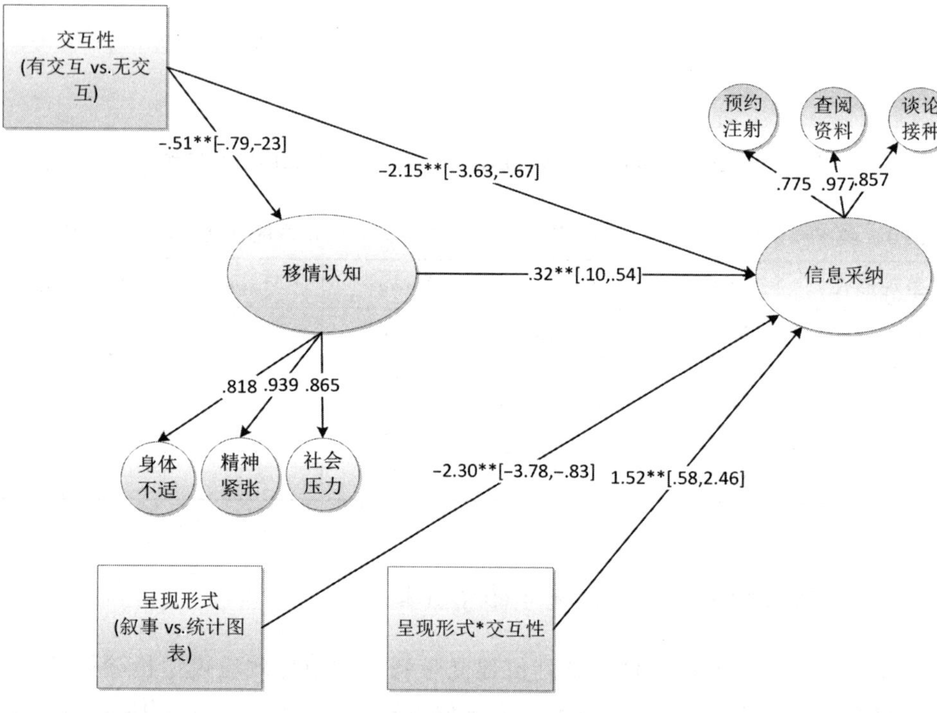

图 4 被调解的中介模型

注:X^2=35.50, df=20, X^2/df=1.77, RMSEA=0.07, CFI=0.98, TLI=0.97。

表 4 带条件对行为意愿影响的直接效应

信息呈现方式	对行为意愿行为的影响	95%BI
交互	−0.63#	−1.30 to 0.04
非交互	0.88*	0.19 to 1.58

注:* p<0.05,# p<0.1。

五、结论与讨论

本文突破提示—积累理论框架，基于移情与信息加工有限容量理论及相关研究，考察交互技术如何影响用户采纳健康信息，选取 180 名尚未注射过 HPV 疫苗的年轻女性为被试参与 2×2 的完全组间实验，以“HPV 疫苗接种”为实验素材，验证相关假设。实验结果表明，交互不仅直接作用于行为意愿，同时经由移情认知作用于行为意愿。但交互对行为意愿的直接效应被信息形式调节，如果信息为叙事，交互形式比非交互形式更容易被采纳，但如果为数据可视化，非交互则比交互更有效。研究结论能为新媒体时代如何合理运用交互这一普遍功能提供一些启示。

第一，一般而言，交互性越强，则有更强烈的健康行为意愿，且交互通过两条路径作用于行为意愿。一是直接效应，二是经由移情认知再作用于行为意愿。交互功能有效引起用户对信息的情绪反应，可以充当用户情感的启发器。面对交互叙事，用户如新闻主角一样选择其行为路线，更容易产生投入感和认知移情；面对交互数据可视化或者交互图表，用户通过过滤、选择、放大等交互，可以快速寻找所需要或者更在意的信息，增加其卷入度的同时提高移情。该结论强调了交互健康传播中启发情感的重要性，且建议在解释交互信息效果的机制时应该纳入情感因素。此结论与先前信息情感研究有一致性，一项纳入了 25 项相关研究的 meta 分析证明了信息首先使被试产生情感反应，随后影响其健康行为(Nabi et al., 2019)。本研究仅仅研究了负面移情反应，正面移情反应如高兴、惊喜等常常在研究中被忽略，将来需要纳入研究。实践中，在设计健康信息的时候，可以考虑增强信息的人机交互性，同时需要考虑交互设计是否有效提高情感反应或共鸣。

第二，重要且有趣的是，信息呈现形式，即叙事和数据可视化能显著调节交互效果，在行为意愿上，出现了相反效果。在叙事条件下，阅读交互式新闻的用户比阅读非交互式新闻的用户有更强烈的行为意愿；而在数据可视化条件下，阅读非交互式新闻的用户反而比阅读交互式新闻的用户更愿意接受信息推荐的健康行为。这验证了我们的假设，即人们的注意力资源是有限的，过于复杂或者超出用户能力范围的交互功能将占用过多的注意力资源，降低行为意愿可能。个体的知识水平、对计算机的操作技能、对信息的熟悉程度均会影响交互式新闻效果。并非高交互性信息就会带来更好的效果，交互程度与信息效果并非线性关系,有可能是U形曲线关系,过低或者过高的互动都不一定带来最佳的信息传播效果。因此,在设置互动信息的时候,需要充分考虑用户认知能力、对交互功能的操作能力及对信息的理解能力。

第三,合理使用交互,注意区分感知交互和客观交互。实验结果显示,在行为意愿行为上,交互叙事优于非交互叙事,但交互数据可视化的效果并不优于非交互数据可视化信息。这说明,虽然客观上交互叙事和交互数据可视化都使用了交互功能,但用户感知到的交互是存在区别的。现阶段,交互是另一种形式的操纵,这种操纵优越性的体验者多是浸润在数字化生活中的年轻个体,他们的成长伴随着移动设备和数字环境,由此发展出能规训工具的技艺,能迅速掌握使用操控新闻的工具。然而这种操控性技术仍然需要为新闻议题服务,滥用技术会造成技术“失控”,一旦超出受众控制范围,则会成为破坏性创新。这与邹等人(Chu et al.,2013)强调的感知交互比客观交互更有效的结论一致。换句话说,交互有效的关键是让用户感知到的交互,而不仅限于形式上的交互。实践中,要考虑到何种交互是合适的,是能让用户感知到的,滥用不仅不能带来更好的效果,反而可能会让用户产生沮丧和负面情绪,导致不良效果。

本研究的主要创新之处和理论贡献在于,突破以往将对交互信息效果的考察置于提示—积累理论之下,认为交互新闻中大量通过交互技术重组的符号与单纯文字、图像刺激存在本质不同,结合相关研究,尝试在移情理论视域下考察交互影响健康行为意愿的机制,认为移情或者情绪反应是交互影响行为的中介变量,为今后研究交互效果提出了新的理论角度。同时,基于信息加工有限容量理论,区分了交互叙事和交互数据可视化两种交互形式,检验其效果,加深了对个体有限的认知能力理解。此外,本文使用实验法考察了交互技术与健康行为意愿的因果关系,使得研究结论更具有信度和效度。

本文也存在一些不足。首先,被试是在一所211学校进行招募的,学生样本导致被试有普遍较高的数字素养,因此与一般女性相比,她们可能有更高的操纵交互数据新闻的能力,导致结果不一定存在普遍性。我们推测调节效应在非学生一般样本中可能更加显著。其次,本研究仅仅测量了即时行为意愿,并未进行长期效应追踪,即到底用户是否会真实接受信息推荐是未知的,如果能测量更长时间段后(如两周以后)被试的行为意向,则会提供一个更加具有信度的结果。最后,我们使用Tableau软件制作了交互图表并嵌入网页中,因Tableau的服务器不在国内,因此页面在载入相关图表时可能会花费一些时间,影响了被试的用户体验。

参考文献

Agarwal, R., & Karahanna, E. (2000). Time Flies When You're Having Fun: Cognitive Absorption and Beliefs about Information Technology Usage. *MIS Quarterly*, 24(4), 665-694.

Ancker, J. S., & Kaufman, D. (2007). Rethinking Health Numeracy: A Multidisciplinary Literature Review. *Journal of the American Medical Informatics Association*, 14(6), 713-721.

Armstrong, K., FitzGerald, G., Schwartz, J. S., & Ubel, P. A. (2001). Using Survival Curve Comparisons to Inform Patient Decision Making: Can a Practice Exercise Improve Understanding? *Journal of General Internal Medicine*, 16(7), 482-485.

Bachen, C. M., Hernández-Ramos, P. F., & Raphael, C. (2012). Simulating REAL LIVES: Promoting Global Empathy and Interest in Learning Through Simulation Games. *Simulation and Gaming*, 43(4), 437-460.

Baron R. M., & Kenny D. A. (1986). The Moderator-Mediator Variable Distinetion in Social Psychological Research: Conceptual, Strategic, and Statistical Considerations. *Journal of Personality and Social Psychology*, 51(6), 1173-1182.

Brashears, M. T. (2004). Effects of Text, Audio/Video, and Still Images as Asynchronous Instructional Delivery Methods upon Cognition and Satisfaction of High School Agricultural Science Students. Ph. D. thesis, Texas Tech University.

Bucy, E. P., & Tao, C.-C. (2007). The Mediated Moderation Model of Interactivity. *Media Psychology*, 9(3), 647-672.

Campbell, R. G., & Babrow, A. S. (2004). The Role of Empathy in Responses to Persuasive Risk Communication: Overcoming Resistance to HIV Prevention Messages. *Health Communication*, 16(2), 159-182.

Cassels, T. G., Chan, S., Chung, W., & Birch, S. A. J. (2010). The Role of Culture in Affective Empathy: Cultural and Bicultural Differences. *Journal of Cognition and Culture*, 10(3-4), 309-326.

Cheung, E., & Mikels, J. A. (2011). I'm Feeling Lucky: The Relationship between Affect and Risk-Seeking in the Framing Effect. *Emotion*, 11(4), 852-859.

Chu, K. M., & Yuan, B. J. C. (2013). The Effects of Perceived Interactivity on E-Trust and E-Consumer Behaviors: The Application of Fuzzy Linguistic Scale. *Journal of Electronic Commerce Research*, 14(1), 124-136.

Coyle, J. R., & Thorson, E. R. (2001). The Effects of Progressive Levels of Interactivity and Vividness in Web Marketing Sites. *Journal of Advertising*, 30(3), 65-78.

Frederick, D., Mohler, J., Vorvoreanu, M., & Glotzbach, R. (2015). The Effects of

Parallax Scrolling on User Experience in Web Design. *Journal of Usability Studies*,10(2).

Gerend, M. A., Shepherd, J. E., & Monday, K. A. (2008). Behavioral Frequency Moderates the Effects of Message Framing on HPV Vaccine Acceptability. *Annals of Behavioral Medicine*, 35(2), 221-229.

Gibson, R., Callison, C., & Zillmann, D. (2011). Quantitative Literacy and Affective Reactivity in Processing Statistical Information and Case Histories in the News. *Media Psychology*,14(1),96-120.

Green, M. C., & Jenkins, K. M. (2014). Interactive Narratives: Processes and Outcomes in User-Directed Stories. *Journal of Communication*, 64(3), 479-500.

Hand, S., & Varan, D. (2009). Interactive Stories and the Audience. *Computers in Entertainment*, 7(3), 1.

Hayes, A. F. (2009). Beyond Baron and Kenny: Statistical Mediation Analysis in the New Millennium. *Communication Monographs*, 76(4), 408-420.

Lang, A. (2000). The Limited Capacity Model of Mediated Message Processing. *Journal of Communication*, 50(1), 46-70.

Lang, A. (2006). Using the Limited Capacity Model of Motivated Mediated Message Processing to Design Effective Cancer Communication Messages. *Journal of Communication*,56(S1),57-80.

Lazarus, R. S. (1968). Emotions and Adaptation: Conceptual and Empirical Relations. *Nebraska Symposium on Motivation*,16,175-266.

Lieberman, D. A. (2001). Management of Chronic Pediatric Diseases with Interactive Health Games: Theory and Research Findings. *Journal of Ambulatory Care Management*, 24(1),26-38.

Meijnders, A. L., Midden, C. J. H., & Wilke, H. A. M. (2001). Role of Negative Emotion in Communication about CO2 Risks. *Risk Analysis*, 21(5), 955-966.

Nabi, R. L. (2003). Exploring the Framing Effects of Emotion: Do Discrete Emotions Differentially Influence Information Accessibility, Information Seeking, and Policy Preference? *Communication Research*, 30(2), 224-247.

Nabi, R. L., Walter, N., Oshidary, N., Endacott, C. G., Love-Nichols, J., Lew, Z. J., & Aune, A. (2019). Can Emotions Capture the Elusive Gain-Loss Framing Effect? A Meta-Analysis. *Communication Research*,47(8),1107-1130.

Oatley, K. (1999). Why Fiction May Be Twice as True as Fact: Fiction as Cognitive and Emotional Simulation. *Review of General Psychology*, 3(2), 101-117.

Oh, J., Lim, H. S., Copple, J. G., & Chadraba, E. K. (2018). Harnessing the Persuasive Potential of Data: The Combinatory Effects of Data Visualization and Interactive Narratives on Obesity Perceptions and Policy Attitudes. *Telematics and Informatics*, 35(6), 1755-1769.

Oh, J., & Sundar, S. S. (2016). User Engagement with Interactive Media: A Communication Perspective. In *Why Engagement Matters: Cross-Disciplinary Perspectives of User Engagement in Digital Media* (pp.177-198), Springer International Publishing.

Slater, M. D., & Rouner, D. (2002). Entertainment-Education and Elaboration Likelihood: Understanding the Processing of Narrative Persuasion. *Communication Theory*, 12(2), 173-191.

Slovic, P., Fischhoff, B., & Lichtenstein, S. (1985). Rating the Risks: The Structure of Expert and Lay Perceptions. In *Environmental Impact Assessment, Technology Assessment, and Risk Analysis* (pp.131-156). *Proc., Les Arcs.*

Steinhardt, J., & Shapiro, M. A. (2015). Framing Effects in Narrative and Non-Narrative Risk Messages. *Risk Analysis*, 35(8), 1423-1436.

Sundar, S. S., Bellur, S., Oh, J., Jia, H., & Kim, H.-S. (2016). Theoretical Importance of Contingency in Human-Computer Interaction. *Communication Research*, 43(5), 595-625.

Sundar, S. S., Bellur, S., Oh, J., Xu, Q., & Jia, H. (2014). User Experience of On-Screen Interaction Techniques: An Experimental Investigation of Clicking, Sliding, Zooming, Hovering, Dragging, and Flipping. *Human-Computer Interaction*, 29(2), 109-152.

Sundar, S. S., Kang, J., & Oprean, D. (2017). Being There in the Midst of the Story: How Immersive Journalism Affects Our Perceptions and Cognitions. *Cyberpsychology, Behavior, and Social Networking*, 20(11), 672-682.

Suntornpithug, N., & Khamalah, J. (2010). Machine and Person Interactivity: The Driving Forces behind Influences on Consumers' Willingness to Purchase Online. *Journal of Electronic Commerce Research*, 11(4), 299-325.

Updegraff, J. A., & Rothman, A. J. (2013). Health Message Framing: Moderators, Mediators, and Mysteries. *Social and Personality Psychology Compass*, 7(9), 668-679.

Wang, R., & Sundar, S. S. (2018). How Does Parallax Scrolling Influence User Experience? A Test of TIME (Theory of Interactive Media Effects). *International Journal of Human-Computer Interaction*, 34(6), 533-543.

Wang, Y. W., Davidson, M. M., Yakushko, O. F., Savoy, H. B., Tan, J. A., & Bleier, J. K. (2003). The Scale of Ethnocultural Empathy: Development, Validation, and Reliability. *Journal of Counseling Psychology*, 50(2), 221-234.

Warnick, B., Xenos, M., Endres, D., & Gastil, J. (2006). Effects of Campaign-to-User and Text-Based Interactivity in Political Candidate Campaign Web sites. *Journal of Com-*

puter-Mediated Communication, 10(3).

Winterbottom, A., Bekker, H. L., Conner, M., & Mooney, A. (2008). Does Narrative Information Bias Individual's Decision Making? A Systematic Review. *Social Science and Medicine*, 67(12), 2079-2088.

Wojdynski, B. W. (2015). Interactive Data Graphics and Information Processing: The Moderating Role of Involvement. *Journal of Media Psychology Theories, Methods, and Applications*, 27(1), 11-21.

Xie, X. F., Wang, M., Zhang, R. G., Li, J., & Yu, Q. Y. (2011). The Role of Emotions in Risk Communication. *Risk Analysis*, 31(3), 450-465.

Xu, Q., & Sundar, S. S. (2016). Interactivity and Memory: Information Processing of Interactive Versus Non-Interactive Content. *Computers in Human Behavior*, 63, 620-629.

Yan, C., Dillard, J. P., & Shen, F. (2012). Emotion, Motivation, and the Persuasive Effects of Message Framing. *Journal of Communication*, 62(4), 682-700.

教育使我们更信任*

——基于 CGSS2015 数据的互联网使用与社会信任分析

The Effect of Education on Trust

—Analysis of Internet Use and Social Trust Based on CGSS2015

◈ 叶韦明　高经纬**

Ye Weiming　Gao Jingwei

摘要：基于"2015 年中国综合社会调查"(CGSS2015)的数据，本文分析了互联网使用对于不同关系类别社会信任的影响以及教育在其中的调节作用。研究发现，互联网使用对于普遍社会信任以及强关系、弱关系、陌生人间的社会信任均有负面影响，而教育年限对上述所有关系存在显著的正向调节作用，且该调节作用随着教育年限的增加而增强：当教育年限高于 10.5 年、14.7 年、17.9 年时，互联网使用对于陌生人、强关系、弱关系的社会信任的削弱作用被教育完全消除。总体而言，教育能在一定程度上抵御信息快速流动对于社会信任的冲击，对于社会信任的维持和社会稳定的维护起着重要的作用。

Abstract: Based on the data from the "Chinese General Social Survey 2015" (CGSS2015), this article analyzes the impact of Internet use on social trust in different relationship categories and the moderating role of education in it. The study found that Internet use has a negative impact on general social trust, as well as strong, weak, and stranger social trust. On the contrary, years of education have a significant positive moderate effect on all of the above relationships, and this moderate effect increases with the educational years. When the years of education were higher than 10.5 years, 14.7 years, and 17.9 years, the weakening effect of Internet use on strangers, strong relationships, and weak relationships social trust was completely eliminated by education. In gen-

* 本研究是教育部人文社会科学研究青年基金项目"大规模开放在线课程的社会网络和社区研究"(项目编号：14YJC860035)的阶段性成果。

** 叶韦明，北京大学汇丰商学院副教授；高经纬，北京大学汇丰商学院硕士研究生。

eral, education can resist the impact of rapid information flow on social trust to a certain extent, and plays an important role in maintaining social trust and social stability.

关键词：互联网使用，教育，社会信任

Keywords: Internet use, education, social trust

一、引言

社会信任涉及共同的利益和较少的恶意（Warren, 1999）；换句话说，社会信任是一种认为其他人不会故意或有意伤害自己的信念（或者会尽量避免伤害自己）；如果可能，他人会照顾自己的利益（Newton, Stolle, & Zmerli, 2018）。研究者往往将社会信任理解为政府运作、经济交易、社区合作和民主社会的基础；更有学者将社会和政治信任、社会和政治参与、社会融合和民主稳定作为一个整体进行研究（Almond & Verba, 1963; Newton, Stolle, & Zmerli, 2018）。到了当代社会，随着公共交通、信息和通信技术的发展与普及，在面临快速的社会和经济变迁、大规模迁移和种族宗教冲突的压力时，社会信任对于社会凝聚力、融合和稳定至关重要（Newton, Stolle, & Zmerli, 2018）。因此，社会科学研究者持续关注哪些因素可能影响人类社会信任的建构和维持。随着全球性社会流动和城市化不断加剧，人类对于世界的理解越来越多地依赖于媒介；从某种意义上说，人们生活在媒介建构的社会世界中，媒介对于人类的社会行为和观念态度产生着影响。本研究基于"2015年中国综合社会调查"（CGSS2015）入户问卷资料，分析互联网使用对社会信任产生何种影响，不同关系类别的社会信任是否有差异，又有什么因素对互联网的社会信任产生作用。

二、文献综述与研究假设

尽管心理学家试图从个体角度解释信任的产生，但更多的社会科学研究者强调，信任是社会集体的财产系统。信任构成了社会关系的背景，信任是基于社会关系的经验。因此，信任影响了个体如何与他人关联，影响了个体如何回应普遍的信任问题（Putnam, 2000; Newton, 2001）。学者们总结出，信任（或不信任）往往与社会因素强烈相关，如教育、收入、社会阶层、幸福感、工作满意

度、种族和宗教背景、少数群体成员，以及离婚、失业、重病等生命体验(Newton, Stolle, & Zmerli, 2018)。

在大量关于社会信任的研究中，有学者从社会资本视角(特别是集体社会资本的视角)关注媒体与社会信任的关系。人们待在家里并沉迷于电视，疏于参与公共组织和社会联系，进而影响社会信任的产生——因此学者断言，社会资本衰减的罪魁祸首是电视这样的媒介技术(Norris, 1996; Putnam, 2000)。到了以互联网为代表的信息和通信技术普及的时代，关于媒介与社会信任关系的讨论更加激烈。主要有以下三种观点：第一，早期学者担忧，重度互联网使用者会切断社会联系，导致压抑的情绪和紧张的生活(Kraut, Scherlis, Patterson, Kiesler, & Mukhopadhyay, 1998; Nie & Erbring, 2002)；第二，随后，更多学者看到互联网好的一面，认为网络可以重建衰落的社区和信任，重新建立社会连接(Rheingold, 1993;Wellman & Gulia, 1999)，这些研究侧重强调虚拟社区创造的社会意义；第三，研究者基于皮尤中心关于"大众与媒体"(the People and the Press)和"信任与隐私调查"(Trust and Privacy Survey)的数据分析发现，互联网使用者并没有比非使用者更加信任或者不信任陌生人，互联网只是人们已有联系的额外途径。只有少数证据证明网络聊天室使得信任度较低的人聚到一起(Uslaner, 2004)。而基于 2013 年中国综合社会调查数据(CGSS2013)的研究指出，相较于以传统媒介为主要信息来源的青年，以互联网为主要信息来源的青年的社会信任水平显著更低；社会交往频率(与朋友聚会)以及特定价值观念和身份(受传统文化影响或中国共产党员等)，对互联网使用的社会信任负面影响具有缓冲作用(赵晓航、李建新，2017)。在如此"悲观"的结论之下，是不是说明社会为了维持信任，应该减少甚至断绝互联网的使用呢？但互联网已经成为人类社会经济生活中必不可少的一部分，这种选择显然是不可取也不可能的。本研究重新探讨互联网使用对于社会信任到底产生什么影响，有哪些因素对社会信任共同产生作用，并基于研究结论给出行动建议。

首先，以往的研究发现，教育在社会资本的生成过程中扮演着关键的角色：教育影响社会资本中的社会参与以及互惠机制维度(Huang, Van den Brink, & Groot, 2009)。因此，较高的平均教育水平可能有助于创造自我强化的社会信任氛围：在平均教育水平较高的环境里，任何教育水平的人实际上都更信任他人(Helliwell & Putnam, 2007; Herreros & Criado, 2008)。此外，公众媒介信息处理能力的高低与个人教育水平也有着密切的关系：教育程度越高，其媒介信息处理能力的平均值也越高(周葆华、陆晔，2008)。

其次，随着城市化发展，陌生人社会的规则逐渐替代熟人社会中的互动逻辑，社会网络学者更是将其概括为“小盒子、本地化到网络化的个人主义”(Wellman, 2001)。因此，除了普遍的社会信任之外，学者们也将社会关系根据强弱程度区分开，并讨论不同关系的信任情况，包括陌生人、弱关系和强关系。尤斯拉纳(Uslaner,2002)基于大量的信任相关问题发现，普遍的社会信任往往与对陌生人的信任度一致。学者分析多伦多社区发现，互联网及地区讨论群组可以改变和促进邻里关系，特别有助于增进弱关系的连接；并且能够有助于地方问题的讨论和动员(Hampton & Wellman, 2003)。另有研究发现，人们看到负面的图像和文字会降低社会信任水平，并且这种负面效应在与熟人的关系中更加明显(Näsi, Räsänen, Hawdon, Holkeri, & Oksanen, 2015)。从以往研究可以推论，不同的关系类型及其社会信任受到互联网的影响有区别。

本研究一方面从社会化过程中最重要的教育过程切入，即从社会资本的生成逻辑讨论社会信任的可能影响元素；另一方面对关系的强弱程度进行分类，从互动逻辑讨论社会信任受到连接方式的影响。基于以上文献综述，本文提出以下假设：

假设1：互联网使用对普遍社会信任产生影响，教育在其中起调节作用。

假设2：互联网对不同关系类别的社会信任产生影响，且影响随教育年限发生变化。

三、数据、变量与方法

(一)数据来源

本研究采用中国人民大学主持的“中国综合社会调查”(Chinese General Social Survey，简称CGSS) 2015年调查数据。CGSS始于2003年，是我国最早的全国性、综合性、连续性的学术调查项目。CGSS 2015采用多阶段分层抽样方法，覆盖中国大陆28个省级行政区(新疆、西藏、海南和港澳台地区除外)的478个村、居委会，共完成有效问卷10,968份。根据本研究需要，剔除存在变量信息缺失或不完整的样本，最终得到6,334个观测值。

(二)变量操作化

被解释变量：本研究同时关注普遍社会信任和不同关系类别的社会信任；

被解释变量是:普遍社会信任得分、强关系社会信任得分、弱关系社会信任得分、陌生人社会信任得分。选取问题B10:“在不直接涉及金钱利益的一般社会交往/接触中,您觉得下列人士中可以信任的人多不多呢?”根据互动次数少、感情较弱、亲密程度低、互惠交换少而窄为弱关系的划分依据,本研究按关系强弱程度将社会信任区分为强关系、弱关系和陌生人三类。将各关系类别中的子问题得分相加,得到各关系类别的社会信任得分。最后,强关系、弱关系、陌生人社会信任得分相加,得到普遍社会信任得分。

解释变量:互联网使用。问题A28-5问及受访者过去一年对互联网(包括手机上网)的使用情况,其中1表示“从不”,2表示“很少”,3表示“有时”,4表示“经常”,5表示“非常频繁”。本研究将“从不”与“很少”标记为0,“有时”“经常”“非常频繁”标记为1,构建解释变量“互联网使用”。

调节变量:本研究调节变量为教育年限。根据问题A7a“您目前的最高教育程度(包括目前在读的)”,将结果基于表1所示映射进行编码,得到调节变量教育年限。

表1　教育程度与受教育年限的对应

最高教育程度	教育年限
没有受过任何教育	0
私塾、扫盲班	2
小学	6
初中	9
普通高中、技校、中专、职业高中	12
大学专科(正规高等教育) 大学专科(成人高等教育)	15
大学本科(正规高等教育) 大学本科(成人高等教育)	16
研究生及以上	19

控制变量:本研究选取个体层面、家庭层面和社会层面的变量作为控制变量,包括年龄、性别、婚姻状况、就业状况;家庭年收入的自然对数值;主观阶层、健康自评、居住省份。变量定义与描述性统计见表2。

表 2　变量定义与描述性统计

变量	定义	变量类别	均值	标准差
普遍社会信任得分	强关系＋弱关系＋陌生人信任得分	连续	34.05	6.181
强关系社会信任得分	(近)邻居(b1001)、亲戚(b1005)、同事(b1006)、老同学(b1008)	连续	15.50	2.632
弱关系社会信任得分	(城镇的)远邻/街坊或(乡村)邻居以外的同村居民(b1002)、同村的同姓人士(b1003)、同村的非同姓人士(b1004)、交情不深的朋友/相识(b1007)、在外地相遇的同乡(以同市或同县为界限)(b1009)	连续	16.58	3.619
陌生人社会信任得分	陌生人(b1013)信任得分	连续	1.960	0.9910
互联网使用	过去一年互联网(包括手机上网)的使用情况	分类	\	\
教育年限	目前的最高教育程度	连续	9.160	4.373
年龄	根据问题 A0“当前调查时间”与问题 A301“您的出生日期-年”构建,两者相减取整	连续	48.50	16.32
性别	根据问题 A2“您的性别”构建,男性标记为 1,女性标记为 2	分类	\	\
婚姻状况	根据问题 A69“您目前的婚姻状况”构建,“未婚”标记为 1,其余标记为 0 表示“已婚”	分类	\	\
就业状况	根据问题 A58“您的工作经历及状况”构建,“目前没有工作,曾经有过非农工作”“目前没有工作,而且只务过农”“从未工作过”标记为 0 表示“无工作”,其余标记为 1 表示“有工作”	分类	\	\
家庭年收入的自然对数值	根据以下一系列问题:A11011、A11021、A11031、A11041、A11051、A11061、A11071、A11081、A11091、A11101、A11111、A11121、A11131、A11141 计算受访者家庭成员数量,并根据问题 A62“您家去年全年家庭总收入”,构建该变量	连续	9.297	1.670
主观阶层	根据问题 A431“您认为自己目前处于哪个等级上”构建,取值为 1 至 10 的整数,1 最低,10 最高	连续	4.380	1.610
健康自评	根据问题 A15“您觉得您目前的身体健康状况”构建,取值为 1 到 5 的整数,健康状况依次提高	连续	3.700	1.038
居住省份	根据问题 S41“采访地点-省/自治区/直辖市编码”构建,取值为 1 至 28 的整数	分类	\	\

(三)统计方法

本研究使用 SPSS(Version 23)与海斯(Hayes)开发的基于 SPSS 的 PROCESS 插件(Version 3.3)进行数据处理与调节效应分析。具体而言,为了探究互联网的使用是否会对不同关系类别的信任程度产生影响,以及教育年限在互联网的使用与不同关系类别的信任程度之间的调节作用,本研究选择 PROCESS 提供的模型一,每次均采用 Bootstrapping 方法从 CGSS 2015 样本集中有放回地抽取 5,000 个样本,并计算其调节效应 95%的置信区间。同时,由于作为调节变量的教育年限是连续变量,我们将采用 Johnson-Neyman 法进行简单斜率(simple slope)的显著性检验(方杰、温忠麟、梁东梅、李霓霓,2015)。本研究的模型如图 1 所示。

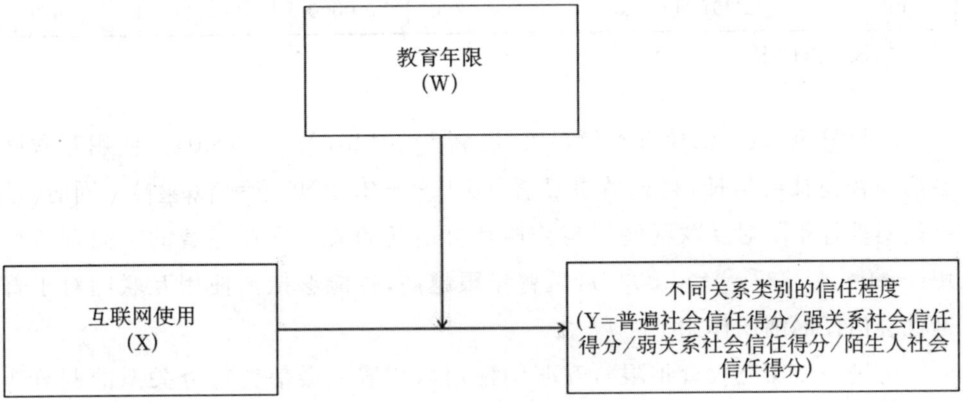

图 1　调节假设模型

四、研究发现

针对四组关系——(X=互联网使用,Y_1=普遍社会信任得分),(X=互联网使用,Y_2=强关系社会信任得分),(X=互联网使用,Y_3=弱关系社会信任得分),(X=互联网使用,Y_4=陌生人社会信任得分),本研究分别进行了四次基于 PROCESS 模型一的回归,并同时采用 Johnson-Neyman 方法进一步探究每一组中教育年限的调节效应。

(一)教育调节下互联网使用对于普遍社会信任的影响

本研究使用普遍社会信任得分表示普遍社会信任程度:该分值越高,普遍社会信任感越强。在控制变量的条件下,以互联网使用为自变量,普遍社会信任得分为因变量,教育年限为调节变量进行模型一的回归分析,结果如表 3 所示。

表 3　互联网使用对普遍社会信任得分的回归结果(教育年限调节)

模型拟合度				
MSE	f	df1	df1	p
37.7062	8.6413	11.0000	6322.0000	0.0000

模型中各变量的系数						
	coeff	se	t	p	LLCI	ULCI
Internet	−2.7821	0.5086	−5.4697	0.0000	−3.7792	−1.7850
Edu_year	−0.0774	0.0283	−2.7351	0.0063	−1.329	−0.0219
Int_1	0.2337	0.0456	5.1296	0.0000	0.1444	0.3230

注:该模型的 R-sq 为 0.0148。

结果显示,该回归模型整体显著(R-sq=0.0148, p=0.0000)。使用互联网会削弱普遍社会信任,且该效果显著(coeff=−2.7821, p=0.0000)。同时,结果说明教育年限对互联网使用与普遍社会信任的关系存在显著的正向调节作用(coeff=0.2337, p=0.0000):教育年限越高,越能够抵消使用互联网对于普遍社会信任的削弱作用。

为进一步探究教育年限对互联网使用与普遍社会信任得分关系的调节作用,我们采用 Johnson-Neyman 法对调节作用作图。如图 2 所示,左侧竖线的左半部分(教育年限小于等于 10.1015)与右侧竖线的右半部分(教育年限大于等于 14.3168)是教育年限调节作用的显著区域。对于教育年限高于 14.4 年的个体,教育年限的调节作用完全消除了互联网对普遍社会信任的削弱作用,即此时使用互联网的个体的普遍社会信任得分比不使用互联网的个体的普遍社会信任得分更高。自此,假设 1 得到支持,即互联网使用对普遍社会信任产生影响,教育在其中起调节作用。

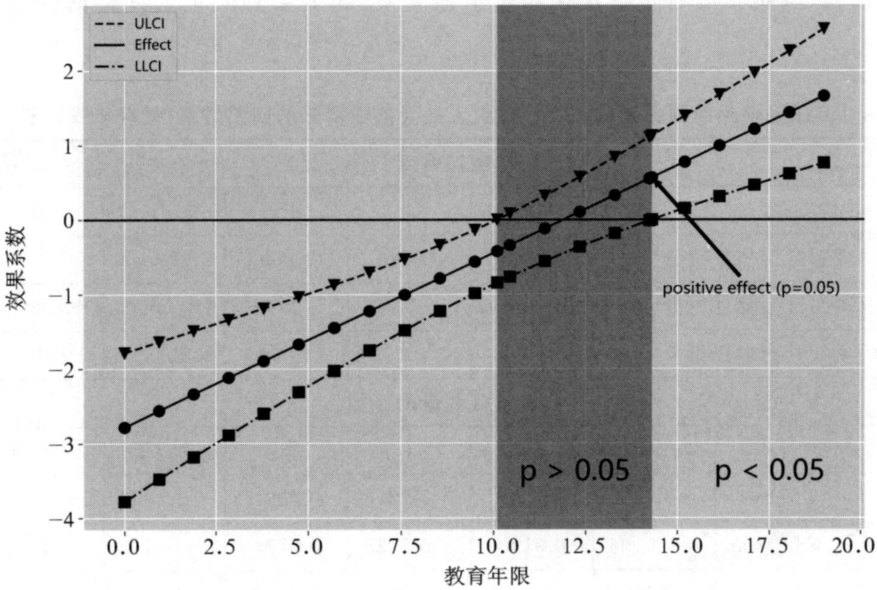

图 2　教育年限在互联网使用与普遍社会信任得分之间的调节作用①

(二)教育调节下互联网使用对于强关系、弱关系和陌生人社会信任的影响

在控制变量的条件下,以互联网使用为自变量,分别以强关系社会信任得分、弱关系社会信任得分、陌生人社会信任得分为因变量,教育年限为调节变量进行模型一的回归分析。三次回归分析的结果如表 4 所示。

结果显示,基于互联网分别与强关系社会信任得分、弱关系社会信任得分和陌生人社会信任得分的回归模型整体显著(对应的 R-sq＝0.0170, p＝0.0002; R-sq＝0.0174, p＝0.0000; R-sq＝0.0172, p＝0.0000)。使用互联网会削弱强关系、弱关系和陌生人的社会信任得分,且效果显著(分别对应 coeff＝－0.8050, p＝0.0002;coeff＝－1.5121, p＝0.0000;coeff＝－0.4651, p＝0.0000)。同时,结果说明教育年限对互联网使用与强关系、弱关系、陌生人社会信任程度的关系存在显著的正向调节作用(分别对应 coeff＝0.0717, p＝0.0002;coeff＝0.1111, p＝0.0000;coeff＝0.0509, p＝0.0000)。也就是说,教育

① 横轴为教育年限,纵轴为条件效果(conditional effect),即在特定教育年限下互联网使用的总效果系数。条件效果为正表示在该条件下互联网使用对因变量产生促进作用,条件效果为负表示在该条件下互联网使用对因变量产生削弱作用。图 3、4、5 的横轴、纵轴含义相同。

年限越高,越能够抵消使用互联网对于强关系、弱关系和陌生人社会信任的消解作用。

表 4　互联网使用对强关系、弱关系、陌生人社会信任得分的回归结果(教育年限调节)

模型拟合度							
		MSE	f	df1	df1	p	
Y=强关系社会信任得分		6.8193	9.9422	11.0000	6322.0000	0.0000	
Y=弱关系社会信任得分		12.8915	10.1734	11.0000	6322.0000	0.0000	
Y=陌生人社会信任得分		0.9666	10.0676	11.0000	6322.0000	0.0000	
模型中各变量的系数							
		coeff	se	t	p	LLCI	ULCI
Y=强关系社会信任得分	Internet	−0.8050	0.2163	−3.7213	0.0002	−1.2290	−0.3809
	Edu_year	0.0106	0.0120	0.8828	0.3774	−0.0130	0.0342
	Int_1	0.0717	0.0194	3.7016	0.0002	0.0337	0.1097
Y=弱关系社会信任得分	Internet	−1.5121	0.2974	−5.0843	0.0000	−2.0951	−0.9291
	Edu_year	−0.0716	0.0165	−4.3300	0.0000	−0.1041	−0.0392
	Int_1	0.1111	0.0266	4.1715	0.0000	0.0589	0.1634
Y=陌生人社会信任得分	Internet	−0.4651	0.0814	−5.7105	0.0000	−0.6247	−0.3054
	Edu_year	−0.0164	0.0045	−3.6143	0.0003	−0.0253	−0.0075
	Int_1	0.0509	0.0073	6.9723	0.0000	0.0366	0.0652

注:强关系、弱关系、陌生人模型的 R-sq 依次为 0.0170、0.0174、0.0172。

为进一步探究教育年限对互联网使用与强关系、弱关系、陌生人社会信任得分关系的调节作用,研究采用 Johnson-Neyman 法对调节作用作图。如图 3、4、5 所示,左侧竖线的左半部分与右侧竖线的右半部分是教育年限调节作用的显著区域。①对于强关系的社会信任来说:如图 3 所示,左侧竖线的左半部分(教育年限小于等于 8.5991)与右侧竖线的右半部分(教育年限大于等于 14.7084)是教育年限调节作用的显著区域。个体的教育年限如果高于 8.6 年,互联网的使用对强关系信任度的消极影响消失;而当个体的教育年限高于14.7年,教育年限的调节作用完全消除了互联网对强关系的削弱作用,即此时使用互联网的个体的强关系社会信任得分比不使用互联网的个体的强关系社会信任得分更高。②对于弱关系的社会信任来说:如图 4 所示,左侧竖线的左半部分(教育年限小于等于 11.3195)与右侧竖线的右半部分(教育年限大于等于

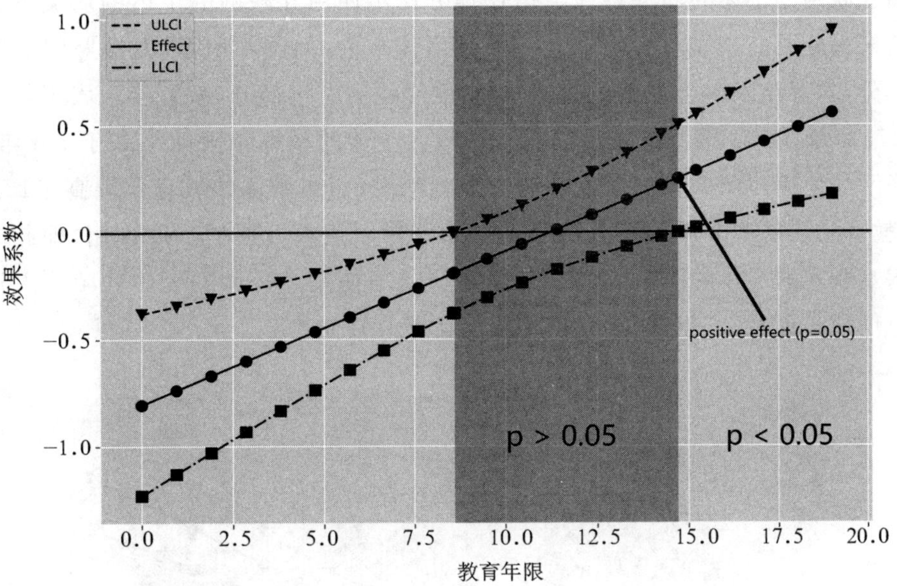

图 3　教育年限在互联网使用与强关系社会信任得分之间的调节作用

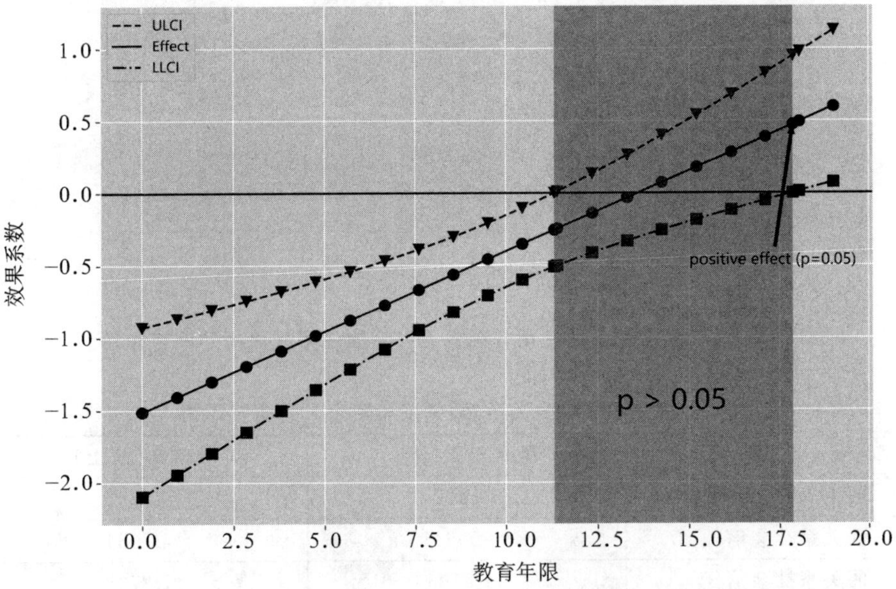

图 4　教育年限在互联网使用与弱关系社会信任得分之间的调节作用

17.8708)是教育年限调节作用的显著区域。个体的教育年限如果高于 11.3 年，互联网的使用对弱关系信任度的消极影响消失；而当个体的教育年限高于17.9 年，教育年限的调节作用完全消除了互联网对弱关系信任的削弱作用，即此时使用互联网的个体的弱关系社会信任得分比不使用互联网的个体的弱关系社会信任得分更高。③对于陌生人的社会信任来说:如图5所示,左侧竖线的左半部分(教育年限小于等于7.6462)与右侧竖线的右半部分(教育年限大于等于10.4731)是教育年限调节作用的显著区域。个体的教育年限如果高于7.6年,互联网的使用对弱关系信任度的消极影响消失;而当个体的教育年限高于10.5年,教育年限的调节作用完全消除了互联网对陌生人信任的削弱作用,即此时使用互联网的个体的陌生人社会信任得分比不使用互联网的个体的陌生人社会信任得分更高。三者的教育年限影响临界值见表5。

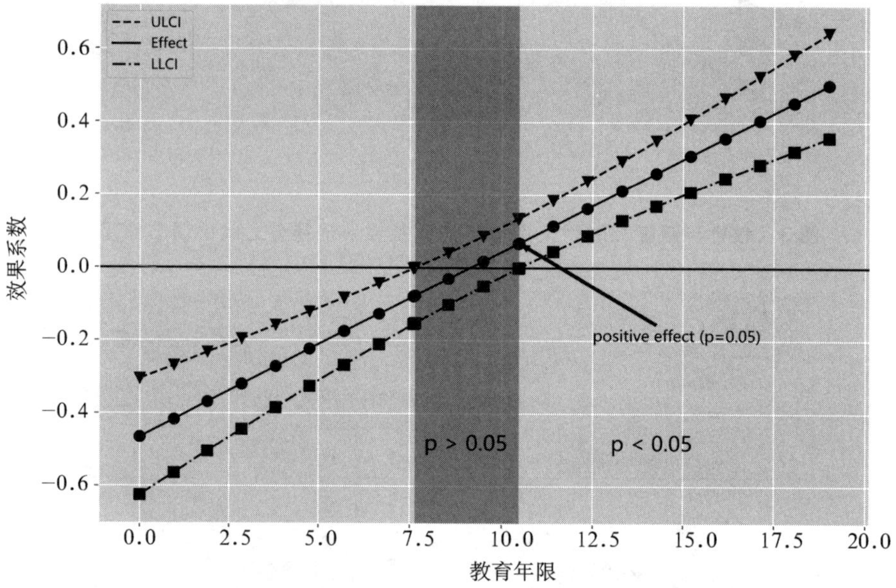

图5 教育年限在互联网使用与陌生人社会信任得分之间的调节作用

表5 教育年限对强关系、弱关系和陌生人的调节作用

	教育年限(下)	教育年限(上)
陌生人社会信任	7.6462	10.4731
强关系社会信任	8.5991	14.7084
弱关系社会信任	11.3195	17.8708

综上所述,互联网使用对于不同关系类别的社会信任均产生削弱作用,且教育年限在其中起正向调节作用:教育年限越高越能够抵消互联网使用对于不同关系类别的社会信任的削弱作用,甚至改变为正面影响社会信任度。因此,假设2成立。

五、结论与讨论

学者们通过实验发现，表达出信任态度的人同样以信任的方式行动（Yamagishi, Hayashi, & Jin 1994），所以对社会信任态度的研究有极其重要的社会意义——信任态度可以反映人们信任的行为。社会科学关注社会信任，因为社会信任并非自然或固有的特征（Ridley, 1997），它是一个连续体变量；人们愿意冒险在他人身上投以信赖和依靠，因此信任是在日常经验中习得的行为（Dasgupta, 1988; Newton, Stolle, & Zmerli, 2018），在社会化过程中，教育起到了重要的作用。

本文研究发现，首先，互联网使用对于普遍社会信任具有削弱作用。对于传统媒体的研究发现，重度电视使用者相信外部世界和电视中看到的一样，是“凶险的”和“暴力的”，因此倾向于更少信任陌生人（Gerbner, Gross, Morgan, & Signorielli, 1980）。类似的，随着人们对外部世界的认识越来越依赖于互联网的中介，互联网的使用建构了“拟态环境”，网络上快速传递的负面信息削弱了人们的普遍社会信任程度。该发现呼应了以往研究中以互联网为主要信息来源的青年的社会信任水平显著更低的结论（赵晓航、李建新，2017），也呼应了关于互联网使用与政府信任的关系探讨：以互联网为代表的新媒介对中央还是地方政府的信任都有着消极效应，这一结论也和运用 2002 年和 2007 年世界价值观问卷所得的结论相符（Shen & Guo, 2013；卢春天、权小娟，2015）。然而，该研究发现与针对社交媒体的研究发现相左，即使用社交媒体进行公民参与有利于提高社会信任水平（Warren, Sulaiman, & Jaafar, 2014）。这可能是因为：第一，使用社交媒体进行公民参与的用户是网民中比较特殊的一类人群，他们热衷于通过社会参与改变世界；第二，不同类型的互联网应用（如社交媒体、电子邮件等）对于社会信任的影响可能存在差异，需进一步分析和研究。

其次，教育对于互联网使用的社会信任负面影响具有调节作用。不管是普遍社会信任，还是对强关系、弱关系、陌生人的社会信任度，随着教育年限的提高，能够抵消使用互联网对于社会信任度的削弱作用。教育和信任之间的紧密联系可能是由于它与收入和世界性的思维和感觉方式密切相关（Newton, Stolle, & Zmerli, 2018）。伴随正规教育而来的经验和知识也可能形成国际信任，布鲁尔（Brewer,2004）研究 1994 年和 1999 年皮尤的数据时发现，在每次调查中，教育与国际信任都呈正相关。此外，教育对其他国家信任度的影响时间起到了调节作用，因此从 1994 年到 1999 年，在受教育程度最高的国家中信任度增加最大。一个潜在的解释是，受教育程度较高的受访者比受教育程度较低的同龄人对 20 世纪 90 年代不断变化的国际环境反应更灵敏。一方面，因为教育在社会资本的生成过程中扮演关键的角色——平等对社会信任的塑造有重要作用，政府在公共教育方面加大投入，有利于提高机会平等（equality of opportunity），从而提高社会信任（Rothstein & Uslaner, 2005）；另一方面，单纯媒介使用时间并不能影响公众的媒介信息处理能力，而教育能够从普遍意义上提高公众分析事实、分辨是非的能力，进而削弱互联网使用对社会信任的负面影响。

最后，不同类型的社会关系中，互联网使用对于社会信任的影响受教育的调节作用随着教育年限发生变化；且教育对于不同类型社会关系的社会信任度调节作用中，对陌生人的社会信任度、对强关系的社会信任度、对弱关系的社会信任度效果依次减弱，即相比于陌生人（10.5 年）和强关系（14.7 年），人们需要接受更长时间的教育（17.9 年）才能够完全消除互联网对弱关系社会信任的削弱作用。合理的解释是，互联网的使用一方面最大程度压缩时空距离，促进了陌生人的桥接（bridging），剧烈地影响了陌生人关系的社会信任度，超越传统血缘和地缘逻辑的线上趣缘群组和互动方式，进一步促进了陌生人信任的可能性；另一方面，大多数用户使用互联网与强关系对象进行团结（bonding），使得强关系的社会信任度更可能达成（Wellman, Quan-Haase, Boase, & Chen, 2002）。相比而言，如（城镇的）远邻/街坊或（乡村）邻居以外的同村居民、同村的同姓/非同姓人士、交情不深的朋友/相识、在外地相遇的同乡在网络环境中受到的信任程度较低。

在以互联网为代表的信息和通信技术普及的今天，教育对于社会信任和社会稳定至关重要，教育能够调节信息快速流动过程中对社会信任的冲击。随着教育年限的增加，民众分辨是非的能力提高，才能够抵挡信息爆炸时代大量扩散的虚假信息和负面情绪带来的不确定感和怀疑论。因此，在教育过程中有意识地进行逻辑和媒介素养的训练，可能更有助于促进社会信任。陌生人之间的信任对于城市化过程和社会融合有重要的作用。因此，影响陌生人社会信任的关键节点如 7.68～10.46 年间，即青少年的初中至高中/职业技术教育阶段，是政策和学校介入和引导青年成长和信任的重要阶段。

参考文献

方杰、温忠麟、梁东梅等（2015），《基于多元回归的调节效应分析》。《心理科学》，第 3

期，页 715-720。

卢春天、权小娟(2015)，《媒介使用对政府信任的影响——基于 CGSS2010 数据的实证研究》。《国际新闻界》，第 5 期，页 66-80。

周葆华、陆晔(2008)，《从媒介使用到媒介参与：中国公众媒介素养的基本现状》。《新闻大学》，第 4 期，页 58-66。

赵晓航、李建新(2017)，《当代青年的互联网使用与社会信任》。《青年研究》，第 1 期，页 19-27。

Almond, G. A., & Verba, S. (2015). *The Civic Culture: Political Attitudes and Democracy in Five Nations*. Princeton University Press.

Brewer, P. R. (2004). Public Trust in (or Cynicism about) Other Nations Cross Time. *Political Behavior*, 26(4), 317-341.

Dasgupta, P. (1988). Trust as a Commodity. In D. Gambetta (Ed.), *Trust: Making and Breaking Cooperative Relations* (pp. 49-71). Oxford: Blackwell.

Gerbner, G., Gross, L., Morgan, M., & Signorielli, N. (1980). The "Mainstreaming" of America: Violence Profile Number 11. *Journal of Communication*, 30(3), 10-29.

Hampton, K., & Wellman, B. (2003). Neighboring in Netville: How the Internet Supports Community and Social Capital in a Wired Suburb. *City & Community*, 2(4), 277-311.

Helliwell, J. F., & Putnam, R. D. (1999). Education and Social Capital. *National Bureau of Economic Research*, Working Paper 7121.

Herreros, F., & Criado, H. (2008). The State and the Development of Social Trust. *International Political Science Review*, 29(1), 53-71.

Huang, J., Van den Brink, H. M., & Groot, W. (2009). A Meta-Analysis of the Effect of Education on Social Capital. *Economics of Education Review*, 28(4), 454-464.

Kraut, R., Kiesler, S., Mukhopadhya, T., Scherlis, W., & Patterson, M. (1998). Social Impact of the Internet: What Does It Mean? *Communications of the ACM*, 41(12), 21-22.

Näsi, M., Räsänen, P., Hawdon, J., Holkeri, E., & Oksanen, A. (2015). Exposure to Online Hate Material and Social Trust among Finnish Youth. *Information Technology & People*, 28(3), 607-622.

Newton, K. (2001). Trust, Social Capital, Civil Society, and Democracy. *International Political Science Review*, 22(2), 201-214.

Newton K., Stolle D., & Zmerli S. (2018). Social and Political Trust. In Uslaner E. M. (Ed.), *The Oxford Handbook of Social and Political Trust* (pp.37-56). New York, NY: Oxford University Press.

Nie, N. H., & Erbring, L. (2002). Internet and Society: A Preliminary Report. *IT &*

Society, 1(1), 275-283.

Norris, P. (1996). Does Television Erode Social Capital? A Reply to Putnam. *Political Science and Politics*, 29(3), 474-480.

Putnam, R. D. (2000). *Bowling Alone: The Collapse and Revival of American Community*. Simon and Schuster.

Rheingold, H. (2000). *The Virtual Community: Homesteading on the Electronic Frontier*. MIT Press.

Ridley, M. (1997). *The Origins of Virtue: Human Instincts and the Evolution of Cooperation*. 1st American ed edition. New York: Viking Adult.

Rothstein, B., & Uslaner, E. M. (2005). All for All: Equality, Corruption, and Social Trust. *World Politics*, 58, 41.

Shen, F., & Guo, Z. S. (2013). The Last Refuge of Media Persuasion: News Use, National Pride and Political Trust in China. *Asian Journal of Communication*, 23(2), 135-151.

Uslaner, E. M. (2002). *The Moral Foundations of Trust*. Cambridge University Press.

Uslaner, E. M. (2004). Trust, Civic Engagement, and the Internet. *Political Communication*, 21(2), 223-242.

Warren, M. E. (1999). Democratic Theory and Trust. In Warren M. (Ed.), *Democracy and Trust* (pp. 310-345). Cambridge: Cambridge University Press.

Warren, A. M., Sulaiman, A., & Jaafar, N. I. (2014). Social Media Effects on Fostering Online Civic Engagement and Building Citizen Trust and Trust in Institutions. *Government Information Quarterly*, 31(2), 291-301.

Wellman, B. (2001). Little Boxes, Globalization, and Networked Individualism. In *Kyoto Workshop on Digital Cities* (pp. 10-25). Springer, Berlin, Heidelberg.

Wellman, B., & Gulia, M. (1999). Net Surfers Don't Ride Alone: Virtual Communities as Communities. In Kollock P., & Smith M. (Eds.), *Communities and Cyberspace* (pp. 167-194). New York: Routledge.

Wellman B., Quan-Haase A., Boase J., et al. (2002). Examining the Internet in Everyday Life. In *Keynote Address to the Euricom Conference on E-Democracy*. Nijmegen, Netherlands.

Yamagishi T., Hayashi N., & Jin N. (1994). Prisoners Dilemma Networks. In Ulrich S., Wulf A., & Ulrich M. (Eds.), *Social Dilemmas and Cooperation* (pp.173-211). Springer.

社交信息对微信朋友圈信息流广告效果的影响

The Influence of Social Information on the Advertising Effect of WeChat Moments News Feed Advertisements

◇ 王亚萍　李贞芳*

Wang Yaping　Li Zhenfang

摘要：近年来，随着移动互联网的高速发展，中国网络广告市场发展迅猛。微信朋友圈信息流广告凭借高原生性、互动性等特点，备受广告主青睐。研究者发现，日渐成为微信朋友圈信息流广告本质特征的朋友点赞评论等"社交信息"的影响有正有负，在不同的文化背景下影响相异。本研究以精细加工可能性模型作为分析的理论框架，采用实验法，形成2×2×2组间组内设计，探讨社交信息对中国大学生微信朋友圈信息流广告的广告认知、广告态度和购买意向的影响，以及个人相关性和品牌熟悉度调节作用。研究表明，点赞、正面评论等社交信息可以有效提升微信朋友圈信息流广告效果，尤其是在低品牌熟悉度、低个人相关性的情况下，社交信息对信息流广告效果的影响更大。本研究的理论贡献和实践意义在于增强社交媒体广告在中国大学生群体中的效果。

Abstract: With the high-speed development of mobile Internet, network advertising market got rapid development in China, especially, news feed advertisements has been developing rapidly in many types of mobile advertising, its market scale expands rapidly, and WeChat Moments news feed advertisements by virtue of the platform nature, interaction and other characteristics, has been favored by advertisers. Studies revealed that the effect of social information such as friends comments varies in different cultural context. Taking the Elaboration Likelihood Model as the theoretical framework, this study designed a 2×2×2 experiment, explored the social information's impact on We-

* 王亚萍，华中科技大学新闻与信息传播学院硕士研究生；李贞芳，华中科技大学新闻与信息传播学院副教授。

Chat Moments news feed advertisements effectiveness including advertising cognition, attitude toward advertising and purchase intention, and the moderating role of personal relevance and brand familiarity for chinese college students. The study shows that social information has positive advertising effect especially in the condition of lower personal relevance and lower brand familiarity. The theoretical contribution and practical implication are discussed.

关键词:社交信息,个人相关性,品牌熟悉度,广告效果,信息流广告

Keywords: social information, personal relevance, brand familiarity, advertising effect, news feed advertisements

中国互联网络信息中心(CNNIC)2020年发布的《第45次互联网络发展状况统计报告》显示,截至2020年3月,我国网民规模达9.04亿,互联网普及率达64.5%;即时通信用户规模达8.96亿,占网民整体的99.2%(CNNIC,2020)。微信作为月活超过10亿的即时通信社交软件,其商业化策略也一直紧随时代变化。自2015年1月微信朋友圈首次推出可口可乐、宝马中国、vivo手机三个广告以来,便受到极大的关注。微信朋友圈信息流广告经过5年的发展,正逐渐成为移动互联网时代成熟的广告载具。

由于微信具有社交互动属性,用户可以对朋友圈信息流广告进行点赞、评论等操作。同时,用户也能看到微信好友对信息流广告的点赞、评论,这就是所谓的"社交信息"(social information)特征(Xue & Zhou,2018)。也就是说,微信用户在观看信息流广告的同时,还能通过好友对广告的点赞、评论等互动行为来了解好友对信息流广告的印象。

尽管微信朋友圈信息流广告很受欢迎,但仍然存在一些问题。例如,依靠大数据技术进行个性推荐的信息流广告,仍存在推送不够精准的问题,消费者品牌熟悉度对广告认知存在正向影响的关系(郑真,2016),如果微信平台推送的信息流广告不是用户所熟悉的品牌,可能会使用户对品牌产生负面认知。基于个人相关性的程度,廖芹(2003)指出,受众本身的需求以及相关性会影响其点击网络广告,微信用户在收到与自身关联性不大的信息流广告时,可能会产生厌烦心理,甚至屏蔽信息流广告。

对社交媒体广告的研究多从平台类型的角度探讨消费者的参与程度(Voorveld, van Noort, Muntinga, & Bronner, 2018),亦有研究者开始关注到

好友的参与如点赞、评论等社交信息对用户广告参与的影响(徐智、杨莉明,2016)。研究发现在不同的文化背景下,社交媒体广告中的朋友推荐等社交信息的影响有正有负,如针对美国受访者,朋友推荐信息会降低可信度,对品牌态度和购买倾向有负面影响,而在韩国则正好相反(Errmann,Seo,Choi,& Yoon,2019)。本研究试图在精细加工可能性模型的理论框架下,探索中国大学生群体中社交信息对朋友圈信息流广告效果的影响:朋友点赞、评论推荐的效果如何?不同的个人相关性及品牌熟悉度对社交信息有何影响?以扩展对社交媒体广告效果影响因素的理解。

一、文献综述与理论框架

(一)精细加工可能性模型

精细加工可能性模型由社会心理学家佩蒂(Petty)和卡乔波(Cacioppo)于20世纪80年代提出(Petty & Cacioppo,1986)。精细加工可能性模型基于需要经过深思熟虑或通过主观意愿对信息进行处理两种情况,从中心路径和边缘路径来解释个体的态度变化(Petty & Cacioppo,1986;Bhattacherjee & Sanford,2006)。当精细加工可能性较高时,个体会选择中心路径作为说服方法;当精细加工可能性较低时,个体会通过边缘路径处理信息(Bhattacherjee & Sanford,2006;张梦雅、王秀红,2018)。ELM有两个调节变量,即动机和能力。影响动机的因素主要包括个人相关性(personal relevance)、信息源的数量以及个人认知需求;影响能力的因素主要是个体是否具备相关的知识或经验(张梦雅、王秀红,2018)。

在以往的研究中,有学者基于精细加工可能性模型提出在线评论质量通过中枢路径影响消费者对网站的信任,网站形象通过边缘路径发挥作用,从而影响消费者的购买意愿(吴秋琴、许元科、梁佳聚,2012)。精细加工可能性模型也可以用来解释微信用户在不同动机和能力下对微信朋友圈信息流广告的加工处理方式。基于精细加工可能性模型,我们试图探索在不同的个人相关性与品牌熟悉度的状态下,社交信息影响信息流广告的效果。

(二)社交信息

目前学界对社交信息没有统一的界定。在以往的研究中,徐智、杨莉明

(2016)将点赞、评论、查看广告详情作为信息流广告的参与指标。另外，社交信息与在线口碑(online WOM)也有联系，微信用户对朋友圈信息流广告的点赞、评论可以视为其在社交网站上对广告发表的口碑信息，尽管评论内容不一定是针对广告中的产品质量发表的。因此，从本质上讲，广告中的社交信息是用户参与广告的行为体现（倪宁、徐智、杨莉明，2016），也可以视为用户对广告贡献的在线口碑信息。本研究涉及微信朋友圈信息流广告中的社交信息，特指微信用户对朋友圈信息流广告发表的正面口碑信息，是用户对广告进行点赞、正面评论等参与行为的体现。那么，这种社交信息是如何对广告效果发挥作用的呢？社会影响(social influence)理论能够很好地解释这一问题。

社会影响揭示了社会行为模式是如何形成的，以及个体的某些社会行为是如何受到他人行为的影响的(Venkatesh & Brown，2001)。多伊奇和杰拉德(Deutsch & Gerard，1955)将社会影响划分为两类，分别为信息性(informational)社会影响和规范性(normative)社会影响。信息性社会影响是“接受从他人获取的信息作为现实的证据的影响”，而“规范性社会影响指的是符合他人对群体的期望的影响”(Li，2013)。另外，这两种类型的社会影响与精细加工可能性紧密相关。例如，卡普兰(Kaplan，1989)指出，规范性影响不需要多少“信息相关性的思考”，从而使边缘路径发挥作用。此外，丹尼斯(Dennis，1996)指出信息性社会影响需要高度的个人参与。反之，在低参与度的情况下，规范性社会影响作为边缘路径，使个体倾向于听从其他群体成员的意见。

因此，社会影响可以用来解释社交信息对广告效果的影响过程。微信好友对朋友圈信息流广告的点赞、评论等社交信息，代表了微信好友对信息流广告的认可。用户不仅会因为信息流广告本身的特征而关注广告，也可能会将好友的点赞、正面评论作为判断信息流广告质量好坏的证据，会希望自身与好友行动保持一致，从而影响自身的参与行为，进而对广告效果产生影响。因此，我们提出以下研究假设：

H1：微信朋友圈信息流广告中的社交信息正向影响微信朋友圈信息流广告效果。

（三）个人相关性

个人相关性是卷入度(involvement)的本质特征，它是指消费者感知对象或目标与自我相关的程度，或在某种程度上有助于实现个人目标和价值。更具体地说，个人需求、目标和价值观（自我认知）与其产品认知（特性和优势）之间的感知联系代表了产品的个人相关性(Celsi & Olson,1988)。

以往关于精细加工可能性模型的文献指出,个人相关性可以显著影响个人处理说服性信息的动机(张梦雅、王秀红,2018)、精细加工的程度(Priester & Petty,1995)。个人相关性作为传播研究中一个强有力的调节变量,能够影响信息加工、态度改变、购买意向等多方面的消费者行为,同时影响广告的传播效果(金志成、周象贤,2007)。根据ELM,高动机和能力引导个体通过中心路径处理说服性信息(Macinnis,Moorman,& Jaworski,1991),当个人相关性较高时,消费者会更精细地处理信息,并改变其态度(Phelps & Thorson,1991);相反,低动机和能力倾向于引导个体通过边缘路径处理说服性信息(Celsi & Olson,1988),当个人相关性较低时,消费者往往倾向于依赖外部线索来作出判断,如来源可信度、权威媒体等(Park,Lee,& Han,2007)。

在个人相关性较高的情况下,社会影响会具有更强的影响力度。博恩等人(Bonn et al.,2016)在一项关于在线葡萄酒购买的研究中指出,消费者的卷入度水平越高,其社会影响越大。因此,在微信朋友圈信息流广告中,与个人相关性低相比,社交信息在高个人相关性情况下更容易提升其对广告的说服效果。因此,我们提出如下研究假设:

H2:个人相关性对微信朋友圈信息流广告中社交信息的影响具有调节作用。对于与自身高度相关的广告,社交信息对信息流广告效果的影响会更大。

(四)品牌熟悉度

品牌熟悉度是指消费者通过直接或间接方式获取的关于品牌的背景知识,反映了消费者对品牌的累积经验(杨梦泓、刘尊礼,2017)。这些经验可以影响消费者对品牌的态度和识别品牌的能力(Pope & Voges,2000)。根据态度可接近性理论,品牌熟悉度越高,消费者对品牌的态度越积极(赵岩岩,2017)。然而,也有研究者认为,当广告中的品牌较熟悉时,消费者不用花费太多精力来处理广告信息(Keller,1991),同时会使广告效果减弱(Britton & Tesser,1982)。从精细加工可能性的角度来看,消费者对广告信息的处理会受到品牌熟悉度的影响,品牌熟悉度越高,消费者处理信息的动机越低(杨梦泓、刘尊礼,2017);而对于陌生品牌的广告来说,消费者需要更积极地参与信息处理,进行精细加工,从而增强广告效果(Cacioppo & Petty,1979)。

在以往关于口碑的研究中,于茵发现,品牌熟悉度对主观型负面网络口碑的影响效果具有调节作用;当品牌熟悉度较低时,主观型负面网络口碑对消费者的购买意愿影响更大（于茵，2016）。斯维尼、苏塔尔和马扎罗（Sweeney，Sutar，& Mazzarol，2014）的研究结果也表明，尤其是在积极的环境中，以前的品牌经验可以减少口碑信息的影响。正如前文所述，微信朋友圈信息流广告中的点赞以及正面评论可以被认为是正面的网络口碑。因此，当品牌熟悉度较低时，社交信息可能会对广告效果产生更大的影响。

此外，隐私关注与朋友圈信息流广告息息相关。在大数据时代，用户在分享、获取有用信息的同时，无形中承担着隐私泄露的风险，用户的隐私关注意识也随之加强。网络隐私关注是人们对可能失去控制自己网络隐私的担忧（孙丽，2019）。然而，用户在使用社交网络时，一边担心隐私会被泄露，一边又继续将隐私暴露在外，这就是所谓的社交网络隐私悖论（孙丽，2019；王雪芬、赵宇翔、朱庆华，2015）。因此，从这个角度来讲，微信朋友圈用户在接收到不熟悉品牌的信息流广告时，可能会察觉到微信平台侵犯个人隐私，引起用户的隐私关注。微信朋友圈信息流广告下方的社交信息，可能有助于提升用户对陌生品牌的广告信任度。因此，我们提出以下假设：

H3：品牌熟悉度对微信朋友圈信息流广告中社交信息的影响具有调节作用。对于不熟悉的品牌，社交信息对信息流广告效果的影响会更大。

此外，国内学者黄敏学等人（2019）指出，信息流广告各特征之间存在交互效应。以往关于信息流广告的研究，大多是探讨信息流广告的某个特征对广告效果的影响，对不同特征之间的交互效应研究较少；并鼓励研究者可以尝试探究信息流广告多个特征之间存在的交互效应，从而更加全面地揭示信息流广告作用的内在机制。由于社交信息、个人相关性以及品牌熟悉度这三者都与精细加工的程度有关联（Li，2013），也有可能会产生相互作用，所以我们提出以下假设：

H4：社交信息、个人相关性、品牌熟悉度三者之间对微信朋友圈信息流广告的广告效果存在交互效应。

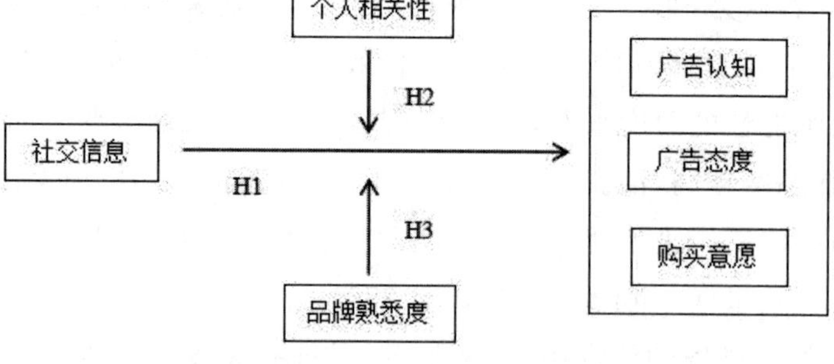

图1　社交信息影响微信朋友圈信息流广告效果的研究模型

二、研究方法

（一）实验目的

本研究采用实验法，以高校大学生作为被试，将无社交信息、有社交信息作为第一组组间因素，高品牌熟悉度与低品牌熟悉度作为第二组组间因素，将低个人相关性与高个人相关性作为组内因素，形成 2×2×2 的混合设计，以探究社交信息对微信朋友圈信息流广告认知、广告态度及购买意愿的影响，同时探索个人相关性和品牌熟悉度对社交信息影响广告效果的调节效应以及三者之间的交互效应。

（二）被试

本研究使用问卷星针对不同高校在校大学生发放线上问卷，共设置 4 份问卷，代表 4 个实验组，严格控制实验操纵变量。2012 年以来，我国大学生人数不断增长，2016 年大学生消费市场规模达 4,524 亿，以大学生为主体的消费市场已经形成。此外，大学生的消费习惯具有消费欲望旺盛、更容易受到口碑的影响等特点，在使用媒介方面，大学生群体更喜欢使用手机等移动设备进行社交、查看娱乐信息等（张素华，2017）。因此，选择大学生群体作为朋友圈信息流广告的被试具有一定的代表性。被试在问卷中浏览信息流广告图片并回答相应问题，最终收集问卷 205 份，剔除无效问卷 40 份，有效问卷为 165 份，有效率达 80.5%。

（三）预实验

在正式实验开始前，研究者邀请 12 名在校大学生参与本次实验的预实验，以确定正式实验所需的广告材料。此外，参与预实验的大学生将不再参与本次研究的正式实验。

为了确定与大学生个人相关性高、低的两种产品类型，在对大学生进行深度访谈、了解其经常收到的信息流广告类型的前提下，预实验选取了 10 种朋友圈信息流广告，分别为：手机；电脑；汽车；婚纱摄影、写真类；考研、托福、雅思等；房地产；护肤品、化妆品；食用类（快餐、饮品等）；家居装修类；服饰潮鞋类广告。参与预实验的同学需要在指定的 10 种朋友圈信息流广告中，通过回答问题判断自身与信息流广告产品类型的关系，并使用李克特七级量表进行打分评价。预实验共发放12份线上问卷,成功回收12份,其中男性6名、女性6名。结果显示,在被测产品中手机的均值(M=5.35)最高,家居装修类产品的均值(M=3.63)最低,两种产品的个人相关性存在显著性差异,t(11)=4.56,p<0.01。因此,本研究将选取手机(高个人相关性)和家居装修类产品(低个人相关性)作为个人相关性实验变量的两个代表用于正式实验的测试中。

同时,在确定产品类型的基础上,本研究也需要针对手机和家居装修类分别选择高品牌熟悉度和低品牌熟悉度的产品。经过访谈后,预实验选取OPPO(高品牌熟悉度)、纽曼(低品牌熟悉度)两种手机品牌,选取宜家家居(高品牌熟悉度)、土巴兔装修网(低品牌熟悉度)两种家居装修品牌。预实验结果显示,OPPO手机(M=5.35)与纽曼手机(M=3.75)的熟悉度存在显著性差异,t(11)=4.75,p<0.01;宜家家居(M=5.29)与土巴兔装修网(M=3.75)的熟悉度存在显著性差异,t(11)=4.12,p<0.01,品牌熟悉度变量操纵成功。

此外,对于正式实验中社交信息的操纵,本研究用信息流广告下方的点赞和正面评论来代表社交信息。被试在正式实验中需要回答是否看到广告下方的点赞、评论信息。在数据分析阶段,研究者会剔除无社交信息组中误以为看到点赞或评论的无效问卷和有社交信息组中忽略点赞、评论的无效问卷,社交信息变量操纵成功。

(四)正式实验

正式实验采取线上发放问卷的形式,研究者在问卷前言中会对实验重要变量进行解释,以便被试更好地理解题目含义。被试被随机分配至4个实验组之一,每组实验中分别含有一个手机信息流广告图片和家居装修类信息流广告图片。在实验中,研究者会选取一小部分被试进行调查,以确保实验的有效性。各实验组样本分布如表1所示。

表1 各实验组样本分布情况(单位:人)

组别	无社交信息	有社交信息	合计
高品牌熟悉度	40	40	80
低品牌熟悉度	45	40	85
合计	85	80	165

被试在观看信息流广告图片之前，首先需要回答有关微信朋友圈使用情况等问题，从而在数据分析阶段剔除对朋友圈信息流广告不感兴趣的研究样本。之后，被试开始浏览第一个信息流广告图片，同时需要按照真实意愿回答有关个人相关性、品牌熟悉度、信息流广告认知、广告态度以及购买意愿的题项；填写完毕后，继续浏览第二个信息流广告图片，回答同样的问题。最后，被试需要回答一些关于性别、年龄、学历以及隐私关注等问题。在完成数据收集后，研究者运用 SPSS 软件将社交信息、品牌熟悉度作为组间因素，个人相关性作为组内因素进行重复测量方差分析。

（五）概念测量

个人相关性。根据以往关于产品卷入度的相关研究，本研究借鉴蔡奇科夫斯基(Zaichkowsky，1994)李克特七级量表，此前，单艳红等人(2018)运用此量表来测量 124 位大学生对手机、矿泉水的卷入度是否存在显著差异。据此，结合朋友圈信息流广告的特性，本研究共筛选出蔡奇科夫斯基(1994)量表中的六个条目：您平时购买此类产品时会认真考虑和综合分析产品信息；您对此类产品信息收集很积极；您对此类产品信息很有兴趣；这类产品对您而言是重要的；这类产品对您而言关联性很大；您很需要这类产品来测量被试与朋友圈信息流广告产品的个人相关性(Judith，1994)。α 系数为 0.900。

品牌熟悉度。本研究主要借鉴坎贝尔和凯勒(Campbell & Keller，2003)关于品牌熟悉度的量表，从四个条目来测量被试对朋友圈信息流广告的品牌熟悉度，四个条目分别为：我经常看见该品牌或形象的广告；我经常看见陈列售卖该品牌产品；我经常听到人们谈论或推荐该品牌；我经常购买和使用该品牌商品，并通过李克特七级量表进行打分(Campbell & Lane，2003)。α 系数为 0.892。

隐私关注。本研究借鉴迪内夫和哈特(Dinev & Hart，2006)关于隐私关注的量表，结合微信朋友圈的特性，采用四个题项来测量隐私关注，分别为：我担心我在微信上提交的信息会被滥用或误用；我担心其他人会看到我微信上的隐私信息；我担心在微信上填写个人信息，因为其他人可能会利用这些数据；我担心在微信上填写个人信息，因为它可能会以我不可预见的方式被使用(Hart，2006)，并通过李克特七级量表进行打分。α 系数为 0.978。

广告认知。赵岩岩(2017)在关于原生广告效果的研究中，对广告认知的测量借鉴了陈志贤、叶明义(1999)的量表，本研究在结合朋友圈信息流广告特性后，也借鉴此量表并最终选取两个题项来测量信息流广告认知，分别为：我观看的信息流广告吸引了我；我可以复述出信息流广告中的主要内容，并通过李克特七级量表进行打分(赵岩岩，2017；陈志、叶明义，1999)。α 系数为 0.848。

广告态度。以往有学者从情感角度出发将其看作是在受到广告刺激时产生的情感或情绪反应，并参考米切尔和奥尔森(Mitchell & Olson，1982)的量表，以四对语义差异问题来测量广告态度(赵岩岩，2017)。本研究亦借鉴米切尔和奥尔森的量表，结合微信朋友圈信息流广告特性，最终选取三个测量题项，分别为：我很喜欢看到这则信息流广告；这则信息流广告让我感到很愉悦；这则信息流广告很有趣，并通过李克特七级量表进行打分(Mitchell & Olson，1981)。α 系数为 0.961。

购买意愿。以往有学者参考比尔登、利希滕斯坦和蒂尔(Bearden，Lichtenstein，& Teel，1884)和吴昊(2013)的量表选择四个题项对微信信息流广告购买意愿进行测量(郑真，2013)，本研究在此研究的基础上对量表进行改编，选取三个题项进行测量，分别为：我认为这则信息流广告中的产品值得购买；我对这则信息流广告中的产品购买兴趣很高；在未来的时间，我很有可能购买这个品牌的产品，并通过李克特七级量表进行打分。α 系数为 0.958。

(六)数据分析

1.样本描述

在本次正式实验中，共收集到 165 份有效问卷，其中男性为 64 人，所占比例为 38.8%；女性为 101 人，所占比例为 61.2%。165 位参与者均为在校大学生，其中 30.9%为本科生，67.9%为硕士生(见表 2)。此外，超过 80%的参与者使用微信达 3 年以上，超过 75%的参与者每天打开朋友圈次数超过 5 次，165 位参与者全部在朋友圈收到过信息流广告，64.2%的参与者会有选择性地屏蔽信息流广告，35.8%的参与者从不屏蔽信息流广告。由此可见，参与者大部分为微信的活跃用户，并且对朋友圈信息流广告有一定的认知，同时不完全排斥信息流广告，适合作为本研究的被试。

表 2　样本基本特征描述统计(N=165)

样本特征	类别	频率(人)	百分比(%)
性别	男	64	38.8
	女	101	61.2
年龄	18 岁以下	1	0.6
	18~22 岁	43	26.1
	23~27 岁	118	71.5
	27 岁以上	3	1.8
学历	大专等职业院校	1	0.6
	本科	51	30.9
	硕士	112	67.9
	博士及以上	1	0.6

2.结果分析

本研究使用 SPSS 采用重复测量方差分析方法对社交信息、品牌熟悉度、个人相关性与朋友圈信息流广告效果之间的关系进行假设验证分析。此外,本研究也对隐私关注(协变量)潜在影响进行分析,结果发现,被试的隐私关注(M=5.10,SD=1.43)并未对广告效果存在显著的主效应,与其他变量间也不存在交互效应,$p>0.05$。

3.社交信息对微信朋友圈信息流广告效果的影响

研究假设 1 探究了社交信息对微信朋友圈信息流广告效果的影响。通过 SPSS 分析后显示,有社交信息的信息流广告认知均值得分(M=3.30,SD=1.16)高于无社交信息(M=2.83,SD=1.25),社交信息对微信朋友圈信息流广告认知具有显著主效应,$F(1,161)=7.56$,$p<0.05$,偏 $\eta^2=0.05$;有社交信息的信息流广告态度均值得分(M=3.20,SD=1.21)高于无社交信息(M=2.63,SD=1.27),社交信息对微信朋友圈信息流广告态度具有显著主效应,$F(1,161)=9.41$,$p<0.05$,偏 $\eta^2=0.06$;有社交信息的信息流广告购买意愿均值得分(M=3.17,SD=1.16)高于无社交信息(M=2.64,SD=1.17),社交信息对微信朋友圈信息流广告购买意愿具有显著主效应,$F(1,161)=9.60$,$p<0.05$,偏 $\eta^2=0.06$。因此,社交信息能够正向影响微信使用者对朋友圈信息流广告认知、广告态度及购买意愿,假设 1 得到支持。

4.个人相关性对社交信息影响广告效果的调节作用

研究假设 2 旨在探索微信朋友圈信息流广告中个人相关性对社交信息影

响广告效果的调节作用。分析结果显示,微信朋友圈信息流广告中社交信息与个人相关性对朋友圈信息流广告认知存在显著的交互效应,$F(1,161)=3.96$,$p<0.05$,偏 $\eta^2=0.02$;对朋友圈信息流广告广告态度同样存在显著的交互效应,$F(1,161)=13.10$,$p<0.05$,偏 $\eta^2=0.08$;对朋友圈信息流广告购买意愿的交互效应不显著,$F(1,161)=2.34$,$p>0.05$,偏 $\eta^2=0.01$。

根据图 2、3 可以看出,个人相关性能够调节社交信息对朋友圈信息流广告认知、广告态度的影响。为了进一步说明两者之间的交互效应,本研究在个人相关性的每个水平上对社交信息进行了简单效应分析,每个检验的 α 水平应为 0.025。简单效应检验的结果指出,对于低相关性产品信息流广告而言,有社交信息的朋友圈信息流广告认知得分($M=3.26$,$SD=1.27$)显著高于无社交信息的朋友圈信息流广告认知得分($M=2.63$,$SD=1.23$),$t(163)=-3.26$,$p<0.025$;有社交信息的朋友圈信息流广告态度得分($M=3.26$,$SD=1.23$)显著高于无社交信息的朋友圈信息流广告态度得分($M=2.49$,$SD=1.19$),$t(163)=-4.13$,$p<0.025$。当信息流广告产品类型与个人高度相关时,有社交信息($M=3.34$,$SD=1.05$)和无社交信息($M=3.02$,$SD=1.25$)的朋友圈信息流广告认知得分差异不显著,$t(163)=-1.74$,$p>0.025$;有社交信息($M=3.14$,$SD=1.21$)

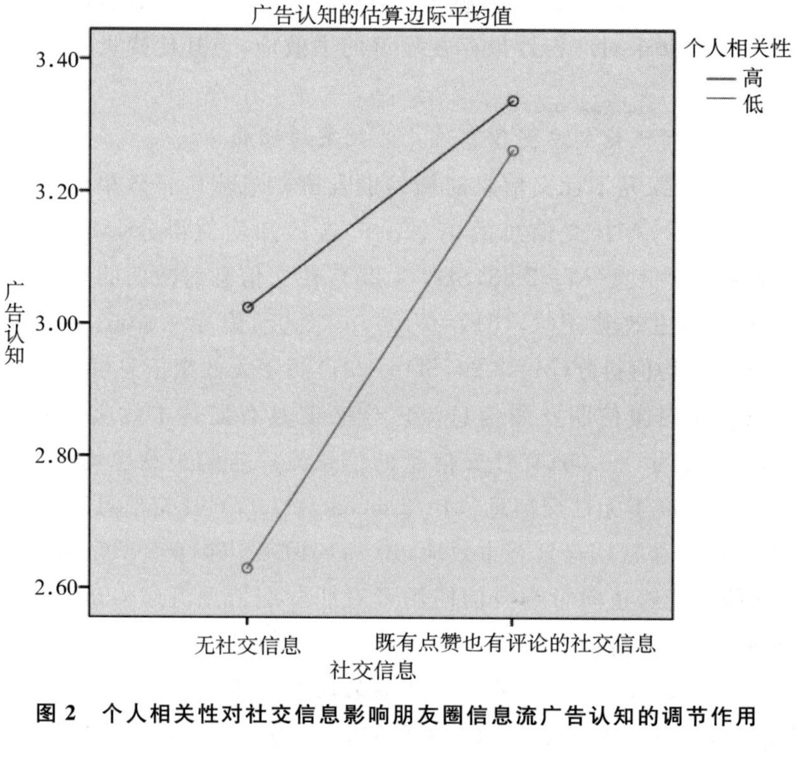

图 2　个人相关性对社交信息影响朋友圈信息流广告认知的调节作用

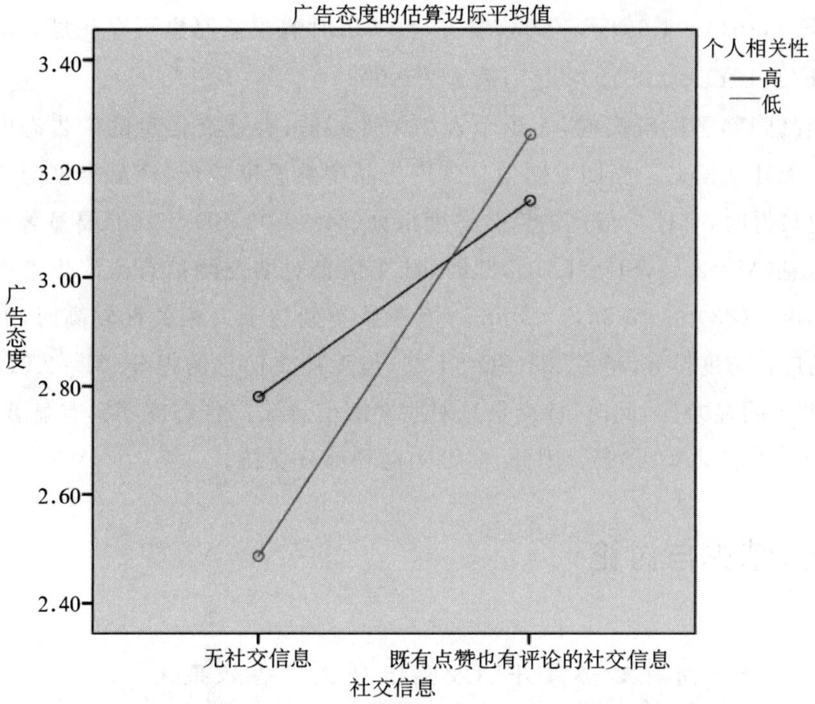

图 3　个人相关性对社交信息影响朋友圈信息流广告态度的调节作用

和无社交信息(M=2.78,SD=1.31)的朋友圈信息流广告态度得分差异也不显著,t(163)=-1.84,$p>0.025$。

因此,当个人相关性越低时,社交信息对朋友圈信息流广告认知及广告态度的影响更大。假设 2 未得到数据的支持。

5.品牌熟悉度对社交信息影响广告效果的调节作用

研究假设 3 旨在探索品牌熟悉度对社交信息影响朋友圈信息流广告效果的调节作用。结果显示,微信朋友圈信息流广告中的社交信息与品牌熟悉度对广告认知不存在显著的交互效应,$F(1,161)=0.86$,$p>0.05$,偏 $\eta^2=0.01$;对广告态度不存在显著的交互效应,$F(1,161)=0.001$,$p>0.05$,偏 $\eta^2=0.00$;对购买意愿同样不存在显著的交互效应,$F(1,161)=0.36$,$p>0.05$,偏 $\eta^2=0.002$。也就是说,品牌熟悉度不能调节社交信息对微信朋友圈信息流广告效果的影响。因此,假设 3 未被数据所支持。

6.社交信息、个人相关性与品牌熟悉度的交互效应

研究假设 4 旨在探索社交信息、个人相关性与品牌熟悉度三者对微信朋友圈信息流广告效果存在的交互效应。结果发现,三者对广告态度存在显著的交

互效应,$F(1,161)=4.84$,$p<0.05$,偏 $\eta^2=0.03$;对广告认知不存在显著的交互效应,$F(1,161)=1.09$,$p>0.05$,偏 $\eta^2=0.01$;对购买意愿也不存在显著的交互效应,$F(1,161)=0.26$,$p>0.05$,偏 $\eta^2=0.002$。

当品牌熟悉度较高时,无论个人相关性高低,有社交信息的广告态度得分均高于无社交信息。当朋友圈信息流广告品牌熟悉度较低、产品类型与个人相关性也较低时,有社交信息的广告态度得分(M=3.03,SD=1.03)要显著高于无社交信息(M=2.14,SD=1.10),此时,社交信息对朋友圈信息流广告态度具有显著影响,$t(83)=-3.35$,$p<0.025$;当产品类型与个人相关性较高时,有社交信息的广告态度得分(M=2.85,SD=1.28)与无社交信息的得分(M=2.61,SD=1.25)并无明显差异,此时,社交信息对朋友圈信息流广告态度不具有显著影响,$t(83)=-0.86$,$p>0.025$。因此,假设 4 得到部分支持。

三、结论与讨论

(一)社交信息能够提升朋友圈信息流广告效果

由数据分析可知,朋友圈信息流广告下方带有积极的社交信息会使微信用户对朋友圈信息流广告产生更好的广告认知、广告态度以及购买意愿。随着社交平台的迅猛发展(如论坛、购物平台、社交网站等),在线社交信息对市场的影响力大大提升(Godes,Mayzlin,& Chen,2005)。以往的研究中,有学者指出,用户在社交媒体上的互动行为会对消费者购买意愿产生积极的影响(Chang & Dong,2016)。由此可见,微信用户对朋友圈信息流广告进行积极的参与互动行为对提升广告效果具有显著影响。

因此,微信平台可以利用技术开发一些如 H5 等有趣的广告形式,吸引用户对信息流广告进行点赞、评论;同时,可以考虑将互动指标纳入信息流广告效果评估指标。此外,在条件允许的情况下,广告主、品牌方更应该在广告曝光的第一时间积极参与评论互动,与用户建立更为直接、更具亲和力的联系,从而增强信息流广告投放效果。

(二)个人相关性能够调节社交信息对广告认知及态度的影响

微信朋友圈信息流广告中社交信息与个人相关性对广告认知、广告态度存在显著的交互效应。当信息流广告中的产品与个人高度相关时,有社交信息的信息流广告与无社交信息的信息流广告无显著差异；而当个人相关性越低时，有社交信息的微信朋友圈信息流广告比无社交信息的具有更好的广告认知及广告态度。究其原因，根据精细加工可能性模型，当信息流广告产品类型与个人相关性较低时，消费者精细加工的动机较低，因而采取边缘路径来对广告说服信息进行加工。正如前面所述，社会影响与ELM紧密相关，规范性社会影响通过边缘路径发挥作用（Kaplan，1989），此时点赞、正面评论等社交信息对广告效果的影响便通过规范性社会影响发挥作用，从而提升微信用户对朋友圈信息流广告认知及广告态度。

对于广告主、微信平台而言，应该利用大数据技术、市场调查等方式对消费者进行精确定位，尽量提升广告投放的精确度，推送与受众高度相关的广告。对于无法精细化的受众群体，广告主更应该注重与用户的互动性，提升用户对广告的参与度，从而在一定程度上提升信息流广告效果。

（三）社交信息、个人相关性、品牌熟悉度存在交互效应

研究结果显示，社交信息、个人相关性与品牌熟悉度之间对微信朋友圈信息流广告态度存在显著的交互效应。当品牌熟悉度较高时，无论个人相关性高低，有社交信息的广告态度得分均比无社交信息的高。当品牌熟悉度较低时，若广告产品与个体高度相关，社交信息对信息流广告态度并无显著影响；而当产品类型与个人相关性也较低时，有社交信息的广告态度得分要显著高于无社交信息的广告，此时社交信息对信息流广告态度具有显著影响。这一结果可以用以往关于规范性社会影响的效果研究解释（Dennis，1996）。在低个人相关性的情况下，个体更容易受到群体中其他成员的言行影响。在本研究中，是指微信朋友圈信息流广告下方的社交信息。此外，社交信息对于不熟悉的品牌更能增强朋友圈信息流广告效果：当用户对信息流广告没有经验（不熟悉的品牌）时，来自其他来源的信息，包括微信好友，可以作为判断或选择的依据（Herr，Kardes，& John，1991）。正如前面所述，微信朋友圈信息流广告中的社交信息可以被视为来自微信好友的积极口碑，从而促进微信用户对广告产生积极的广告态度。

因此，当微信朋友圈信息流广告的品牌不知名、广告产品类型与个人相关性较低时，来自好友的点赞、正面评论等社交信息会促进用户对朋友圈信息流广告持有更好的广告态度。因此，对于一些新品牌或者不知名的品牌来说，选择互动性强的微信朋友圈信息流广告在一定程度上有助于提升广告效果。

本研究的不足之处在于样本存在地域性、群体单一性的问题,实验结果只能适用于大学生这个特定的群体,可能无法推广至全部群体。未来的研究样本可以将实验样本扩大至各个群体,不再局限于大学生群体,对不同职业的个体进行调查与实验,从而增强研究结果的普适性与可靠性。另外,由于资源有限,本研究采用的实验材料为信息流广告图片,被试只能通过浏览网络问卷上的朋友圈信息流广告图片来回答相应问题,情境效度有待提高。在今后的研究中,可以选取视频类的信息流广告作为实验材料,给被试营造更为真实的观看朋友圈信息流广告的环境。同时,可以尝试在实验时运用眼动仪等技术设备,通过客观数据来说明被试对信息流广告的真实反应,从而提升实验的外在效度。

参考文献

陈志贤、叶明义(1999),《以广告态度中介模式验证比较性广告效果》。《管理学报(中国台湾)》,第 1 期,页 1-19。

黄敏学、张皓(2019),《信息流广告的前沿实践及其理论阐释》。《经济管理》,第 4 期,页 195-210。

金志成、周象贤(2007),《受众卷入及其对广告传播效果的影响》。《心理科学进展》,第 1 期,页 154-162。

廖芹(2003),《网络旗帜广告的有效性分析》。《商业时代》,第 13 期,页 64。

倪宁、徐智、杨莉明(2016),《复杂的用户:社交媒体用户参与广告行为研究》。《国际新闻界》,第 10 期,页 111-127。

单艳红、陈庆荣(2018),《工作记忆容量、产品卷入度、广告复杂度对消费者态度改变的影响》。《南京师大学报(社会科学版)》,第 5 期,页 52-62。

孙丽(2019),《网络隐私研究回顾与前瞻》。《青年记者》,第 21 期,页 67-68。

王雪芬、赵宇翔、朱庆华(2015),《社交媒体环境下的用户隐私关注研究现状》。《情报学报》,第 12 期,页 1322-1334。

吴昊(2013),《基于传播视角的网络广告效果影响因素研究》。中北大学经济与管理学院硕士论文。

吴秋琴、许元科、梁佳聚等(2012),《互联网背景下在线评论质量与网站形象的影响研究》。《科学管理研究》,第 1 期,页 84-86,91。

徐智、杨莉明(2016),《微信朋友圈信息流广告用户参与效果研究》。《国际新闻界》,第 5 期,页 119-139。

杨梦泓、刘尊礼(2013),《品牌意识对奢侈品购买意愿的影响——品牌熟悉度的调节作用》。《上海管理科学》,第 6 期,页 49-54。

于茵(2016),《负面网络口碑对消费者购买意愿的影响》。东北财经大学工商管理学院硕士论文。

张梦雅、王秀红(2018),《精细加工可能性模型研究现状及应用领域分析》。《图书情报研究》,第 4 期,页 75-81,87。

张素华(2017),《青年与媒介:广告对大学生消费行为影响的分析》。《北京青年研究》,第 2 期,页 33-39。

赵岩岩(2017),《内容匹配度和品牌熟悉度对原生广告效果影响的实证研究》。深圳大学传播学院硕士论文。

郑真(2016),《微信信息流广告效果影响因素的实证研究》。暨南大学新闻与传播学院硕士论文。

中国互联网络信息中心(2020 年 4 月 27 日),《第 45 次中国互联网络发展状况统计报告》。引自 http://www.cac.gov.cn/2020-04/27/c_1589535470378587.htm。

Bhattacherjee, A., & Sanford C. (2006). Influence Processes for Information Technology Acceptance: An Elaboration Likelihood Model. *Mis Quarterly*, 30(4), 805-825.

Bonn, M. A. , Kim, W. G. , Kang, S. , & Cho, M. (2015). Purchasing Wine Online: The Effects of Social Influence, Perceived Usefulness, Perceived Ease of Use, and Wine Involvement. *Journal of Hospitality Marketing & Management*,25(7),1-29.

Britton, B. K. , & Tesser, A. (1982). Effects of Orior Knowledge on Use of Cognitive Capacity in Three Complex Cognitive Tasks. *Journal of Verbal Learning & Verbal Behavior*, 21(4), 421-436.

Cacioppo, J. T. , & Petty, R. E. (1979). Effect of Message Repetition and Position on Cognitive Response, Recall, and Persuasion. *Journal of Personality & Social Psychology*, 37(1), 97-109.

Campbell, M. C. , & Lane, K. K. (2003). Brand Familiarity and Advertising Repetition Effects. *Journal of Consumer Research*, 30 (2), 68-81.

Celsi, R. L., & Olson, J. C. (1988). The Role of Involvement in Attention and Comprehension Processes. *Journal of Consumer Research*, 15(2),210-224.

Chang, Y. P. , & Dong, X. B. (2016). Research on the Impact of Consumer Interaction Behaviour on Purchase Intention in an SNS Environment: Evidence from China. *Information Development*, 32(3), 496-508.

Dennis, A. R. (1996). Information Exchange and Use in Small Group Decision Making. *Small Group Research*, 27(4), 532-550.

Deutsch, M. & Gerard H. B.(1955). A Study of Normative and Informational Social Influence on Individual Judgment. *Journal of Abnormal & Social Psychology*, 51(3),629-636.

Dinev, T. , & Hart, P. (2006). An Extended Privacy Calculus Model for E-Commerce Transactions. *Information Systems Research*, 17(1), 61-80.

Errmann, A. , Seo, Y. , Choi, Y. K. , & Yoon, S. (2019). Divergent Effects of Friend Recommendations on Disclosed Social Media Advertising in the United States and Korea. *Journal of Advertising*, 48(5), 495-511.

Godes, D. , Mayzlin, D. , Chen, Y. , et al. (2005). The Firm's Management of Social Interactions. *Marketing Letters*, 16(3),415-428.

Haugtvedt, C. P. , Petty, R. E. , & Cacioppo, J. T. (1992). Need for Cognition and Advertising: Understanding the Role of Personality Variables in Consumer Behavior. *Journal of Consumer Psychology*, 1(3), 239-260.

Herr, P. M. , Kardes, F. R. , & John, K. (1991). Effects of Word-of-Mouth and Product-Attribute Information on Persuasion: An Accessibility-Diagnosticity Perspective. *Journal of Consumer Research*, (4), 454-462.

Kaplan, M.F. (1989). Task,Situational,and Personal Determinants of Influence Processes in Group Decision Making. *Advances in Group Processes*, 6, 87-105.

Keller, K.L. (1991). Cue Compatibility and Framing in Advertising. *Journal of Marketing Research*, 28(1), 42-57.

Li, C. Y. (2013). Persuasive Messages on Information System Acceptance: A Theoretical Extension of Elaboration Likelihood Model and Social Influence Theory. *Computers in Human Behavior*, 29(1), 264-275.

Macinnis, D. J. , Moorman, C. , & Jaworski, B. J. (1991). Enhancing and Measuring Consumers' Motivation, Opportunity, and Ability to Process Brand Information from Ads. *Journal of Marketing*, 55(4), 32-55.

Mitchell, A. A. , & Olson, J. C. (1981). Are Product Attribute Beliefs the Only Mediator of Advertising Effects on Brand Attitude? *Journal of Marketing Research*, 18(3), 318-332.

Park, D., Jumin, L. & Han, I. (2007). The Effect of On-Line Consumer Reviews on Consumer Purchasing Intention: The Moderating Role of Involvement. *International Journal of Electronic Commerce*, 11(4), 125-148.

Petty, R. E. , & Cacioppo, J. T. (1986). The Elaboration Likelihood Model of Persuasion. *Advances in Experimental Social Psychology*, 19, 123-205

Phelps, J. , & Thorson, E. (1991). Brand Familiarity and Product Involvement Effects on the Attitude Toward an Ad-Brand Attitude Relationship. *Advances in Consumer Research*, 18(1), 202-209.

Pope, N. K. L., & Voges, K. E. (2000). The Impact of Sport Sponsorship Activities, Corporate Image and Prior Use on a Consumer Purchase Intent. *Sport Marketing Quarterly*, 9(2).

Priester, J. R. , & Petty, R. E. (1995). Source Attributions and Persuasion: Perceived Honesty as a Determinant of Message Scrutiny. *Personality & Social Psychology Bulletin*, 21(6), 637-654.

Sweeney, J. , Soutar, G. , & Mazzarol, T. (2014). Factors Enhancing Word-of-Mouth Influence: Positive and Negative Service-Related Messages. *European Journal of Marketing*, 48(1/2), 336-359.

Venkatesh, V. , & Brown, S. A. (2001). A Longitudinal Investigation of Personal Computers in Homes: Adoption Determinants and Emerging Challenges. *MIS quarterly*, 25 (1), 71-102.

Voorveld, H. A. M. , Van Noort, G. , Muntinga, D. G. , & Bronner, F. (2018). Engagement with Social Media and Social Media Advertising: The Differentiating Role of Platform Type. *Journal of Advertising*, 47(1), 38-54.

Xue F. , Zhou L. (2018). Social Information in Facebook News Feed Ads: Effects of Personal Relevance and Brand Familiarity. *Journal of Promotion Management*, 25(2),1-19.

Zaichkowsky,J.L. (1994). The Personal Involvement Inventory: Reduction, Revision, and Application to Advertising. *Journal of Advertising*, 23(4), 23-42.

唯爱与美食不可辜负:“吃播”用户的使用与满足探究*

Food and Love: Exploring the Uses and Gratifications for Mukbang Users in China

◇ 谢丹颖　高芳芳**
Xie Danying　Gao Fangfang

摘要:在各式移动网络直播让人眼花缭乱的今天,为何“吃播”这种“直播+吃饭”的模式会脱颖而出、备受网民青睐? 本研究通过调查问卷和深度访谈考察了我国吃播用户的使用与满足情况,试图探寻“吃播热”现象背后可能的社会原因。基于使用与满足理论,本研究发现,我国吃播用户使用吃播的主要动机包括获得美感、排解压力、消磨时间、代偿需要和自我整合,且婚姻、职业、学历等社会因素会对吃播用户的使用动机产生影响。此外,研究结果显示普通的吃饭行为在吃播中已经被赋予了新的意义,用户使用吃播除了可以满足对食物和吃的关注外,还能够获得新知识、逃避现实需要,并实现自我整合。但本质上吃播仍属“无聊经济”,用户借此廉价地消耗大量时间。

Abstract: Mukbang that combines eating with live streaming has been gaining popularity in China nowadays. Based on survey and in-depth interview, this study explores the reasons behind the “Mukbang fever” phenomenon. Guided by the uses and gratifications theory, our study reveals that the major motivations of Chinese Mukbang users include visual enjoyment, pressure relief, time killing, compensation and self-integration. It was also found that social factors such as marital status, occupation, and education can influence Mukbang users’ motivation. Moreover, our study shows that eating has been given new meanings in Mukbang. When using Mukbang, users not only focus on

---

* 本文系浙江省钱江人才计划项目(项目编号:QJC1302011)的研究成果。

** 谢丹颖,浙江日报报业集团记者,浙江大学传媒与国际文化学院硕士研究生;高芳芳,博士,浙江大学传媒与国际文化学院副教授。

food and eating, but also can obtain new knowledge, escape from reality and meet the need of self-integration. Nevertheless, Mukbang is still a kind of "boring economy", with which users can consume a great amount of time at a low cost.

关键词: 吃播,用户,使用与满足

Keywords: Mukbang, user, uses and gratifications

一、引言

随着移动互联网的普及,网络直播不再局限于老牌的秀场直播和游戏直播,强调"分享与陪伴",将日常生活搬到摄像头前的泛生活类网络直播兴起(孙闻、韩长玲,2017)。其中,吃播这一在 2014 年由韩国 Afreeca 网站推出的美食直播玩法——"먹방"(Mukbang,韩语"吃"和"直播"的音译组合,即吃播)一经推出便迅速火遍全球,发展为"跨国的青年流行文化"(王斌,2019)。何为吃播?简单来说,吃播即吃饭直播。具体来说,吃播即主播通过网络直播平台公开记录并展示自我用餐的过程(王斌,2019)。随着传播渠道的拓展,吃播的形式不只局限于直播,还包括当下大热的 Vlog、短视频等。在我国,本土吃播发展迅速——无论是直播平台如斗鱼、视音频网站如 B 站、社交媒体如微博,还是新兴移动短视频平台如抖音等都设置了吃播板块,还涌现出了一批如"密子君""大胃 mini"等粉丝千万的吃播主播。

当吃播受众与日俱增,内容寻常且形式简单的吃播是怎样"征服"人们的?为什么会有这么多人愿意参加吃播这种虚拟的饭局,并争前恐后地为之买单?对此,本文将基于使用与满足理论,聚焦吃播的受众用户,通过调查问卷和深度访谈,探究我国吃播受众的使用动机,分析影响吃播用户产生不同使用动机的因素及用户从吃播中获得满足的情况,以期更深入地考察吃播这一网络新风口并探寻"吃播热"现象背后可能的社会原因。

二、文献综述

(一)使用与满足理论

使用与满足理论自20世纪40年代初被提出以来取得了长足发展,如Windahl使用与效果模式、Weibull媒介使用结构模式等(Ruggiero,2000)。这些模式均保留了卡茨(Katz)对使用与满足理论的初始构想(Katz,Blumler,& Gurevitch,1973),将人们的媒介使用行为归纳为一个“社会因素+心理因素—媒介期待—媒介接触—需求满足”的因果连锁过程,认为媒介的使用动机受到个人因素和社会因素的影响(Fishbein & Ajzen,1975),并指出人们之所以使用媒介是因为他们预期媒介可以帮助他们满足某些需要(Palmgreen et al.,1980)。随着网络的普及,学者们逐渐开始把使用与满足研究的重点从传统的大众媒介如报纸、广播、电视等转向新兴的互联网。学者们指出,旧有的模式已不足以解释人们使用新的网络媒介的原因(Lin,1999),但现有研究中新旧媒介的使用与满足模式实则存在很大的重叠,大多是在卡茨归纳的认知、情感、个人整合、社会整合和舒解压力这五类基本需要的基础上进行补充和拓展的(Boyd-Barrett & Newbold,2004)。如科尔冈卡尔和沃林(Korgaonkar & Wolin,1999)将41个细节性的网络使用动机归纳为社会逃避、信息获取、事务性安全及隐私、互动控制、社会化、非事务性隐私和经济这七类,加入新的需要“社会逃避”和“经济”;帕帕查里斯和鲁宾(Papacharissi & Rubin,2000)将网络使用动机归纳为人际交往、打发时光、信息获取、方便和娱乐这五类,加入了新的“打发时光”和“娱乐”需要。

此外,学者们还发现,使用与满足理论无法解释网络时代人们选择使用某网络媒介却未持续使用的原因。对此,既有研究融合了技术接受模型(Davis,1989)和期望确认模型(Oliver,1980)对使用与满足理论进行了补充,指出人们对信息系统使用的实际体验和先前预期两者的比较,即“期望确认度”,会影响人们是否继续使用这一信息系统(Bhattacherjee,2001)。基于此,研究在运用使用与满足理论探究人们使用媒介的原因时,不再只测量人们使用媒介前的预期,人们使用媒介后对需求的满足情况也被纳入考量范畴。例如,研究发现人们使用网络媒体主要是为了获得信息需求和娱乐需求上的满足(Ferguson & Perse,2000),也能够满足陪伴等情感需求(Smock,Ellisonnb,& Lampe,2011;

Sheldon & Bryant,2016)。随着技术的更迭,各类新兴传播平台和传播现象如“吃播”等日渐兴起,本文尝试将使用与满足理论运用到对吃播用户及其使用与满足的研究中,以期拓展该理论在中国语境下的应用。

(二)网络直播与吃播

自网络直播元年(2016 年)以来,网络直播日渐流行,针对网络直播的研究也呈指数式增长。学者们研究了移动网络直播流行的原因,如邵征锋(2018)研究发现,抖音之所以火爆是因为其草根原创内容、即时演绎互动等特点迎合了现代人表达自我价值和快节奏、碎片化阅读的需求;隋岩和刘梦琪(2018)研究发现,Vlog 之所以成为风口,是因为其兼具移动网络传播优势和传统博客的个人化内容趋向,符合当下人们的消费习惯;钟绪君和王燕荣(2016)则概括性地将我国用户高频使用移动网络直播的原因归纳为满足心绪转换、获得新知、逃避现实、人际关系需要、竞争需求、自我确认和监测环境的需要。

吃播作为移动网络直播的“网红”分支,学者对其大热的原因也进行了初步探索,但现有研究大多将其作为一种美食传播新形式进行思考。事实上,“吃饭”作为一种高度凝结的社会事实和一种极其灵活的集体表征(Belasco,2008),其社会化功能已然摆脱了面对面的共食仪式,吃播能够通过网络的联结更新网民聚群的形态(Ochs & Shohet,2006)。因此,忽略吃播中的集体表征及网民集群新形态,将有关移动网络直播用户的概括性结论直接应用于吃播并不合适。既有研究发现人们使用吃播或是出于陪伴、身材期待和食欲刺激(王莹莹,2016),或是希望通过吃播获得娱乐和情感需求的满足(曹曦冉,2017)。聂妍(2017)基于使用与满足理论框架(McQuail,1972),从心绪转换、人际关系和自我确认三方面分析了“全民吃播”狂欢出现的原因。但以上研究结论多数未经实证检验。此外,韩国既有研究认为,导致“吃播热”现象的社会原因是当下的“独居潮”和“女性节食瘦身热”(문영은 et al.,2017),但以日韩吃播为样本得出的结论在我国是否适用还未可知,西方经典的使用与满足理论是否能够很好地解释我国吃播用户的动机和需求满足情况也还有待回答。为解决上述问题,本研究立足中国语境,以中国吃播用户为研究对象,试图基于使用与满足理论视角通过实证研究探究中国吃播用户的动机和需求,并分析可能的影响因素。需要注意的是,本研究所说的吃播用户指的是吃播的受众,而非吃播内容的生产者。以下为本研究的研究问题:

RQ1:我国吃播用户出于何种目的使用吃播?

RQ2:哪些因素会导致吃播用户产生不同的使用动机?

RQ3:吃播在多大程度上满足了我国用户的何种需求?

三、研究方法

本文在使用与满足理论框架的指导下采用“前期访谈—问卷调查—后期访谈”的实证研究方法探究我国吃播用户的使用与满足情况,以期对吃播这一网络新风口及其用户有更深入的了解。

(一)前期访谈

鉴于大部分现有的吃播用户实证研究都基于外国样本,考虑到我国吃播现象及用户可能存在的特殊性,为了更好地设计问卷,本研究首先通过前期访谈大致了解了我国吃播用户的使用与满足情况,再在此基础上开展问卷调查。研究采用“滚雪球”的方法,首先找到三位吃播用户进行了访谈,这三位用户分别代表了轻度(不定时偶尔使用)、中度(每周使用 2～3 次)和重度(每天使用)吃播使用者。研究者于 2017 年 8 月 26 日与轻度吃播用户吴茜(“90 后”已婚女性,公司职员,现和丈夫租住在北京)进行面谈;于 2018 年 3 月 26 日与中度吃播用户“中意”(“80 后”已婚男性,“密子君斗鱼粉丝群”管理员)通过 QQ 电话进行访谈;于 2018 年 3 月 24 日与重度吃播用户韦俊辰(中山大学人类学三年级研究生,女性)通过微信电话进行访谈。访谈问题包括用户的基本信息以及他们出于何种目的使用吃播、使用吃播后需求获得满足的情况。

(二)问卷调查

基于前期访谈及文献资料设计的问卷调查于 2018 年 3 月至 4 月进行。研究者通过私戳的方式在微博群“糯叽叽的密子君”和“吃播君吃到地球爆炸”、由吃播爱好者自发组建的微信群,以及 QQ 群“大胃王桐桐粉丝群”和“二次元的大胃王们”这 5 个群中随机发放线上问卷,最终回收有效问卷 249 份。这 5 个群的成员来自全国各地,且包含了各个类型的吃播爱好者。受访者大部分出生于 1990—2000 年(55.4%)和 1980—1990 年(31.1%),换句话说,“80 后”和“90 后”是吃播用户的主力军。受访对象来自全国 20 多个省级行政单位,其中占比最高的三个依次是浙江(21.29%)、重庆(15.26%)和北京(13.65%),与《2018—2019 中国在线直播行业研究报告》(艾媒报告,2019)中一线直播平台网络热度地域分布图谱大体一致。总体而言，该调查样本具有较好的代表性，能够从中推断出我国吃播用户的总体情况。受访者的性别比例大致均衡，其中男性占45.8%，女性占54.2%；51%的受访者未婚，大部分受访者非独居(87.5%)。受访者的学历集中在本科(44.2%)，职业较为分散，其中全日制学生的数量最多(19.3%)。考虑到学生群体没有收入，遂用每月平均可支配的生活费用代替收入一项，样本中受访者的每月平均可支配生活费用大部分在1,000～5,000元(64.3%)。综合学历、职业、每月平均可支配生活费用这三项可以推断，使用吃播的群体以拥有高等学历的在校学生和刚步入社会的青年为主。

问卷中的变量测量主要包括四部分：①使用动机；②使用后被满足的需求；③使用行为；④人口学变量。其中，使用动机主要通过15个题项测量，包括为了了解美食、追求食物带来的愉悦感、享受主播带来的美感、体验吃播带来的竞技刺激感、满足好奇心、减肥、增加食欲、助眠、表达自己、获得福利、结交朋友、排解孤独、得到治愈、宣泄压力和打发时间，利用李克特五级量表对其进行测量。后期基于这15个题项采用主成分分析法，经最大方差法旋转后提取了5个因子，分别是获得美感、排解压力、消磨时间、代偿需要和自我整合，主成分累计贡献率达到81.68%(KMO＝0.963，$p=0.000<0.001$)，信度较高(Chronbach's $\alpha=0.959$)(见表1)。

表1　吃播用户使用动机主成分分析系数表

	自我整合	获得美感	排解压力	代偿需要	消磨时间
助眠	0.192				
获得福利	0.303				
结交朋友	0.364				
排解孤独	0.238				
表达自己	0.322				
为了了解美食		0.766			
享受主播带来的美感		0.673			
满足好奇心			0.261		
得到治愈			0.865		
宣泄压力			0.734		
追求食物带来的愉悦感				0.883	
体验吃播带来的竞技刺激感				0.231	
减肥				0.424	
增加食欲					0.314
打发时间					0.998
方差	33.96%	14.22%	12.99%	11.18%	9.33%

使用吃播后被满足的需求主要通过14个题项测量,包括寻找美食、获得知识、愉悦心情、身材期望、自我确认、增加食欲、助眠、获得福利、人际交往(维持老朋友之间的关系)、交友(结交新朋友)、获得陪伴、宣泄情绪、休闲娱乐和获得商机,采用李克特五级量表来测量。后期基于这14个题项采用主成分分析法经过最大方差法旋转后提取了4个因子,分别是获得新的知识、满足吃的需求、逃避现实需要、自我整合需要,主成分累计贡献率达到80.06%(KMO=0.960,$p=0.000<0.001$),信度较高(Chronbach's $\alpha=0.959$)(见表2)。

表2 吃播用户使用需求主成分分析系数表

	自我整合需要	满足吃的需求	逃避现实需要	获得新的知识
助眠	0.489			
获得福利	0.405			
获得商机	0.205			
交友	0.172			
自我确认	0.299			
身材期望	0.339			
寻找美食		0.287		
愉悦心情		0.453		
增加食欲		0.559		
获得陪伴		0.323		
人际交往			0.49	
宣泄情绪			0.26	
休闲娱乐			0.75	
获得知识				0.918
方差	28.38%	20.59%	19.29%	11.81%

此外,本研究还对吃播用户的使用行为进行了测量,主要包括两方面:一是用户接触吃播的广度,如使用吃播的类型、平台;二是用户使用吃播的深度,如使用吃播的频率、每次使用吃播的时长、接触吃播的年限。鉴于吃播是一种新兴的传播现象,大部分吃播用户接触吃播的时间不长,69.47%的吃播用户接触吃播半年到两年。但用户与吃播之间的联系较为深入,用户黏度较高——61.44%的吃播用户每周观看吃播三次以上,44.18%的用户每次使用时长10~30分钟。

(三)后期访谈

为了更深入地理解问卷调查的结果,研究者在问卷调查结束并得出分析结果后根据后台问卷填写情况挑选了三位颇具代表性的吃播用户进行了后期访谈。研究者于 2018 年 5 月 22 日对轻度吃播用户徐怡(浙江大学广播电视学大四学生,女性)面谈;于 2018 年 5 月 1 日对中度吃播用户何亦扬("90 后"未婚女性,杭州英特外国语学校小学部英语教师,独居)面谈;并于 2018 年 3 月 26 日通过 QQ 电话对重度吃播用户区家辉("00 后"男性,计算机专业中专毕业生,和家人同住)进行访谈。访谈问题除了受访者的基本信息以及对吃播的使用情况外,主要追问了受访者为何会产生特定的使用动机与需求满足情况,从而对问卷调查形成补充,加强研究的解释力。

四、研究发现

(一)使用动机

为回答 RQ1,基于问卷调查及主成分分析可知,我国吃播用户的使用动机主要包括获得美感、排解压力、消磨时间、代偿需要和自我整合,访谈结果更进一步印证了这一点。

随着消费主义的兴起,出现了新的生活方式和身份认同(Turner et al.,2000),"颜值即正义"逐渐从调侃变成共识,人们开始毫不讳言自己的颜值崇拜,由此,有着美人、美食、美态的吃播吸引了一批追求美、希望获得美感的用户。男性吃播用户"中意"在访谈中句句不离"密子君",直言:"小生仰慕'密子君',看吃播只看她一人的。原因很简单,她长得好看。"女性吃播用户徐怡也谈道:"'大胃 mini'长得甜,笑起来有两个梨窝,瘦瘦的可好看了,看她一边碎碎念一边把一小桌子好吃的吃得干干净净,是一种视觉上的享受。"

在"没有什么是一顿火锅不能解决的,如果有,那就两顿"的今天,人们对美食的治愈力量深信不疑,如徐怡在访谈中指出:"我在压力大的时候尤其爱看吃播,比如在前一阵子的考研期,看得根本停不下来。"吃播成了人们排解压力、转移注意力的工具,能够帮助人们逃避例行公事和问题、宣泄情绪(McQuail et al.,1972)。同时,虽然大量研究表明人们使用网络媒介的主要目的之一是获得信息,但这一点在吃播用户身上并不成立。吃播本质上属于一种"无聊经济”,人们多为了消磨时间而使用吃播。如吴茜在访谈中指出:“我曾经看一个咀嚼腌黄瓜的长视频一直看到凌晨2点。我到底在看什么?说实话我自己也不知道。”

此外,人们使用吃播也是出于代偿需要这一动机。如果人的某些欲求在现实生活中得不到满足,往往会逃向幻想的世界寻找替代的满足。现代人大部分囿于工作和生活,人们试图通过使用吃播来慰藉自己想吃遍全国各地美食的心。在以瘦为美的今天,人们还可能通过使用吃播来慰藉自己想多吃不胖的心。最后,吃播用户的使用动机还包括自我整合。随着个体意识的不断增强,人们会为了追求自我整合而使用吃播,从而实现助眠、获得福利、结交朋友、排解孤独和表达自己等。

(二)影响使用动机的因素

为回答RQ2,通过独立样本t检验发现,婚姻状况与吃播用户获得美感[$t(249)=-3.35, F(5,243)=1.35, p=0.001<0.01$]、代偿需要[$t(249)=-2.71, F(5,243)=11.29, p=0.007<0.01$]、自我整合[$t(249)=-3.20, F(5,243)=1.55, p=0.002<0.01$]、排解压力[$t(249)=-1.71, F(5,243)=3.99, p=0.005<0.01$]这些使用动机存在显著相关性,而性别不会($p>0.05$)(见表3)。通过ANOVA单因素方差分析发现,学历与吃播用户的使用动机如获得美感[$F(5,238)=4.69, p=0.000<0.001$]、代偿需要[$F(5,238)=5.28, p=0.000<0.001$]、自我整合[$F(5,238)=8.97, p=0.000<0.001$]、排解压力[$F(5,238)=5.84, p=0.000<0.001$]、消磨时间[$F(5,238)=3.69, p=0.002<0.01$]存在显著相关性(见表4);职业也会与吃播用户的使用动机如获得美感[$F(5,223)=2.74, p=0.000<0.001$]、代偿需要[$F(5,223)=3.74, p=0.000<0.001$]、自我整合[$F(5,223)=7.85, p=0.000<0.001$]、排解压力[$F(5,223)=4.74, p=0.000<0.001$]、消磨时间[$F(5,223)=3.61, p=0.000<0.001$]存在显著相关性,但居住情况($p>0.05$)、月平均可支配生活费用($p>0.05$)不会。

如表3所示,已婚用户的获得美感、代偿需要、自我整合、消磨时间四项使用动机均值均高于未婚用户,访谈结果也印证了这一点。在快节奏的今天,忙于工作的人们结婚成家后,本就不多的空闲时间又被日常家务琐事挤占,疲于工作和家庭的人们希望通过吃播寻找慰藉。如吴茜在访谈中指出:“结婚后突然多了很多事情,我要烧饭、洗两份甚至三份衣服,如果以后有小孩还要带小孩……哪有时间留给自己‘陶冶情操’?记得上一次跟闺密约出去逛街喝茶,好像都是三个月之前了，又或许是四个月之前？这么忙，也只能看看吃播聊以慰藉，仿佛和朋友出去玩过、吃过一样。”

表 3 吃播用户使用动机影响因素独立样本 t 检验

		获得美感		代偿需要		自我整合		排解压力		消磨时间	
		M	***S.D.***	***M***	***S.D.***	***M***	***S.D.***	***M***	***S.D.***	***M***	***S.D.***
性别	男性($N=114$)	3.51	0.94	3.40	1.00	3.28	1.11	3.42	1.03	3.46	0.94
	女性($N=135$)	3.50	1.05	3.49	0.98	3.26	1.20	3.51	1.01	3.46	0.98
$t(249)$		0.10		−0.68		0.10		−0.71		−0.20	
$F(5,243)$		2.48		0.01		2.31		0.12		0.01	
婚姻	未婚($N=127$)	3.30	0.94	3.29	0.85	3.04	1.07	3.36	0.92	3.30	0.86
	已婚($N=122$)	3.72	1.01	3.62	1.09	3.50	1.19	3.58	1.09	3.63	1.03
$t(249)$		−3.35		−2.71		−3.20		−1.71		−2.83	
$F(5,243)$		1.35**		11.29**		1.55**		3.99**		3.02	

注：* $p<0.05$，** $p<0.01$。

如表 4 所示，学历水平为博士及以上的用户在获得美感（$M=4.50$，$S.D.=0.87$）、代偿需要（$M=4.33$，$S.D.=1.15$）和排解压力（$M=4.00$，$S.D.=0.88$）三项使用动机上均得分最高。研究还发现，技术/研发人员、建筑从业者、医护人员、客服人员、人力资源从业者和金融从业者的使用动机明显高于其他行业用户，可能是因为从事这些职业的人们往往处于高压的工作环境中，在结束工作的忙碌后不想再用脑费神，所以选择了过程直接、内容简单的吃播。如访谈对象何亦扬所说：“很多时候，工作忙完了，一空下来就不想动脑子。那种令人大哭大笑的综艺我不太想点进去。肥皂剧又太长、集数太多，我不太想追。这种短、没有故事性、不需要动脑子的吃播简直就是度过闲暇时光的好东西。”可能在某种程度上，高学历用户和从事高强度职业的用户都希望在少有的闲暇时间中借由过程直接、内容简单的吃播获得美感、代偿的需要，实现自我整合、消磨时间并排解压力。

表 4　吃播受众使用动机影响因素 ANOVA 单因素方差分析

		获得美感		代偿需要		自我整合		排解压力		消磨时间	
		M	*S.D.*	*M*	*S.D.*	*M*	*S.D.*	*M*	*S.D.*	*M*	*S.D.*
居住情况	独居（$N=31$）	3.45	1.08	3.31	0.99	3.12	1.19	3.41	1.01	3.29	1.11
	非家人同住（$N=103$）	3.46	0.93	3.48	0.87	3.22	1.09	3.50	0.91	3.53	0.78
	和家人同住（$N=115$）	3.56	1.04	3.46	1.08	3.36	1.20	3.44	1.11	3.45	1.06
$F(5,241)$		0.32		0.36		0.67		0.15		0.76	
学历	小学及以下（$N=4$）	3.13	1.03	3.42	1.10	3.15	0.91	3.33	0.98	3.00	1.35
	初高中（$N=19$）	3.61	0.86	3.65	0.86	3.68	0.64	3.63	0.81	3.76	0.73
	中专高职（$N=27$）	3.39	0.81	3.47	0.67	3.57	0.71	3.58	0.71	3.44	0.64
	大专（$N=63$）	3.98	1.00	3.92	0.97	3.94	0.91	3.96	0.93	3.87	0.98
	本科（$N=110$）	3.26	0.98	3.22	0.97	2.87	1.19	3.25	1.00	3.25	0.94
	硕士（$N=23$）	3.37	0.94	2.97	0.97	2.69	1.24	2.80	1.20	3.28	0.94
	博士及以上（$N=3$）	4.50	0.87	4.33	1.15	3.13	2.01	4.00	0.88	3.00	2.00
$F(5,238)$		4.69^{***}		5.28^{***}		8.97^{***}		5.84^{***}		3.69^{**}	

注：$^{*}p<0.05$，$^{**}p<0.01$，$^{***}p<0.001$。

不同于韩国学者的研究结论认为“女性节食瘦身热”和“独居潮”是引起“吃播热”的主要原因，且不同收入的吃播用户在使用动机上存在差异（문영은 et al.，2017），本研究发现，在我国，性别、居住状况和月平均可支配生活费用对吃播用户的使用动机均不存在显著影响。原因可能如访谈对象何亦扬所说：“我曾尝试通过吃播来减肥，但结果惨淡。因为我要减重，晚饭吃得少，夜深人静的时候就容易肚子饿。吃夜宵？对于要瘦的我是不存在的，所以那时我就打开手机、刷刷吃播想要望梅止渴。但是，晚上是熬过了，第二天就根本控制不住自己购入一些昨晚看吃播看见的美食。并且，不能否认，一边看吃播一边吃饭，吃无油白菜也可以吃出肉的味道，肉是戒了，吃的是寡淡了，但架不住胃口大开吃得多。所以就我来说，看吃播代偿以饱腹是不存在的，我只会越看越饿。”可见，观看吃播未必有助于瘦身。此外，我国吃播用户主要由独生子女一代的“80 后”和“90 后”构成，他们大部分非独居，这就与韩国青年的居住状况存在差异。我国吃播用户即便居于大家庭中依然可能爱看吃播，如访谈对象区家辉指出：“我跟爸爸妈妈、外公外婆住在一起，跟表妹一家同住一个小区，每天晚上我们都会聚在一起吃饭，可以说是个‘大家庭’。但白天爸爸妈妈出门工作、外公外婆出门

搓麻将，平常都是我一个人在家，有时候饿了都没人烧饭给我吃。我爱吃又宅，就开始一个人窝在家里看吃播专研菜谱。”最后，与韩国的既有研究结论不同，本研究发现月平均可支配生活费用对吃播使用动机几乎没有影响，这可能是因为样本中存在大量无收入的全日制学生，月平均可支配生活费用与收入存在差异，对结果产生了一定的干扰。

（三）需求满足

为回答 RQ3 分析吃播在多大程度上满足了我国用户的何种需求，研究通过问卷调查发现，吃播满足了用户吃的需求、获得新知识的需要、逃避现实需要和自我整合的需要。访谈结果进一步验证了这一发现，如徐怡在访谈中指出：“我毕业旅行跟室友一起去四川，肯定要去尝一尝那些吃播主播吃过的特色美食。”用户通过使用吃播收获关于“吃”的各种满足，或将虚拟的“吃”付诸实践，又或者用吃播这种虚拟的陪伴式饭局填补生活中在“吃”上的缺失，如受访者吴茜所言：“一个人吃饭简直孤单，但现在大家都忙，没有饭友是经常会遇见的事。我一个人吃饭的时候就比较喜欢把手机架在前面，一边吃一边看吃播，即便主播是隔着屏幕跟我一起吃饭，那也算是有人陪着一起吃饭了，一个人吃饭的那种孤独和尴尬的感觉会少很多。”

此外，吃播也满足了人们获得新的知识、逃避现实需要和自我整合需要。在吃播中，普通的吃饭行为已经被赋予了新的意义。如受访者韦俊辰所言：“如果有很多人喜欢同一样东西，其中肯定有深度的东西，或是一种物质上的缺失，或是一种情感上的寄托。”韦俊辰指出，在吃播中他的自我整合需要获得了极大的满足：“我是个吃播的老果果（四川方言，经验丰富者），最初接触的吃播还不算完全意义上的吃播，是日本的《元祖大胃王》，因为喜欢小林尊就一头扎进了吃播这个坑，每天必看。不知道从哪天起，莫名其妙地被这种竞技节目戳中了泪点，逐渐深陷其中，现已不可自拔。这种感动，有点像我曾经关注的一位长跑运动员带给我的感受：学生时代就开始参赛，跑了整整 16 年，在他成了家有了孩子的时候，他得了冠军，看他的长跑故事能看哭我。竞技类吃播也是这样，参与到他们逐渐成长、一直坚持挑战并突破自己极限的过程中去，我觉得很有意义。”

五、结语

本研究从受众的角度出发，基于使用与满足这一理论框架，通过调查问卷和深度访谈对我国吃播用户的使用和满足情况进行了实证研究，回答了“吃播用户究竟为什么使用吃播”这一关键性问题，并对可能影响吃播用户产生不同使用动机的因素进行了探究，进而阐释了我国“吃播热”现象背后可能的社会原因。

针对吃播用户这一特定的网民群体，排解压力、自我整合和消磨时间这些基本的网络使用动机依旧是他们使用吃播的主要目的。此外，获得美感和代偿需要也跃升为重要的吃播使用动机。可见，在移动互联网时代，随着技术的不断革新，用户越来越关注在数字流媒体与虚拟群聚的共融下形成的“拟像”体验(Bradley,2016)，媒介的使用理念也从功能性向体验性转化(林左鸣,2016)。本研究还发现，吃播对用户的需求满足是多层次、多面向的，包括最直接的对吃的各种满足，间接的获得新知识、逃避现实和自我整合的需要。在这些需求中，除了获得新知识这一项，其他多与快感和刺激有关。可见吃播用户对体验性的追求催生了新的泛娱乐化的“无聊经济”，娱乐至死的趋势值得引起社会的重视。

本研究的创新之处在于，在分析影响用户吃播使用动机时考虑了社会因素。虽然，社会因素从一开始就被认为会影响受众需求，并与心理因素被并置在研究框架内，但西方学者在进行使用与满足研究时，绝大多数只关照了心理因素与人口特质，剥离了社会环境对受众的影响，可谓是对最初研究承诺的偏离(杨国枢、陆洛,2009)。本文推翻了韩国研究得出的“女性节食瘦身热”和“独居潮”是引起“吃播热”的主要原因，将婚姻、职业、学历等社会因素纳入考量，发现了我国吃播用户的特殊性，在切实反映我国国情的同时，进一步丰富和发展了中国语境下使用与满足理论的内涵和外延。但本研究也存在不足之处。一是研究的样本量有限，且受调查者、受访者大多为网友；二是对于影响动机的因素的选择，本研究侧重于社会因素而忽略了个人心理因素，未来的研究可以在这方面有所拓展。

参考文献

艾媒咨询(2019年1月23日),《艾媒报告｜2018—2019中国在线直播行业研究报告》。引自 http://www.iimedia.cn/63478.html。

奥利弗·博伊德-巴雷特、克里斯·纽博尔德(2004),《媒介研究的进路:经典文献读本》(汪凯、刘晓红译)。北京:新华出版社。

曹曦冉(2017),《孤独与狂欢——传播学视域下中国“吃播热”现象探析》。《传播与版权》,第8期,页102-103。

冯丽卿(2017),《从传播学角度分析“吃播热”》。《戏剧之家》,第1期,页259。

郭庆光(2011),《传播学教程》。北京:中国人民大学出版社。

林左鸣(2016),《新消费升级》。北京:中信出版社。

聂妍(2017),《传播学视阈下的"全民吃播"现象探讨》。《新媒体研究》,第 7 期,页 117-118。

邵征锋(2018),《抖音传播的特征、挑战及未来发展趋势探析》。《现代教育技术》,第 12 期,页 80-86。

隋岩、刘梦琪(2018),《视频博客(Vlog)的内容特点及其治理》。《学习与实践》,第 11 期,页 61-67。

孙闻、韩长玲(2017),《浅析移动泛生活类直播导致的信息传播的变化》。《传播与版权》,第 6 期,页 117-119。

王斌(2019),《体验式数字部落:"吃播"的群聚效应及其理论反思》。《中国青年研究》,第 8 期,页 90-96。

王莹莹(2016),《探析中国"吃播秀"现象及其成因》。《西部广播电视》,第 15 期,页 99。

杨国枢、陆洛(2009),《中国人的自我》。重庆:重庆大学出版社。

钟绪君、王燕荣(2016),《浅析网络直播火爆的原因》。《东南传播》,第 9 期,页 88-89。

문영은、심지수、박동숙(2017). "내가 좋아하는 먹방 BJ 는요……"("My Favorite Broadcasting Jockey Is…"— Interpretive Analysis on the "Mukbang" Viewing Experience). 언론과 사회 권호사, 25(2),58-101.

Bradley, P. (Ed.) (2016). *Food, Media and Contemporary Culture: The Edible Image*. New York: Palgrave Macmillan.

Ferguson, D. A. & Perse, E. M. (1975). The World Wide Web as a Functional Alternative to Television. *Journal of Broadcasting and Electronic Media*, 44(2), 155-174.

Fishbein, M. & Ajzen, I. (1975). Belief, Attitude, Intention and Behavior: An Introduction to Theory and Research. *Philosophy & Rhetoric*, 41(4), 842-844.

Katz, E., Blumler, J. G., & Gurevitch, M. (1973). Uses and Gratifications Research. *Public Opinion Quarterly*, 37(4), 509-524.

Korgaonkar, P. K. & Wolin, L. D. (1999). A Multivariate Analysis of Web Usage. *Journal of Advertising Research*, 39(2), 53-68.

Lin, C. A. (1999). Online Service Adoption Likelihood. *Journal of Advertising Research*, 39(2), 53-68.

McQuail, D., Blumler, J. G., & Brown, J. R. (1972). *The Television Audience: Revised Perspective*. Harmondsworth: Penguin.

Oliver, R. L. (1980). A Cognitive Model of the Antecedents and Consequences of Satisfaction Decisions. *Journal of Marketing Research*, 17(4), 460-469.

Palmgreen, P., Wenner, L. A., & Rayburn, J.D. (1980). Relations between Gratifications Sought and Obtained: A Study of Television News. *Communication Research*, 7(2), 161-192.

Papacharissi, Z. & Rubin, A. M. (2000). Predictors of Internet Use. *Journal of Broadcasting and Electronic Media*, 44(2), 175-196.

Ruggiero, T. E. (2000). Uses and Gratifications Theory in the 21st Century. *Mass Communication and Society*, 3(1), 3-37.

Sheldon, P. & Bryant, K. (2016). Instagram: Motives for Its Use and Relationship to Narcissism and Contextual Age. *Computers in Human Behavior*, 58, 89-97.

Smock, A. D., Ellison, N. B., & Lampe C. (2011). Facebook as a Toolkit: A Uses and Gratification Approach to Unbundling Feature Use. *Computers in Human Behavior*, 27(6), 2322-2329.

Turner, J. C., Powell, C., & Haslam, S. A. (2000). Social Identity, Self-Categorization, and Work Motivation: Rethinking the Contribution of the Group to Positive and Sustainable Organizational Outcomes. *Applied Psychology: An International Review*, 49(3), 319-339.

动态表情贴图情绪识别的跨文化一致性研究 *

——基于中美被试的比较

A Study on Intercultural Difference of Affect Recognition of Motion Stickers

— Based on Chinese and American Participants

◇ 董光宇　那宇奇 **

Dong Guangyu　Na Yuqi

摘要：以 GIF 格式为容器的短时无声影像内容，在移动终端、即时通信应用广泛的今天，成为俗称为"表情包"的表情贴图，在日常发生的计算机中介交流环境中发挥着传递情绪的重要作用。本研究通过实验法，根据千余名中国人被试对动态表情贴图的情绪识别结果，对比分析了跨文化背景下表情识别的异同。本文的主要发现有三点：第一，总体来看，中美被试双方对同一张动态表情贴图传达的情绪有强一致性；第二，主体对动态表情贴图的情绪识别结构具有跨文化差异，中国人情绪识别结构倾向二元化且耻辱敏感，而美国人则倾向简单化；第三，动态表情贴图情绪识别的跨文化差异建立在表情识别一致性上。GIF 图的情感识别以大众传媒制造的媒介产品为基础共识，其跨文化差异反映了广泛的社会文化影响。

Abstract: Short and silent gif motion-pictures, which are widely used on mobile devices and instant messenger, play an important role in the daily scenario of emotional communication via computer-mediated communication, known as stickers or "Biao Qing Bao". The research is accomplished by experiment and more than 1,000 participants join the research, tries to find out the common and difference in recognizing emotions between people from different cultural backgrounds. The research found that, ain overall, recognition of affect dis-

* 本项目受中国传媒大学"多维度视角下中国对外分层传播战略研究"(CUC18CX05)项目资助。百度在线网络技术(北京)有限公司张皓辰、煎蛋网(https://www.jandan.net)站长 sein 对本文亦有贡献，谨表谢意。

** 董光宇，中国传媒大学新闻学院调查统计研究所传播学专业博士研究生，研究方向为传播研究方法；那宇奇，首都经济贸易大学文化与传播学院传播学专业本科生。

plays is universal; brecognition of affect displays of Chinese tends to be more dualized and humiliation-sensitive, while the structure of recognition of American tends to be simpler, but the cross-cultural difference in recognition is valid on the prerequisite that recognition of affect displays is universal. In brief, recognition of affect displays of GIF is based on consensus created by media products, its cross-cultural difference reflects the influence of a macroscopical concept of social and culture, like social norm and language.

关键词：表情贴图，GIF 图，情绪识别，跨文化传播，计算机中介交流

Keywords: motion-picture, stickers, affect displays, intercultural communication, computer-mediated communication

一、引言

今天，屏幕正逐渐接管纸张，成为人们获取信息和进行交流所使用的重要介质。从纸张上的印刷内容，到今天屏幕上的显示内容，内容与介质可分离成为今天人类接触各类语言、非语言符号的媒介特性。作为媒介内容世界的组成部分，动态影像也经历了类似"重新部落化"的往复过程。正如第一部"无声电影"《飞驰中的萨利·加德纳》（*Sallie Gardner at a Gallop*）片长仅有 3 秒（Xing, et al.，2017）一样，今天，许多短影作品又重新回到了人们的"现代实验镜"（zoopraxiscope）——手机上，以 GIF 图的形式，作为"表情贴图"成为重要的交流中介。

表情贴图或"表情包"，是中国互联网环境下的特殊产物，其概念指涉较模糊（王薇，2017）。从使用的实际情境来看，中文中的表情包至少包含了全球互联网中常见的表情贴图（stickers 或 e-stickers）、自带解说图片（macro image）、视频动态截图（screenshot Gifs）等内容。通常情况下，表情贴图是卡通人物或知名人物形态的静态及动态图片，用户使用这些图片表达自己的情绪情感或某些行动（Lee，2017）。国外的 Whatsapp、Messenger、Line 等即时通信应用虽然没有集成一个直接名为"发送表情包"的功能，但实际上也具备类似的功能。这其中，动态表情贴图是表情贴图子类中的重要一员，它以帧（frame）为单位，动态地展现表情贴图的图形内容，也是今天中国即时通信应用中最常见的表情贴图种类。

互联网诞生以后，直接产生了非在场人际传播的早期形态。这种传播情境随着自20世纪90年代起互联网的普及，为传播学研究所关注，并逐渐成为计算机中介交流(computer-mediated comunication)研究的主要研究对象(张放，2016)。在这一交叉领域中，非语言符号对于在场和非在场人际传播的影响是其中一个重要组成部分。曾有研究证明，视觉语言的早期在线形态——表情符号(emoticons)在计算机中介交流中大多用来表达情感，增进信息中的“语态成分”(verbal part)(Derks, Fischer, & Bos, 2008)。表情贴图作为表情符号的富文本呈现，是一种在线交流中的技术性工具，也是早期中介传播研究展望中“交互者可用的传播技术”(Korzenny, 1978)在今天技术现实下的研究方向之一。经典人际传播的研究曾证实，就纳入情绪和态度的交流行为来说，面部的外显变化(Facial)传递的信息要多于语言和声音(Mehrabian, 1981)。以此看来，在双方不在场的计算机中介交流中，文字符码的交流会丧失大部分情绪信息。这种情绪传播的缺失叠加复杂数字媒介带来的持续注意力下降(Microsoft, 2015)，使得在线交流的质量进一步降低。而动态表情贴图作为一种情绪的代偿性媒介，对在线交流中的情绪传播起到了极大作用。既然在某些情况下，图像化内容在计算机中介交流中的确“一图胜千言”(Walther et al., 2001)，那么作为情感传播中介的动态表情贴图，是否能得到传受双方一致的甚至跨文化一致的理解？这便是本文想重点研究的主题。

二、文献综述

(一)动态表情贴图的技术容器：GIF

绝大多数动态表情贴图以GIF格式储存于数字媒介中。GIF是数字内容中最早的动态影像格式之一，是万维网的史前产物(Eppink, 2014)。GIF是“图形交换格式”(Graphics Interchange Format)的简称，是最初于1987年确定的文件格式标准(CompuServe-Incorporated, 1987)。这一文件格式作为当时为数不多能以较小文件体积保存短时动态影像，适合网络交换的图像格式(Amer et al., 1999)，自诞生后，一直在互联网上被广泛使用。今天微博、微信等应用平台上的所有非视频的短时动态影像，几乎都是GIF图片。

经过20多年的发展，“GIF”不再仅指涉一种无损压缩的图片格式。2012年末，牛津词典将“to GIF”推选为当年的年度单词，并为“GIF”加入了动词词义——将一系列图片或是视频,尤其是某一事件的图片或视频做成动图,并认为,“GIF”一词代表了一种“时代思潮”,这一词汇所指代的内容“已经从一种流行文化网络迷因(meme)的传播中介进化为一种严肃的应用,为研究事业和新闻业所使用;其词汇本身所代表的意义也在拓展”(Martin,2012)。GIF 本身的意义已经从一种单纯的图片格式扩展为一种内容形态——一种持续时间较短、内容有限的无声影像。

与此同时,动态表情贴图(以下称“GIF 图”)的内容也在变化。早期,GIF 图仅用于展现变化的图形和文字。随着 4chan、imgur、tumblr 等支持 GIF 图的图片社区、贴图匿名版的出现,大量从影视作品中截取的 GIF 图出现在网络中,国内社交媒体上也出现了以动图为主要内容的内容提供者。同时,这些动图也流向用户“表情包”和“公众号”中,成为线上交流中一种常见的交流中介。

(二)作为传播文本的 GIF 图

社会科学、文学研究在近些年开始将 GIF 图作为文本分析对象纳入研究范畴。国内一些研究将 GIF 图按内容分为影视片段、图形符号、抽象艺术和摄影作品四类,指出了前两类 GIF 图是社交媒体和手机媒体上最常见的两种 GIF 形式。作为一种图片形式,美学角度或 GIF 图的艺术性也是众多研究方向的一个。如一项研究认为一种名为 Cinemagraph(一种局部动态的摄影图片形式)的 GIF 图尤其适合在轻博客这种具有社交性质的内容提供平台上进行传播(王道琳、李四达, 2016)。这些文献都强调 GIF 图适用于网络传播情境,强调其技术生产和类属特征,未着墨于其情感传播效果。

内容生产是传播学对 GIF 图进行研究的另一大方向。例如,通过对“饭制”(Fan Production,指影视作品或明星粉丝制作的内容)GIF 图的研究,有研究者认为,这些短时、可重复的视觉碎片已经脱离其原始语境,成为一种带有独立叙事结构的文化元件(cultural object),呈现了一种独特的“漫画美学”(comic book aesthetic)(Abbott,2014)。无声、简洁的 GIF 图是使电影这种“不可实现的文本”(unattainable text)文本化(attainable text)的重要手段,经由这种手段,电影得以通过文本的形式进入文学评论的领域(Newman,2015)。这些文献在行文中都强调了 GIF 本身作为一种瞬时叙事载体,在交流过程中的符号性质,但尚未提及其传播效果的经验证明,这一缺失为本文确定研究问题提供了启发。

(三)动态表情贴图与表情符号的情绪传达

动态表情贴图作为一种沟通中的非语言符号载体,可被理解为绘文字

(emoji)的一种。与通用的绘文字(如以苹果公司在 iOS 中使用的 emoji 编码系统)类似,GIF 图作为动态表情贴图出现在传播,尤其是人际传播过程中,具有同等的情绪传达功能。近些年,随着手持终端的普及化,针对表情符号的研究在国内外计算机中介交流领域逐渐受到关注。

在中国本土,GIF 图一直是网络上动态影像内容展示的重要方式。2000 年前后腾讯 QQ 诞生后,动态表情贴图开始以“GIF 图”为容器,作为“自定义表情”出现在中国人的即时通信情境之中。在全球,即使是在欠发达国家,移动手机平均覆盖率也超过 60%(Union International Telecommunication,2018),以 Whatsapp、Line 和微信为代表的即时通信制造的“社交常态化”(曹文欣, 2015)现实,进一步强化了动态表情贴图在这一过程中传递情绪的作用。

由于腾讯在国内即时通信工具领域内占据绝大部分市场份额,国内网络沟通中介工具相对单一,有关交流中表情符号的使用也基本围绕 QQ 和微信进行。如针对 QQ 中介的人际传播中非语言符号(主要指 QQ 默认的“黄豆粒”表情)的使用研究发现,大学生群体在 QQ 聊天中使用的表情符号主要可以分为六类,可以传达“无语和笑”“开玩笑”“亲密、撒娇与伤心”“痛苦”“惊讶”和“愤怒”六大类情绪(姚锦云, 2010)。该研究在一定程度上证明了表情符号使用在网络人际传播中的普遍性,以及表情符号系统在使用中呈现的偏倚关系。同样针对 QQ 表情的另一篇研究将目标扩展到更多版本的表情集中,研究发现被试在识别人类自然表情和绘制的表情时,辨识度出现统计显著的差异,但在跨文化的被试(中西)中没有统计显著的差异;此外,被试对负面表情认同率较正面表情认同率低(刘晓燕, 2008)。上述研究证明或部分证明了表情符号在交流过程中的情绪识别作用,但主要针对的都是专用于情绪传达的、“绘制”的非自然表情。此外,也有研究者从语言学领域对微博和微信的“语码转换”进行研究,提出了微信中静态表情符号的三个功能:创设语境、构建亲密关系、缓和交际气氛(成燕, 2015)。这对本文研究分离绘制的表情符号、GIF 图的情绪传达提供了依据。

国外对于表情符号的研究,不着重体现特定沟通平台所展现的非语言符号交流特征,而是主要集中在计算机中介交流情境下的理解一致性。一项从语言学角度对表情符号(emoticon)和绘文字进行的研究发现,对于统一颜文字、绘文字的意义解读并不一致(Kelly,2015)。另一项研究瞄准目前世界通用的 Unicode Emoji 颜文字系统(The Unicode Consortium,2019)。研究者发现,Emoji 颜文字系统在不同移动操作系统中因渲染效果的不同,会导致误解(miscommunication)(Miller et al.,2016),且这种误解得到了相似研究的支持(Tigwell&Flatla,2016)。表情符号这些相关研究为本文寻找研究切入点提供了依据。

(四)动态表情贴图与情绪类属

根据已有研究,一般地,一个人主观的心理感受被称作情绪(affect),而从外部行为感知到的状态则被称作情感(emotion)(Munezero et al.,2014)。本研究针对外显化的面部表情进行情绪识别,不涉及个体内外化情感的一致性问题,因此不对这一概念进行更加明确的区别。

人类的情绪,尤其是外显的表情(面部动作),他人感知到的“情感”,一直以来都是心理学领域所研究的对象。情绪的含义至少可从生物、认知和文化三个角度进行解释(见表1)。对本研究而言,情绪是指在对他人生物性情感状态外部呈现进行理解的基础上,对理解结果进行语言符号归类的结果。因此,相比偏向生物应激性和本能的前两个定义,文本选择文化取向的定义对情绪进行理解,这也更加适合本文的研究问题。

表1 情绪的含义(Turner,2007)

维度	定义
生物	人体系统中自主神经系统(ANS)、肌肉骨骼系统、内分泌系统以及神经递质和神经活性肽系统产生变化,促使、推动机体进入的某种行为方式
认知	对于主体或客体进入某种环境的意识感受
社会	人类对某种生理状态唤起的命名标签

人类的情感是复杂的。中国从古时起就有“喜怒哀乐”的表情四分法,但这种经验分类很难被应用于研究中的表情识别,因此,有必要寻找一套比较合理的表情分类系统。对表情呈现的程序进行分类是人类情绪研究的一个重要领域,其主要目标是尝试简化人类的情绪结构,或是寻找人类情绪的“基本元素”。因此,这类研究所得到的情绪组成一般被称作基本情绪(basic emotions)或主要情绪(primary emotions)。

对于表情的研究较早地可见于达尔文《人类和动物的表情》(*The Expression of the Emotions in Man and Animals*)中对于表情生成机制的考量,他发现人类的表情与其他动物具有同源性,并根据研究提出了人类独有的八大类共37种表情(Charles Darwin, 1958)。进入20世纪后,受社会应用需要,以微表情为代表的情绪识别研究广泛展开，有数十位学者先后提出多种基本情绪组成（如 Sroufe，1979；Johnson-Laird，1992 等，转引自 Turner，2007），从简单到复杂，不一而足。

研究者所接触的大部分情绪相关研究都倾向证实这样一个结论，即人类的情感是以一些基本情绪为“调色盘”进行混合的结果。以此出发，本研究尝试选择在这一方向下受到广泛接受的基本情绪模型。综合这些原因，研究最终使用 Ekman 的基本表情分类作为情绪的分类依据。

受达尔文观点的影响，美国学者埃克曼（Ekman）通过对前文明社会、文明社会和跨文化情境的研究，归纳出了六种基本表情，分别是开心（happiness）、悲伤（sadness）、愤怒（anger）、惊讶（surprise）、厌恶（disgust）和恐惧（fear）（路立，2015），研究者同时指出，基本表情具有相当程度的跨文化一致性（Ekman & Friesen，1971）；但该研究者也强调人类对他人做出反应的建构性，他认为，不存在“核心要素”能够区别所谓的“基本情绪”（Dalgleish & Powers，1999）。

在埃克曼的研究之后，也有其他学者提出过对应的表情情绪分类方法。例如，有学者在赞同表情具有进化论性质的立场上，依据英文词汇提出的“表情轮”（wheel of emotions）以单词搭配颜色展示复杂的情绪（Plutchik，2001）；再例如，一个包含六类 25 个表情的表情系统（Parrott，2001），由于细致程度过高而缺乏实用性。另外，随着近年来研究逐渐发现面部表情在某种程度上存在文化一致性（韦程耀、赵冬梅，2012），埃克曼表情理论虽然提出较早，但由于这一表情分类方式简单清晰，加之具有跨文化研究背景，并具有实用性（如用于测谎等），因此仍为研究领域所广泛使用。

（五）研究问题和研究设计

1.研究问题和假设

无论是在人际传播还是大众传播里，动态表情贴图的使用都多少传递了使用者的一部分情绪。基于有关表情符号情绪传达的相关文献，本研究提出的研究问题是：处于传播过程中的动态表情贴图是否能够传达可以感知的情绪？这些情绪是否可以在接收者一端达到理解的共识？基于此，本问题拟提出以下几个假设：

假设 1：基于研究使用的情绪词组，动态表情贴图中人物面部的外显情绪呈现出了可以分辨的情绪。

假设 2：基于研究使用的情绪词组，动态表情贴图中主体的不同外显情绪之间存在结构关系，即动态表情贴图表达的情感存在“基本情绪”。

假设3:研究被试在理解动态表情贴图中人物面部外显情绪呈现出的感情上是一致的。

2.研究设计

本文主要使用实验法完成,主要流程如下:

(1)研究者设计了一个运行于网页端的GIF图比较程序,以收集表情贴图及其相关的情绪数据。

(2)被试进入实验画面后,后台将自动从样本图库(共150张)中随机抽选两张图片(下称图A、图B)进行展示,并从17个情绪描述词中随机抽取一个作为题目。被试将看到这两张图片以及问题"哪一张图更好地表达了××这个情绪"。

(3)情绪词包括根据埃克曼微表情分类(Ekman,1969;Ekman&Friesen,1971)基础上扩展的17个情绪词组,包含开心(amusement)、愤怒(anger)、轻蔑(contempt)、知足(contentment)、厌恶(disgust)、尴尬(embarrassment)、兴奋(excitement)、恐惧(fear)、内疚(guilt)、快乐(happiness)、愉悦(pleasure)①、骄傲(pride)②、放松(relief)、悲伤(sadness)、满足(satisfaction)、羞耻(shame)、惊讶(surprise)。

(4)面对(2)中的问题,被试需以点击对应图片的形式完成回答,被点击的图片将被视作比另一张图片更好地表达了这个情绪。

(5)由于每张图片可能无法同时展现17种情绪,因此在选项设置方面,每次点击共可能产生三个回答,即"图A""图B"以及"哪个也不是"。

(6)对用户点击结果进行处理,转换为情绪强度指数。

3.样本和数据处理

中国人部分实验共使用150张GIF图作为实验材料样本,使用的GIF图采集自即时通信软件,或是QQ、微信表情包网站。此外,为保证实验样本与美国对应数据具有可比性,研究样本中还引入美国被试数据中各类情绪强度排名靠前的2~3张图片入样。综合样本为150张,其中美国被试入样59张。入样图片之前已经过搜索引擎验证,它们事先存在于中国互联网空间。

研究被试为研究者在社交平台和即时通信软件上获得,手段为自愿者抽样和方便抽样。最终获得1,626名样本的25,900次填答结果,1,626名访客中女性占比稍高(56.14%),用户年龄集中在18~29岁(77.78%),绝大部分访客

① 指感官愉悦(Sensory pleasure)。

② 指成就带来的骄傲、自豪感(Pride in Achievement)。

(99.17%)来自国内。

研究使用 TrueSkill 算法处理用户的点击数据。TrueSkill 算法是由微软开发的一种基于贝叶斯的评分系统,使用贝叶斯推断算法量化用户的真实水平(TureSkill)。这套评分系统假定个案的某一测量水平呈正态分布,通过样本多次的成功/失败记录动态修正评分(Herbrich et al.,2006)。该方法能将定性数据转换为测量级别更高的结果。根据经验要求,利用 TrueSkill 算法,同一对图片应至少被不同被试比较 12 次以上,测量结果才能达到稳定水平(Lee,2016),研究数据符合这一基本要求。

美国人部分研究使用 GIFGIF 平台数据(http://gifgif.media.mit.edu)作为美国人样本数据进行比较。

GIFGIF 平台是由麻省理工学院媒体实验室(MIT Media Lab)建立的动态贴图比较平台,用于获取用户对动态图片传达情绪的识别结果。本研究的中国人部分数据采集流程和研究设计即受 GIFGIF 平台启发完成。平台界面如图 1 所示。

图 1　GIFGIF 动态贴图比较平台界面

GIFGIF 平台采集情绪数据的方式与传统的标签式数据标注不同,用户通过比较两张不同图片的情绪强度完成数据标注(MediaLab,2017)。在完成一定量的比较任务后,GIFGIF 平台还会给用户颁发成就勋章,以激励用户完成更多动图比较任务。

根据研究者与 GIFGIF 平台维护者的邮件沟通,研究者了解到,GIFGIF 平台的参与者绝大多数来自美国本土,能够代表美国人对动态表情贴图情绪的识别习惯。平台使用的图片全部来自动态贴图图库、搜索引擎 Giphy。截至本研究结束时,该平台共有 6,118 张样本图片,用户标注(点击数)约为 3,100,000 次。点击量同样达到了 TrueSkill 算法要求的最小样本量。

中国人和美国人的研究数据使用了同样的情绪词语进行比较和标注。两个渠道获得的点击数据均通过 Doug Zongker 的 TrueSkill 算法 NodeJS 实现进行处理。

三、研究结果

(一)效力检验

中国人部分:基本的效力检验表明,处理后的中国人被试的情绪维度得分具有良好的潜在结构(KMO=0.860,Bartlett's Test $\chi^2=1643.75$,$d.f=136$,$p=0.000$),一致性结果良好(Communalities>0.5)。

美国人部分:美国被试的相关数据同样具有良好的质量,也存在潜在结构(KMO=0.883,Bartlett's Test $\chi^2=75599.292$,$d.f=136$,$p=0.000$),一致性结果良好(Communalities>0.49)。

为确定样本量对于实验结果可能产生的影响,研究多次随机抽取美国人3%的样本进行重复因子分析,没有发现样本量对因子分析最终结果产生影响,即因子结构未发生变动,各类因子分析指标亦未发生较大波动。

(二)中美被试情绪识别结构比较

中、美被试的情绪强度展现了相似的结构性特征。双方被试的情绪识别结构都可被归为四类,方差解释度良好(中=71.10%,美=73.059%),其对比结果如表 2 所示(因子载荷隐去规则为>0.4)。

表2 情绪词因子分析结果

	中国人				美国人			
因子	1	2	3	4	1	2	3	4
名称 简称	欢喜 喜	羞愧 愧	惊惧 惧	耻辱 耻	欢喜 喜	羞愧 愧	憎恶 恶	惊惧 惧
载荷%	32.934	16.733	11.991	9.443	31.961	18.253	12.277	10.569
愉悦	0.857				0.876			
快乐	0.827				0.889			
开心	0.820				0.830			
厌恶	−0.769						0.737	
满足	0.768				0.869			
兴奋	0.706				0.751			
知足	0.694				0.767			
愤怒	−0.663						0.711	
放松	0.601				0.692			
内疚		−0.844				0.854		
悲伤		−0.747				0.714		
羞耻		−0.580		0.506		0.893		
骄傲		0.530			0.569			
惊讶			0.840					0.897
恐惧			0.743					0.754
尴尬				0.890		0.770		
轻蔑				0.515			0.874	

通过上述结果可以发现，中美被试识别的样本图片情绪识别结构情况如下：

第一，中国人情绪结构包含四个因子，分别是欢喜[愉悦、快乐、开心、厌恶（反向）、满足、兴奋、知足、愤怒（反向）、放松]、负向羞愧[内疚（反向）、悲伤（反向）、羞耻（反向）、骄傲]、惊惧[惊讶、恐惧]和耻辱[尴尬、轻蔑和羞愧]。

第二，美国人情绪结构同样包含四个因子，分别是欢喜（快乐、愉悦、满足、开心、知足、兴奋、放松、骄傲）、羞愧（羞耻、内疚、尴尬、悲伤）、憎恶（轻蔑、厌恶、愤怒）和惊惧（惊讶、恐惧）。

综上,从中国和美国被试的识别结果来看,中国人对样本图片的情绪识别结构可用喜、愧、惧、耻进行描述;而美国人则为喜、愧、恶、惊。

（三）情绪结构一致性

以上一部分的情绪结构为基础,对因子1中负向元件和因子2中正向元件进行反向处理后,使用回归法,计算出重复样本图片在中国被试和美国被试各自情感维度上的因子得分,对两组框架的因子得分进行一致性检验,使用Pearson相关计算,结果如表3所示。

表3　情绪结构相关分析结果

		中国因子1 欢喜	中国因子2 羞愧	中国因子3 惊惧	中国因子4 耻辱
美国因子1 欢喜	PearsonR	0.822**	−0.333**	−0.349**	−0.014
	Sig.(Two sides)	0.000	0.009	0.006	0.917
	N	60	60	60	60
美国因子2 羞愧	PearsonR	−0.047	0.850**	−0.088	0.594**
	Sig.(Two sides)	0.722	0.000	0.506	0.000
	N	60	60	60	60
美国因子3 憎恶	PearsonR	−0.682**	−0.429**	−0.098	0.167
	Sig.(Two sides)	0.000	0.001	0.456	0.201
	N	60	60	60	60
美国因子4 惊惧	PearsonR	−0.069	−0.113	0.861**	−0.025
	Sig.(Two sides)	0.599	0.392	0.000	0.849
	N	60	60	60	60

注:* 表示在置信度(双测)为0.05时,相关性是显著的;** 表示在置信度(双测)为0.01时,相关性是显著的。横行为中国人样本情绪结构,纵列为美国人样本情绪结构。

该表揭示了两个不同平台所得出的情感框架之间的相互关系。可以看到,三个命名相同的因子(欢喜、羞愧、惊惧)虽然在因子组成上略有不同,但在统计上具有极高的相关性($r>0.8$, $p=0.000$)。这意味着,这三个因子在一定程度上可以被看作是"一致"的,是两个情绪框架的共有因子。

就两组情感框架的不同之处来看,对于美国人情绪识别结构的独有因子"憎恶",在中国被试中没有对应因子,只是与正向情感"欢喜"具有较强的负相关关系;中国被试独有的“耻辱”因子则与美国被试的“羞愧”有较高的相关关系,考虑到美国被试的巨大样本量,结果具有一定稳定性,可以认为,“耻辱”是“羞愧”这一情感大类下分化出的一个子类。

四、研究结论:一种可能的社会文化解释

(一)研究假设的回应

针对假设1、2,研究的数据相关检验结果显现了目标情绪维度具有良好的一致性,并展现了潜在的情绪结构。研究认为,各维度情绪的得分波动展现了被试在给定情绪词组上对动态贴图情绪的识别结果。基于研究结果的质量检验相关数据,假设1、假设2得到证实:动态表情贴图中的人物面部的外显情绪呈现出了可以分辨的情绪;动态表情贴图中主体的外显情绪存在“基本情绪”。

但是对于中、美两组被试,同样的情绪词组背后的“基本情绪”存在差异。针对假设3,基于中美被试情绪结构比较和情绪结构一致性的相关检验结果,可以看到:

总体来看,两组数据因子方差累积解释度相差不大(中国71.10%;美国73.06%),相似因子的方差贡献度也基本相似,展示了这组情绪分类相对较好的效度。在具体的因子结构上,两组数据在四个因子的情况下达到最佳效果,且四个因子中共享了三个基本相似的共同因子(喜、愧、惧),一定程度上提供了情绪识别在跨文化背景下存在一致性的证据。

两组情绪识别结果体现出的不同主要集中在以下几个方面:

首先,中国被试的数据在因子结构中出现了载荷为负的情况,表明对应情绪在该因子上呈现负作用,对应表情与其他表情所呈现的意义相反。

其次,中国被试数据的因子结构缺少美国被试情绪中的“憎恶”因子,而多了“耻辱”因子,GIFGIF平台相较则缺少中国人情绪中的“耻辱”因子。

最后,两组数据相互缺失的因子被“溶解”在不同情绪维度上。具体来看,“憎恶”因子在中国被试的“欢喜”因子中,成为“欢喜”这一因子的内隐因素;而相应地,美国被试中的“羞愧”因素则被进一步与其他因子拆分,进一步分化而组成了中国被试中的“耻辱”因子。

两组数据对比同时提供了跨文化语境下情绪识别上的差异。至此,假设3得到部分证实:一定程度上,研究被试在理解动态表情贴图中人物面部外显情

绪呈现出的感情上,能够达成部分一致。

(二)动态表情贴图情绪识别的一致性和差异

研究使用的17个表情在认知上具有极高的相关性,继续支持了这套表情分类法所参照的表情分类在表情识别一致性上的相关论述及与之相关的跨文化研究(汤艳清等,2011)。埃克曼对于表情的相关研究,实际上源于达尔文对于动物表情的探索。因此,本研究的结果继续支持了表情的生物性基础,即表情的表达具有一定自发性,这种自发性具有生物一致性。

但即使主体对于情绪的识别具有跨文化一致性,也并不意味着情绪的认知"结构框架"——被认知情感之间的潜在关系具有一致性。对于潜在情绪结构的分析揭示,就中美两组样本来说,同样具有高解释能力,单个认知水平高度一致的情绪分类,在一定程度上仍旧存在明显的差异。

人是社会性动物,而文化则是社会互动的产物。从符号互动视角来看,人类通过象征性符号完成交流活动,以达成"认同",进而达到社会成员之间及社会整体协同工作,而其中作为交流中介的符号不仅包括文字、言语,更包括人类的手势和表情(渠改萍,2010)。从个体成长的角度来看,在符号互动的过程中,个体将通过"客我",也就是"概化他人"(周晓虹,2008)的过程学习到社会规范。社会规范的学习过程伴随着符号的学习过程,而学习过程又是社会互动的过程,那么,可以认为符号的学习行为本身也是具有社会性的;自然,对于各种情感的外在形式——外显情绪的认知过程便具有了可塑性,它会受到已成的、显性或隐性的规范所影响。从这个角度看来,主体对于情绪的识别虽然受生物一致性决定,但在解释各种情绪及情绪关联时,也受到社会及其对应文化的影响,进而产生差异。

此外,对于情绪的认知实际上还涉及符号与符号之间的"互动":语言的习得性决定了用于形容语言的、具有"任意性"的能指也具有建构性。因此,个体所认为的外显情绪与实际形容这个情绪所使用的词语、暗含的隐喻都具有所属文化的特性,它同样会对主体对于情绪的解释产生影响。

(三)中国人情绪结构具有二元倾向

在对于中国被试的分析中,整个情绪结构变差贡献最大的因子与美国被试分析结果一致,均为"欢喜"这一因子。但不同的是,在中国被试的分析结果中,"厌恶""愤怒"作为两个具有负载荷的元素出现在这一因子中,这表明,"欢乐"

"愉悦""满足""兴奋"等正向情绪词语在汉语环境中与"厌恶""愤怒"这样的负向词语实际上是相悖的——它们作为"欢喜"因子的"背面"出现,不与正向情绪共存,这体现出了中国人在汉语环境下欢喜—怒恶两组情感的二元性特征,而这与美国被试所呈现的结果大有不同。

研究认为,这体现了文化对于情绪识别的建构性。在中国文化中,长期存在类似"喜怒""好恶"的正向—负向表情二元分化的习惯,在认知事物上,存在着类似"敌—我""城—乡"的二元结构;在国家治理层面,也出现以二元塑造国家认同,进行国家交往的行为(马戎, 2010);在意识形态上,则有"阶级斗争""荣辱观"等具有二元化色彩的论述。从这方面看,中国社会本身具有较强的二元化思维模式,如果将其认为是中国的一种隐性的规范,则可以认为这一规范对中国人的社会互动展现了可见的影响——至少是在情绪的认识上。

显然,研究者并不认同中国人情感识别的绝对二元化。研究使用的因子分析结果解释了情感中存在的隐性结构,但这种结构是以一定观察水平为基础的,这一基础的衡量标准是情感结构简单性与解释度所共同确定的结果。实际上,如果放弃因子结构简单性,使用八个因子对 17 个情绪进行归纳,"愤怒""厌恶"两个情绪便会从因子 1(欢喜)中脱离出来,但此时的情感结构已较复杂,解释意义不大。

(四)中美情绪识别结构差异

一个显著的差异可见于两组数据所呈现出的情绪结构上:由"尴尬""轻蔑"和载荷相对较低的"羞耻"所构成的"耻辱"作为第四个因子,与其他三个因子构成了中国被试的情绪识别结构。

针对中美被试的差异,研究尝试从社会文化视角对情绪识别的差异进行解释。根据丁允珠(Ting-Toomey)等人的面子协商理论,亚洲集体主义下的文化规范在于达成个人与群体成员之间的和谐关系,而"面子"在很大程度上仰赖于他人的评价(艾青, 2015)。因此,在集体利益置于个人利益之上的情景下,个人往往倾向保持彼此的面子(陈佑荣, 2015),采取回避的手段"给足面子",避免正面冲突。一方面,这使得前段所述的"喜—怒"内化成为一个不可分割、相互背离的情感体;另一方面,基于他人评价的"面子",在可"众口铄金"的他人评价下,对于耻辱感更加敏感。以此反观英语环境下的情绪结构,由于个人主义下的文化规范中对于冲突的管理往往更倾向于正面解决,可以看到,"耻辱"中的三个情绪反而被溶解,成为"羞愧"与"憎恶"的下属情绪,这进一步证明了不同文化背景下社会互动结构对于情感识别结构所产生的显著影响。

（五）美国人表情贴图情绪识别的简单化倾向

研究在进行情绪识别结构的比较中发现，美国被试所呈现的情绪结构，不存在汉语理解下语义相悖的情感，四类因子内的组成情绪具有一定的语义一致性；此外，中国被试在耻辱因子与美国被试在羞愧因子上有较高的相关水平，可以认为耻辱因子是从羞愧因子分化而来的，说明中文环境的情感识别结构相比之下要更为复杂。除去实验样本可能带来的影响，研究认为这与西方社会主流的个人主义、自由主义的文化规范相关。

另外，有研究认为，文化的载体——语言——可能导致了汉语、英语环境下相异的情绪结构。有比较稳健的证据支持这一观点：以语言学为基点的中国民间模型(Chinese Folk Model)表情理论认为，中文成语可以构建一个中国人面部表情的民间图景(folk picture)，因为：第一，有统计证实，与肢体动作有关的成语中，近一半涉及面部表情，这说明某些面部表情在中国人看来更为突出；第二，它是研究表情的本土语言编码系统模式的一手资料；第三，种类众多的成语暗示中国人并不以固化的表情分类识别表情，如“愁眉苦脸”“眉飞色舞”等(Ye，2004)。

虽然本文的研究结果并未完全支持这一理论视角的一些观点，但这一理论的视角为理解表情借由语言理解而产生的差异提供了一些启示。如 pride 一词在汉语中的常用对应词“骄傲”，可被拆分为“自豪”与“傲慢”两种褒贬相悖的语义。综上，情绪结构的差异会受到语言本身的影响。

应该注意到，尽管研究分析揭示了中国、美国被试情绪识别结构的差异，这些差异仍旧建立在情绪识别具有高度一致性的基础上——这意味着表情识别是具有跨文化一致性的，不同的是表情之间潜在的关系以及主体将情绪与情绪语词之间的关联。研究再一次确认了情绪识别过程中的一致性，也暗示了情绪识别所具有的生物性，这些一致性都意味着跨文化交际中达成共识的可能性。传播学经典研究中的涵化过程证明了大众传媒形成“共识”的力量(Gerbner et al.，2004)。研究者认为，大众传媒所提供的统一的情境，在一定程度上保证了情绪识别达成一致。从样本来看，本研究使用的大部分动态表情贴图仍旧来源于电影、电视剧、真人秀等专业大众传媒机构所生产的媒介内容。在动态表情贴图的加工中，大众传媒事实上成了制造另一种“共识”的中介机构，它生产的大量媒介内容成为动态表情贴图的共同素材源。在互联网环境下，大众传媒生产的文化产品在跨文化的背景下被接纳，双方借助动态表情贴图进行交流时，已经置于一个类似的交流环境下，这个环境既包含双方在图片情感上达成的共识，也包含大众传媒在原作品中置入的情境。相对于将涵化过程及共识作为传播政治经济学等批判视角的分析线索，本研究更愿意从跨文化的角度对共识的形成进行理解，因为它在某种程度上促成了交流、传播的一致。

本研究通过对互联网传播行为中使用的图片形态——动态表情贴图进行汉语、英语环境下的情绪识别情况进行分析，一方面，继续支持了情绪识别的文化一致性；另一方面，也发现了不同文化背景下情绪所具有的不同理解结构。另外，本文也探索性地得到了动态表情贴图内容与情绪表达之间的交互关系。总体看来，在跨文化背景下，情绪能够被一样地理解，但不一定被一样地解释，因为相较生物性的情绪识别来说，解释情绪是建构性的过程，它受到社会互动及其背后文化规范的共同影响。

本研究还存在一些不足。实际上，在生物一致性的大前提下，导致情绪识别或情绪结构差异的因素众多，社会文化仅是众多重要因素中的一个，或被过于概化的一个，研究没有对该因素或其他因素进行进一步展开。此外，受研究方法的限制，研究选择通过简化参与门槛的方式尽量扩大了参与研究的被试数量，但代价是缺失部分控制变量以对结果进行精确检验。希望这些不足能够在后续相关研究中得到一定程度的完善。

参考文献

艾青(2015),《中美文化中的面子行为对比研究》。上海师范大学硕士论文。

曹文欣(2015),《微信中的人际传播研究》。北京邮电大学硕士论文。

查尔斯·达尔文(1872/1958),《人类和动物的表情》(周邦立译)。北京:科学出版社。

陈佑荣(2015年4月),《传播中的"面子":一种认知的研究视角——从面子理论到礼貌理论再到面子协商理论》。"中国认知传播学会第二届学术年会"会议论文,赣州。

成燕(2015),《微博、微信中的语码转换研究》。陕西师范大学硕士论文。

刘晓燕(2008),《QQ面部表情图片的识别研究》。湖南师范大学硕士论文。

路立(2015),《生态化微表情识别测量的编制及微表情识别差异研究》。苏州大学硕士论文。

马戎(2010),《中国社会的另一类"二元结构"》。《北京大学学报(哲学社会科学版)》,第3期,页93-103。

乔治·格伯纳、拉理·戈罗斯、石义彬等(2004),《与电视共同成长:涵化过程》。《新闻与传播评论》,第7期,页88-100。

渠改萍(2010),《符号互动理论述评》。《太原大学学报》,第3期,页96-98。

汤艳清、欧凤荣、吴枫等(2011),《中美两国 6 种基本面部表情识别的跨文化研究》。《中国医科大学学报》,第 5 期,页 422-424。

王道琳、李四达(2016),《新媒体传播下的“动图”的研究》。《艺术与设计(理论)》,第 3 期,页 71-72。

王薇(2017),《狂欢理论视域下的网络表情包研究》。暨南大学硕士论文。

韦程耀、赵冬梅(2012),《面部表情的跨文化表达与识别研究述评》。《心理科学进展》,第 10 期,页 1614-1622。

姚锦云(2010),《大学生 QQ 人际传播研究》。浙江大学硕士论文。

张放(2016),《论“computer-mediated communication”的中译定名问题——基于学术史与技术史的考察》。《新闻与传播研究》,第 9 期,页 104-112。

周晓虹(2008),《认同理论:社会学与心理学的分析路径》。《社会科学》,第 4 期,页 46-53。

Abbott D.(2014, October). Old Plays, New Narratives: Fan Production of New Media Texts from Broadcast Theatre. Paper presented at Proceedings of Interactive Narratives, New Media and Social Engagement, Toronto.

Amer P. D., Iren S., Sezen G. E., et al.(1999). Network-Conscious GIF Image Transmission over the Internet. *Computer Networks*, 31(7), 693-708.

Compuserve-Incorporated(1987). GIF(tm) Graphics Interchange Format (tm): A Standard Defining a Mechanism for the Storage and Transmission of Raster-Based Graphics Information.

Derks, D., Bos, A. E., & VonGrumbkow, J. (2008). Emoticons in Computer-Mediated Communication: Social Motives and Social Context. *Cyberpsychology & Behavior*, 11(1), 99-101.

Ekman, P. (1999). Basic Emotions. *Handbook of Cognition and Emotion*, 98(45-60), 16.

Ekman P., & Friesen W. V.(1971). Constants Across Cultures in the Face and Emotion. *Journal of Personality and Social Psychology*, 17(2), 124-129.

Ekman P. & Wallace V. F.(1969). The Repertoire of Nonverbal Behavior: Categories, Origins, Usage, and Coding.*Semiotica*, 1(1), 49-98.

Eppink J.(2014). A Brief History of the GIF (So Far). *Journal of Visual Culture*, 13(3), 298-306.

Graepel, T., Minka, T., &Herbrich, R. (2007). TureSkill (TM): A Bayesian Skill Rating System. *Advances in Neural Information Processing Systems*, 20, 569-576.

Kelly C.(2015). Do You Know What I Mean > :(: A Linguistic Study of the Understanding of Emoticons and Emojis in Text Messages. Bachelor Dissertation, Halmstad University. Halmstad.

Korzenny, F. (1978). A Theory of Electronic Propinquity: Mediated Communication in Organizations. *Communication Research*, 5(1), 3-24.

Lee H.(2016). TrueSkill—The Video Game Rating System. Retrieved from https://trueskill.org/.

Lee, Y. C. (2017). Effects of Branded E-Stickers on Purchase Intentions: The Perspective of Social Capital Theory. *Telematics and Informatics*, 34(1), 397-411.

Martin K.C.(2012). Oxford Dictionaries USA Word of the Year 2012: "to GIF". Retrieved from http://blog. oup. com/2012/11/oxford-dictionaries-usa-word-of-the-year-2012-gif/.

Mehrabian, A. (1981). *Silent Messages: Implicit Communication of Emotions and Attitudes*. Belmont, CA: Wadsworth.

Microsoft(2015).Microsoft Attention Spans Research Report. Consumer Insights, Microsoft Canada. Retrieved from http://dl.motamem.org/microsoft-attention-spans-research-report.pdf.

Miller, H. J.,Thebault-Spieker, J., Chang, S., Johnson, I., Terveen, L., & Hecht, B. (2016, March). "Blissfully Happy" or "Ready to Fight": Varying Interpretations of Emoji. Paper presented at Tenth International AAAI Conference on Web and Social Media, Cologne.

Munezero, M. D., Montero, C. S., Sutinen, E., & Pajunen, J. (2014). Are They Different? Affect, Feeling, Emotion, Sentiment, and Opinion Detection in Text. *IEEE Transactions on Affective Computing*, 5(2), 101-111.

Newman M. Z.(2015). GIFs: The Attainable Text. Retrieved from http://www.filmscalpel.com/wp-content/uploads/1913/10/GIFs-The-Attainable-Text-Newman.pdf.

Parrott W. G.(2001). *Emotions in Social Psychology*.Psychology Press.

Plutchik R.(2001). The Nature of Emotions Human Emotions Have Deep Evolutionary Roots, a Fact That May Explain Their Complexity and Provide Tools for Clinical Practice. *American Scientist*, 89(4), 344-350.

The Unicode Consortium(2019).Unicode© Emoji. Consortium T U. Retrieved from https://home.unicode.org/emoji/.

Tigwell, G. W., & Flatla, D. R. (2016, September). Oh That's What You Meant! Reducing Emoji Misunderstanding. Paper presented at Proceedings of the 18th International Conference on Human-Computer Interaction with Mobile Devices and Services Adjunct, Florence.

Turner, J. H. (2007). *Human Emotions: A sociological Theory*. Routledge.

Union International Telecommunication(2018). Measuring the Information Society Report. Geneva: International Telecommunication Union.

Walther, J. B.,Slovacek, C. L., & Tidwell, L. C. (2001). Is a Picture Worth a Thousand Words? Photographic Images in Long-Term and Short-Term Computer-Mediated Communication. *Communication Research*, 28(1), 105-134.

Xing H., Zhang Q., Braithwaite C. H., & Pan B.(2017). High-Speed Photography and Digital Optical Measurement Techniques for Geomaterials: Fundamentals and Applications. *Rock Mechanics and Rock Engineering*, 50(6), 1-49.

YE Z.(2004). The Chinese Folk Model of Facial Expressions: A Linguistic Perspective. *Culture & Psychology*, 10(2), 195-222.

学术综述

新媒介时代下的国外情感研究：问题、发展与展望*

Western Affect and Emotion Research in the New Media Era: Problems, Development and Prospect

◈ 董 薇**
Dong Wei

摘要：近几十年来，新媒介，尤其是社交媒介中的情感不仅在传播学界，也在诸如心理学、社会学、政治科学等相邻的学科领域引发广泛关注。学者们敏锐地发现，既有的认知取向研究主要关注信息的扩散、知识的分享与获得，我们对于情感在新媒介空间的传播与影响机制知之甚少，也无法对层出不穷的情感现象做出充分的解释。在理论和现实的双重促动下，国外的新媒介研究对情感问题的兴趣日增。本文首先系统分析了这一新兴交叉领域的问题缘起以及面临的分析性挑战，接着从情感传播的可能性、功能主义、媒介化三个方面梳理了已取得的研究成果，希望借此帮助学界更好地理解情感及其在媒介化世界中的角色与影响。

Abstract: In recent decades, affects and emotions in and through new media, especially social media, have not only attracted widespread attention in communication studies, but also in adjacent disciplines such as psychology, sociology, and political science. Scholars have been keenly aware that the existing research on cognitive approach mainly focuses on the diffusion of information, the sharing and acquisition of knowledge, which leads us to know very little about the transmission and influence mechanism of emotion in the new media space, and we cannot make adequate explanations toward the emerging new

* 本文系国家建设高水平大学公派研究生项目(项目编号:201606270177)的阶段性成果。

** 董薇，柏林自由大学传播与媒介学系博士候选人。

emotion phenomena. Driven by both theoretical and practical challenges, the new media research is increasingly interested in affective and emotional issues. This article provides an overview of research carried out in this subject, which first analyzes the origin of the problems and the analytical challenges it faced; then the research findings that have been achieved from three aspects: the possibility of affective transmission, functionalism, and mediatization, hoping to provide a better understanding for the academic community about the diverse spectrums of emotions and their influence in the mediatized world.

关键词：新媒介，“情感转向”，情感传播，媒介化

Keywords: new media, “affective turn”, emotional communication, mediatization

一、现实挑战与理论反思：从情感爆炸到“情感转向”

西方思想的历史从不缺乏对情感的关注。早在古希腊时期，柏拉图与亚里士多德这样的大哲学家就对情感做出过极其精彩的讨论。中世纪之后，以休谟为代表的早期英国经验主义哲学家们，更是建构起一套完备的情感主义哲学，论证情感在人性中所扮演的角色及其所彰显的人性价值。至 19 世纪以降，马克思、韦伯、涂尔干、齐美尔等社会理论家也都注意到了情感，并在其理论建构中深入考察了情感如何介入社会关系和社会结构。但同时，真正占据西方两千多年思想史中心位置的却是理性主义。理性被看作是审慎的、稳定的，拥有至高无上的权威；情感则是盲目、变幻和欺骗性的，只能处于无关紧要的从属位置。理性不仅在西方思想史的视域内获得无以复加的推崇，并呈现为理性主义对非理性主义的鞭挞，也在启蒙时代以来的现实历史进程中作为现代性发展的核心力量，推动了现代社会的形成与发展。现代主体精神的崛起为个体自由权利提供了理论支点，而以这一自由观念为基础，丰富多样的情感表达反而在现实层面也具有了更大的可能。同时技术理性的发展也磨平了时空距离的阻碍，消解了情感在传播中的脆弱性，从而为情感的公开传播提供了必要条件。因此，我们不妨说现代社会既是合理化进程的产物，同时也以其个体自由观念的实践促成了情感的主题化，让思想史中被遮蔽的情感议题重新在现实领域显现其重要性。

正如我国台湾地区学者甯應斌和何春蕤(2012)所观察到的，现代性的反思乃是随附着情感的反思，现代社会是情感爆炸的年代。为了争夺大众有限的注

意力资源，大众媒体和市场营销越来越诉诸浓烈的情感元素，各种情感经验变得唾手可得乃至廉价；当代许多政治活动往往由政客或民众的情感所推动；而各式各样教人提升情商的课程、机构的兴起也反映出大众对泛滥的情感进行管理和控制的急切心情（许宝强，2018）。这些新的现象促使一大批学科将分析的焦点指向情感（affect）与情绪（emotion），心理学、神经科学、社会学、人类学、历史学、文学、政治学乃至经济学等学科，纷纷从自身的问题关怀出发，试图通过对情感的剖析来捕获当今世界政治、经济与文化之持续的变动与趋势，一个普遍的“情感转向”正在发生（Clough & Halley，2007）。

新媒介技术的发展进一步凸显了现代性的情感问题。现如今，互联网及各类网络应用正在对社会生产和社会生活进行全面介入，它们业已成为日常生活中必要的和无法避免的一部分，甚至于已悄然转变成了建构日常生活的一种隐形的基础设施（Hutchings，2017）。如果我们从海德格尔的技术哲学出发，更可以说，新媒介已然成为人类生活的“座驾”。自由表达的欲望借助新技术轻而易举便能实现延伸与扩散，然而，新的传播现象与交往实践所呈现出的面貌远不止于此。新技术的出现不只引发了更大体量的情感爆炸，更为重要的是，情感展演的方式与逻辑、情感建构的规则与媒介、环境、主体之间的关系也都发生了深层次的变革。面对这种新的变化，斯莱克（Slack，2012）认为我们必须积极采用新的理论路径以回应这些不断变动的存在语境，这些理论路径应当既能以新的方式回应新的传播现象，也能以新的方式构想它的分析对象。

事实上，早在斯莱克发出这样的呼吁之前，新媒介中的情感传播现象就已经为传播学者所注意，而建基于跨学科合作的情感与情绪理论也提供了丰富的理论资源与启示。在现实和理论的双重促动下，新媒介研究对情感问题的兴趣日增，学者们开始从不同的理论和方法论切入，使该交叉领域形成了一幅丰富且复杂的景象。然而，与新媒介相关的情感研究尚处于初期发展阶段，关键概念的界定尚未有普遍的共识，各类观点的呈现亦不够清晰、分明，更毋言有系统的理论体系与研究方法。① 不过，面对这种琐碎、分散的研究状况，我们并非没有系统理解现有工作的基础与可能。概言之，当前的各种研究乃是围绕着如何理解与回应新的传播现象与交往实践进行的，因而对现有研究的梳理就可以依循问题实质上推进的逻辑来进行。因此，本文旨在以这样一条线索来透视这一当前新兴的研究领域：首先，基于已有的知识话语，如何理解新的传播现象？其

---

① 不同的理论传统对情绪与情感等概念有不同的界定与划分，详见纪莉、董薇《从情感研究的起点出发：去情绪化的情感与媒介效果研究》一文中的梳理。

次,面对新的经验,又有何种分析挑战?如何应对这一挑战?最后,这一研究领域未来发展的方向可以有何种想象?

二、情感传播何以可能:从缺席的肉体到虚拟的在场

在互联网诞生的初期,相信技术进步主义的人可能很期待"新"的媒介技术所带来的便捷与效率,却不容易想象它对我们的情感生活能产生怎样深远的影响。很重要的一个理由即在于,与实体空间中面对面的交流(face-to-face communication,以下称 F2F)相比,人们在网络空间中的在场是一种远端临场(telepresence)或连接性共处(co-presence)(Walther, 2012)的形态,这意味着通过电脑中介的传播(computer-mediated communication,以下称 CMC)不仅因为缺少身体的在场与接触而无法进行鲜活的即时互动,也会由于没有共通的传播情境而缺乏社会可见度(social visibility)。而情感在人们的日常理解中,恰恰是一种需要直接接触的感受能力,情感能否被激发往往依赖于面对面的在场情境,而且这种在场情境还会受到更为具体的社会环境的制约和调节。因此,互联网更易于被看作是只适用于信息处理、新闻传播和远距离会议等任务导向的用途,无法激发人们分享情感。

但一系列的实证研究很快就打破了对情感的这种直觉性理解。网络论战中负面情绪的实证研究(Siegel et al., 1986)、对群决策支持系统(GDSS)中批评态度的表达研究(Jessup et al., 1990)等一系列实证研究均表明,与其他传播方式相比,CMC 并没有表现出缺少情感表达的特征。事实上,在形成积极情绪乃至亲密关系的能力上,CMC 也并不逊色于 F2F,而 CMC 中负面情绪的表达反而比 F2F 更激烈、频繁和公开(Derks et al., 2008)。米卡利齐(Micalizzi, 2010)认为,负面情绪之所以被 CMC 强化是因为网络环境提供了三层保护机制:首先,是来自屏幕的保护,使用者在自由操纵显示屏的过程中获得了一种对虚拟空间的掌控感;其次,是免受外部环境的影响,使用者一般身处熟悉的环境中,触手可及的 Wi-Fi 和私人独立的空间所赋予的安全感甚至要大于家庭生活的公共空间;最后,是网络匿名性提供的自我保护机制,匿名性为大众创造了开放、免于恐惧、更少约束与规范的情绪表达环境。因此,物理与社会的低可见度或许加大了情感识别的难度,但在充满安全感的网络空间中,更为强烈、充分的情绪表达却弥补了这一缺憾。

实证研究不仅仅单纯停留在效果层面验证情感传播的事实,也试图借助神

经科学来为情感传播提供认识论基础，但囿于神经科学对镜像神经元的研究也还只是初步探索阶段，迄今为止还无法提供一种真正完备的解释。情感研究(Affect Studies)则另辟蹊径，即挖掘斯宾诺莎、柏格森等学者的思想资源，这一路径试图在更为本源的意义上讨论情感。德勒兹(Deleuze)就提出，情感是一种"我在"，只有在连续、绵延的时间中去体验存在之力(force)或行动之能力(puissance)的变化，才能真正把握情感(汪民安、郭晓彦，2006)。德勒兹的阐释使我们对情感的理解得以突破生理决定论的囿限，用他的话来说，情感不只是人类或动物的神经系统所特有的能力，更是诞生于所有能够施与情感和感受情感的主体之间的际遇和碰撞。这意味着技术创造的虚拟空间并不妨碍情感的自由呈现与真实表达，虚拟的形式并没有将情感质料导向虚拟的所指，相反，情感——赋予我们的生活以本质性意义的能力，透过这种形式而获得了一种虚拟实在性。

鲍恩斯和洛普列诺(Boyns & Loprieno，2014)的研究也支持了虚拟在场的观点，他们认为 CMC 能够生产出"亲密的幻觉"和"非媒介化的幻觉"，从而使人们将网络环境感知为真实的场所，并让使用者在这种类社会在场(parasocial presence)的体验中实现情感层面的沉浸。可见，实在的身体并非影响情绪传播的决定性因素，通过为肉身的缺席提供大量"幻觉"的生产，互联网制造了另外一种意义的身体在场。这一结论也间接验证了沃尔特(Walther，1992)在社会信息处理理论(Social Information Processing Theory，SIP)中提出的观点，早在 20 世纪 90 年代，他就预言 CMC 和 F2F 这两种看似迥异的交流模式随着时间的推移最终会趋于一致。

三、使用与满足：从功能强化到深度卷入

随着新媒介技术愈发深度介入社会生产生活，情感能否在虚拟网络中呈现已经不再是一个有着广泛争议的问题，人们更关心的是，这种情感展演的方式会给日常生活带来怎样的影响？在所有的电子技术设备中，近乎人手一台、可随身携带和随时联网的手机无疑与现代人的情感生活深度关联，它见证了我们的情感交流，储存着大量珍贵的信息与回忆，还直接介入到习得情感交流的社会化过程中。手机使人得以展开实时交往、共享资源等社会活动，也为向他人寻求支持，从而重新评估当下不利的境况提供了重要渠道(Gross & Thompson，2007)。由于随时随地可联系到，在使用者、手机设备、所处环境三者之间

便产生了一种紧密、热切，甚至朝夕相伴的亲密关系，因而手机往往也被描述为一种“情感技术”（affective technology）（Lásen，2004）、亲密技术（Fortunati，2002）。

手机媒体是传统媒体的一个融合体，尤其是当下的智能手机实现了信息技术（IT）与通信技术（CT）的结合，人们可以即刻获得互联网上海量的信息和服务，在移动中刷网页、听音乐、看视频、打游戏，这些经由手机设备获得的丰富资源构成了使用者产生积极情感体验的重要来源。用户在使用手机社交 App、手机音乐、手机游戏以及其他多媒体应用时，往往能够体验到高积极效价和高唤起度的感觉流动（Mauri et al.，2011），这有助于使用者积极改善自身情绪状态、摆脱负面情绪的控制、提升心理幸福感。不仅如此，每一次点击社交应用界面都预设了会打开新的难以预测的内容，因此无关乎信息内容的影响，这种“点击”行为本身就已经蕴含了令人兴奋、自我奖励的期待（Gilroy-Ware，2017）。

对技术乐观主义者来说，人们在使用新媒介的过程中能够获得愉悦感、归属感等积极的情感体验。但对技术悲观主义者则不然，弗德勒等人就认为，手机正是通过满足工作、娱乐、家庭和社交的需求，再借由正面奖赏与负面惩罚的制约，使我们被驯化（Vorderer et al.，2017）。相关的实证研究也表明，过度使用手机会导致个体无法根据自己的需求调控其使用行为而产生手机成瘾[①]，进一步还会引发认知紊乱、情绪适应不良等问题（Choliz，2010）。在手机成瘾与低生活满意度及焦虑、抑郁甚至自杀意念等心理问题之间均存在高度相关性（Roggeveen et al.，2018）。“无手机恐惧症”（nomophobia）是推动手机成瘾形成的心理机制——我们害怕与线上世界脱离联系，总是担忧自己因缺席而错过某些重要的信息，以至于强迫性地不时翻看手机，如果手机不在身边还会不由自主地出现焦虑、烦躁、不安、迷惘等“戒断”症状，甚至陷入被排斥、隔离、孤立等负面的情绪状态中（Vincent，2010）。

手机的技术可供性（affordances）（Schrock，2015）创造了随时在线、永久连接的传播情境，这有助于增强亲密关系的黏性，但同时也迫使使用者被动地建立起与某种社会期待的联系。线上世界应接不暇的回应需求、亲友及其他群体大量的沟通需求，以及感觉到持续被观察的社会压力等都在不断地施予人压力，令人疲惫不堪。此时，相比于在线的便利，离线、断线的希望则变得更为迫切和重要。我们通过手机屏幕在物理—地理空间与电子—媒介空间之间自由

① 手机成瘾亦被称为手机依赖（mobile phone dependence）或是问题性手机使用（problematic mobile phone use）。

地来回切换，各种社交 App 也提供了多形态的交往平台，这在促进个体多样化身份形成的同时，也意味着人的自我遭受到更为强烈、密集的冲击与震荡。在这种情况下，频繁的虚拟交往和身份转换不仅不利于情绪管理，反而会引发认同危机，在支离破碎、快速流动的使用体验中，个体越发感到抑郁、焦虑、孤独（周宪、陶东风，2016）。如此，与其说人利用手机满足自己的情感需求，倒更不如说为了满足手机的运作，人的情感被迫作出各种牺牲。

不过，马奇洛尼和文森特（Mascheroni & Vincent，2016）也指出，手机等新媒介技术施加的束缚与压力是可以被协商甚至被抵制的，而且人们进行协商的能力还会随着时间的推进不断增强。他们认为，技术应当被理解为人的意志与技术可供性相互作用的结果。因此，当我们审视媒介技术时，与其以推测、验证使用或是不使用媒介对人的情感产生了怎样积极或消极的效果为目标，不如着眼于"人对技术实用性的主观感知与技术作用于传播实践或习惯的客观特性"这两者之间的张力关系中。手机因其技术的可供性而将使用者的感知导向特定的传播实践，但更为重要的是，这些传播实践是植根于不同的社会期待与规范，为社会文化所启用、协商、合理化和制度化的。如在公共场合突然响起的手机铃声往往会引发机主的紧张情绪，而即便周边的人对此并没有表现出任何明显的不满、厌恶，响声仍然会导致机主产生同样的情绪反应。霍夫里希（Höflich，2009）认为，这是由于这种响声本身已然被界定为对公共空间既有的良好行为规范的破坏，同时也妨碍、干扰了他人。可以说，手机的日常实践是一个有关情绪的社会规范被不断协商和重新界定的过程。在人与手机互动的过程中，何种情绪反应会被唤起、它们又要被怎样评价都将受制于文化价值观、社会礼仪，以及人与人之间彼此的预期。

四、虚拟交织现实：从传播实践的逻辑重构到新的情感经验诞生

不论是乐观的态度还是批判的声音，上文学者们思考问题的角度实际上仍属同一范畴，即从功能主义视角出发研究使用与满足的关系。细微的区别在于一类研究是将新媒介看作获得各种情感体验的工具；另一类研究则关注到了新的传播情境对社会现实的影响，而新媒介扮演的角色则是为其提供强化、放大这种影响的情感传播渠道。虽然马奇洛尼与文森特等人意识到了新媒介技术创造的虚拟现实与社会现实之间的复杂牵扯，然而二人仍然认为虚拟现实是附

属的,社会现实才是更为强势的一方,因而还是落入了为波斯特所批判的将个体视为预先存在、内质稳定的"自律"主体的观念中(Poster, 1995)。新媒介技术时代的情感传播现象所呈现出的复杂性与多样性突破了这种功能性框架,"旧瓶装不下新酒"。虚拟现实与社会现实之间不只是二元分立的关系,也不仅是社会环境单向度地对技术环境进行制度化规训,更为突出且值得重视的新状况是,虚拟改写、甚至重构了现实,二者走向了相互融合的状态。新媒介技术以一种"媒介化"的势态编织虚拟现实与社会现实,这一"媒介化"的过程已经成为与个人化、商业化和全球化等类似的社会元过程(Krotz, 2009)。新媒介不只是为既有的情感需求提供了新的唤起、传输和储存的方式,而是使虚实空间互嵌,构成了一个崭新的、全球性的媒介环境,以此重构了传播实践的逻辑基础,也催生了新的情感经验。

在 Web2.0 环境中,"我们分享故我们存在",大众既是网络的使用者更是内容的核心生产者。与官方机构和专家提供的知识相比,越来越多普通用户发布的第一手视听资料和文本已然成为网络热点事件的主要信源和素材。这些内容植根于每个个体的情感经验与生活世界,创造了与其他社会成员的接近感和"情感现实主义"(emotional realism)(Williams, 2011),而在用户共同创造、分享与传播的过程中也孕育了一种以话语、联结和归属感为基本特性的"电子情感文化"(Döveling et al., 2018)。乍看之下,网络中的人们是他们自己的主人,开辟了一方属于自己主权的领域,可以自由地抒发心情、展示自我。但这种看似个体性的、自由的情感表露本身受到感觉规则(feeling rules)与展示规则(display rules)(Hochschild, 1983)的设定与引导,后者根植于特定的文化与社会结构,或隐或显地为人们应当如何感受以及如何进行表达提供限定性的依据。所以个体的情感表达并不只是混乱和任意的,而是可以达成某种共识,因为情感不只是个人化的,还负载着人们对社会生活中各种情境的感知,具备社会属性。因此,不同于哈贝马斯所设想的建基于理性人公共讨论的公共领域,有学者认为网络倒更像是一个情感公共领域(emotional public sphere)(Richard, 2018)。

而在新的传播形式和条件与既有的文化与社会规则的碰撞之间,新的情感实践往往也得以生成。怀斯(Wyss, 2014)的研究发现,互联网创造了两种新的亲密写作方式:电子邮电通信和网络调情。口头的交流展演(oral communicative performance)被转化为一种写作实践,导致私密情感交流的形式、内容和功能发生变化,而这种转变也对写作文化产生了影响。不过,网络中的情感实践往往更多的是对既有社会规则与传统的重新配置而非全然颠覆。瓦格纳(Wagner, 2018)对网络哀悼实践的研究发现,网络技术带来的冲击主要表现在情感参与的方式、情感展演的内容与形式,以及如何做出情感回应这三个维度上,哀悼规则是在不断变动但又反复协商的过程中确认的。与其说用户们热衷于公然挑战这些规则,不如说他们虽会有意疏远但也避免使用那些对抗性的话语或举动,传统的社会与文化规则仍然主导了社会化媒介平台的哀悼实践与悲伤展演。

网络空间的感觉规则无疑还整体性地受到当下流行世界的新自由主义思潮影响。韩炳哲(Han, 2017)认为,“情感之所以在我们这个时代成为热潮,究其根本来源于新自由主义的力量。新自由主义体制将情感作为资源进行调配,以创造更高的生产力和成就”。依靠着在语言和心理层面的根本性投资(radical investment),过去囿于私人领域的情感在个人主义的召唤下被纳入资本逻辑之中。这也意味着社会形态自规训社会进入德勒兹所说的“控制社会”之后,资本主义的扩张形式已经从“形式吸纳(formal subsumption)”向着“实质吸纳(real subsumption)”过渡——资本采用新技术将其积累的领域转向了生命本身,转向了对整个社会、对所有个人的意识、身体、情感、潜能的吸纳。但“情感资本主义”在网络中的运作与在现实社会中有所不同,情绪社会学家们往往将就业市场中的情感视作一种劳动形式,在资本的压迫下成为企业获取利润的一环(Hochschild, 1983/2003)。然而,除了一小部分成功的博主、播主,网络中的情感劳动很少能直接兑换成薪酬,而是作为一种文化资本,用以确认个人身份、寻找集体认同与识别社会位置。在社会化媒介平台上,那些越是善于通过自我展演获得关注、点赞、评论的人也越能成功地增加自身的情感能量,获得微观互动情境中的正当性(Collins, 2004)和自我增值(self-valorization)的力量。因此,资本在网络中并非建基于雇佣劳动的生产关系,而是通过建立一个情感—象征秩序(affective-symbolic order)支撑着其垄断地位。

情感可以为现代资本主义系统所管理、移用、交易,但情感的传播及其影响本身是开放的、难以预测的。换句话说,情感既是被捕捉、定着、固化的场域,也具备解放、重构与变革的潜能(Juvonen & Kolehmainen, 2018)。因此,情感的力量并不能被完全化约为资本的力量。尽管网络中的情感表达也表现出互联的、组织化、模式化的特征,但它们同时也充分地流动,使每个人都能产生自己的理解,并且赋予这些表达以新的含义,使网络情感结构呈现出更加自发性和不稳定的状态(Papacharissi, 2015)。从众多网络热点事件的爆发来看,网民的参与往往是出于临时的情感唤起与共鸣而非有计划、有组织的动员策略。可以说,网络空间的组织方式是一种基于网络渲染而达成共意的“自组织”。正如帕帕查瑞斯(Papacharissi)所发现的,在网络抗争行动中,串联起大众的是网民自发生产的情感化故事,它们“将情感与意见相结合,将戏剧与事实相结合”,像胶水一样将人们黏合在一起,从而驱动着抗争群体保持参与度、凝聚力和行动力。情感赋予了网络行动以动机和目标,对网民进行情感动员是推动网络群体性事件发生与发展的关键机制(杨国斌,2009)。而越是携带负面情绪色彩的信息越具有感染性、传播力(Stieglitz & Dang-Xuan,2013),诉诸悲情、戏谑、愤怒、怨恨等负面情绪成为主要的动员手段(杨国斌,2017)。

互联网推动了大众情感进入微观政治领域,赋予它病毒式扩散和变异的可能性。但不是所有的网络情感动员都能催生线下行动。早在20世纪90年代,维希留(Paul Virilio)就提出了网络空间是一个加速世界的著名论断。确实,这是一个信息、话语、情感都能得到瞬间传递的世界,但同时也是人的经验与记忆转瞬即逝的世界。即便网络中不断传染、弥漫、累积的负面情绪往往能促成共同体的凝聚,具备导向社会行动和政治事件的潜力,但这股力量也很可能只停留在网络环境中,导致网络行动成为键盘行动主义(clicktivism)和懒人行动主义(slacktivism)。一方面,这是由于长期暴露在各种社会事件的情感刺激之下,人们对于情感事件的耐受性已然提高,反应性自然也就降低;另一方面,则是因为网络充当了情绪的出风口,负面情绪经过了宣泄、释放,不足以驱动实际行动(Risi,2014)。而对于希望借助网络赋权来进行抗争的另类群体来说,为了获得这种影响力,他们非但没有挑战权力与资本对情感的吸纳,反而积极迎合并学习同样的运行逻辑,在制定媒介策略时越来越依赖于诉诸情感调制(modulation)这种最能唤起大众意图共鸣(attunement)和具身模仿(imitation)的方式(Kundsen & Stage,2012)。显然,没有吸引注意力的表达形式就很难造就大的传播效应,然而,仅有形式但缺乏内容、只渲染情感而缺乏理性也不足以产生持续的影响,反而很容易使抗争流为一种空泛的社会批判和对情感的肤浅消费,甚至演变为一种社会暴力。这种情感政治被马苏米(Massumi,2015)称为“吸血鬼式的政治(vampiric politics)”——一切都从这些相对立的情感的个人化开始,没有给其他的行动留下一点余地。在他看来,或许我们更应该朝向一种“伦理的—审美的政治”(ethico-aesthetic politics),唯有如此才能既保留情感的潜能又避免暴力化的表达。

五、小结与展望

当前国外学术领域的"情感转向",并非只是后现代思潮在纯粹理论层面上对现代性的反叛与解构,同时也是知识界对新现象的反思与回应。情感的自由表达彰显了人性的价值,但我们也必须正视这些自由行动所引致的新问题。而更为重要的是,由信息技术革命引发的人类传播方式与交往关系的变革,让"情感转向"与传播学之间的相遇与对话变得尤为重要和深刻。现代社会的确是情感泛滥的社会,日常生活中充斥着越来越多的情感主题与产物。近乎与此同时,我们经历了从卫星电视到国际网络与移动通信等新技术的普及,它们构成了整个社会形态的基本要素。正如卡斯特所强调的,在新的网络社会里,社会关系的联结与资本的流通都必须依靠传播科技建构出来的路径或节点。学者们敏锐地发现,情感在现代社会的主题化与新媒介技术之间存在紧密的联系。一方面,新媒介日趋流动、持续渗透进社会实践的各个领域,逐渐成为个体的情感感受、人际间的情感互动与社会层面的情感体制(emotional regime)(Reddy, 2001)的积极建构者,因此对情感的反思越来越无法回避新媒介技术带来的现实问题;但另一方面,"情感转向"强调情感跨越了个人与社会、心灵与身体、文化与物质之间的分野,情感"既说明了我们影响周边世界的能力,也说明了我们被周边世界所影响的能力,还说明了这两种力量之间的关系"(Clough, 2010),对情感理解的深入复杂也无疑对现有的传播研究提出了新的挑战。

在《去情绪化的情感与媒介效果》一文中,笔者与纪莉教授梳理了大众媒介领域的情感研究,这一时期的研究深受结构功能主义范式的影响,学者们往往无视媒介形式,只将目光聚集在情感如何影响媒介内容发挥效果的问题上。这样的研究路径本身无可厚非,但面对新媒介时代越发纷繁复杂的传播现象,其解释力也越发捉襟见肘。作为典型的手段—工具路径,它预设了社会、情感先于媒介而存在,新的媒介技术只是为既有的情感需求提供了唤起、传播和储存的新方式。传统媒介领域的情感研究受到认知心理学、神经科学等行为学科的影响,将情感看作符号化表达、具身体现抑或是某种认知评价。但这些理解往往存在一些误区:在研究个人情感时,大部分研究假定了情感是即时产生的、被动的、脱离社会背景的;在研究人际间的情感时,为了便于实验室控制环境的搭建,往往将传送者与接收者分隔开来,有意抹去了人际互动与社会关系;而在对情感表征的研究中则存在出于可行性的考虑人为将情感感受与表征区分开来的问题(Calvo & D'Mello, 2010)。

而当前新媒介中层出不穷的情感传播现象更是对我们提出了新的分析性挑战,通过前文的梳理,笔者认为总体而言可以将这一新领域的研究划分为两个部分:一部分是沿袭传统,从工具论的角度研究新媒介的功能与效果,但同时也推进了既有的研究,强调了主体与中介间的高度渗透、深度缠绕;另一部分则试图突破传统研究的范式,并非从主体—工具的角度理解新媒介,而是将其看作传播实践的逻辑基础。这种逻辑的展开便是重构传播实践乃至建构新的交往世界的媒介化过程。

从工具的角度来看,新媒介扮演了促使主体间、主体与外部环境间产生情感关联的中介角色。在情感流动的过程中,新媒介既担当了传输、贮存情感的手段或渠道,也以积极主动的姿态协调着这一过程。这一路径专注于探讨人们如何通过新媒介以及如何与新媒介进行情感传播,强调的是新媒介(主要是智能手机和电脑)作为实体性存在的功能和影响。而媒介化理论则认为,新媒介还衍生了一个网络化的传播情境,它是现实的拟像和仿真,也是各方社会力量交叠的场域。这一视角所强调的场域观是从更为宏观的层面探究新媒介所指向的行为实践与其他社会场域之间的互动。因此,新媒介绝不是单一的工具性载体,更是环境脉络。伴随着媒介逻辑渗透进社会生活的"媒介化"过程,情感不再被等同于纯粹主观、个人化的心理状态,而开始被概念化为一种文化实践,它既受到传播的形塑,同时也影响着我们的交往行为。

从实践的视角出发,学者们关注的是情感在媒介化的世界中做了什么,这一问题所关注的情感往往是变动、灵活、超定的形态而非简单的线性因果关系、固定的角色类型和情绪模式。情感研究中的"柏林学派"所提出的情感的社会关系论或许能帮助我们打开新的局面,这一理论认为情感的本质是关系性 (relationality),它将情感视作一种在社会实践领域展开、受社会实践形塑与引导的"内部互动(intra-active)(Barad, 2007)"的动能,追问情感流动的内部通路(inter-passage)、居间性(in-between)与传递 (transmission)的本质是什么(Rottger-Rossler & Slaby, 2018)。沿着关系论所指引的方向,传播研究的出发点应当不拘泥于媒介内容与媒介制度,而是将目光转向以媒介为面向的一切松散的、开放的关系与实践之中,考察情感在线上与线下世界[1]中流动、循环的过程与机制,并在微观的个人感受、中观的集体情绪以及宏观的全球化的情感流动

① 这样的表述并不代表笔者支持对线上与线下世界进行二分,这种区分并非事实层面的而是概念层面的。相反,笔者认为前者既超越又根植于后者,且在这些场域的实践都是相互交织、相互构成的。

这三个层面全方位地理解数字化生存。

总而言之,情感研究的崛起为我们捕捉新媒介技术的飞速发展及其对社会与个人日益深刻的影响提供了新的视角。这一视角不仅使我们注意到新媒介带来的新的情感现象和情感实践方式,还促逼我们冲破传统研究范式的局限,呼唤我们重新思考媒介、传播与情感的本质,以及它们与人类生活之间的根本关联。

参考文献

纪莉、董薇(2018),《从情感研究的起点出发:去情绪化的情感与媒介效果研究》。《南京社会科学》,第 5 期,页 110-120。

甯應斌、何春蕤(2012),《民困愁城:忧郁症、情绪管理、现代性的黑暗面》。台北:台北社会研究杂志社。

汪民安、郭晓彦(编)(2016),《生产(第 11 辑):德勒兹在万塞讷的斯宾诺莎课程(1978-1981)记录》(姜宇辉译)。南京:江苏人民出版社。

许宝强(2018),《情感政治》。香港:天窗出版社。

杨国斌(2009),《悲情与戏谑:网络事件中的情感动员》。《传播与社会学刊》,第 9 期,页 39-66。

杨国斌(2017),《情之殇:网络情感动员的文明进程》。《传播与社会学刊》,第 40 期,页 75-104。

周宪、陶东风(编)(2016),《文化研究(第 27 辑):杨致远.手机-人:身体、空间与文化》。北京:社会科学文献出版社。

Barad, K. (2007). *Meeting the Universe Halfway: Quantum Physics and the Entanglement of Matter and Meaning*. Durham, NC: Duke University Press.

Boyns, D., & Loprieno, D.(2014). Feeling through Presence: Toward a Theory of Interaction Rituals and Parasociality in Online Social Works. In T. Benski, & E. Fisher (Eds.), *Internet and Emotions*. New York: Routledge.

Calvo, R. & D'Mello, S. (2010). Affect Detection: An Interdisciplinary Review of Models, Methods, and Their Applications. *IEEE Transactions on Affective Computing*, 1(1): 18-37.

Choliz, M. (2010). Mobile Phone Addiction: A Point of Issue. *Addiction*, 105(2), 373-374.

Clough, P. (2010). The Affective Turn: Political Economy, Biomedia, and Bodies. In M. Gregg, & G. J. Seigworth (Eds.), *The Affect Theory Reader*. Durhan: Duke University Press.

Clough, P., & Jean H. (Eds.) (2007). *The Affective Turn: Theorizing the Social*.

Duke University Press.

Collins, R. (2004). *Interaction Ritual Chains*. Princeton, NJ: Princeton University Press.

Derks, D., Fischer, A. H., & Bos, A. E. R. (2008) . The Role of Emotion in Computer-Mediated Communication: A Review. *Computers in Human Behavior*, 24(3): 766-85.

Döveling, K., Harju, A. , & Sommer, D. (2018). From Mediatized Emotion to Digital Affect Cultures: New Technologies and Global Flows of Emotion. *Social Media + Society*, 4(1):1-11.

Fortunati, L. (2002). The Mobile Phone: Towards New Categories and Social Relations. *Information, Communication & Society*, 5(4), 513-528.

Gilroy-Ware, M. (2017). *Filling the Void: Emotion, Capitalism, and Social Media*. London, UK: Repeater Books.

Gross, J., & Thompson, R. (2007). Emotion Regulation: Conceptual Foundations. In Gross J. J.(Ed.), *Handbook of Emotion Regulation*. New York: Guilford Press.

Han, B.-C. (2017). *Psychopolitics: Neoliberalism and New Technologies of Power*. London: Verso.

Hochschild, A.R. (1983/2003). *The Managed Heart: Commercialization of Human Feeling*. Berkeley, CA: University of California Press.

Hutchings, T. (2017). Augmented Graves and Virtual Bibles: Digital Media and Material Religion. In T. Hutchings, & J. McKenzie (Eds.), *Materiality and the Study of Religion: The Stuff of The Sacred* (pp. 85-99). Abingdon, UK: Routledge.

Höflich, J. (2009). Mobile Phone and Emotional Stress. In J. Vincent, & L. Fortunati (Eds.), *Electronic Emotion: The Mediation of Emotion via Information and Communication Technologies* (pp. 63-83). Bern: Peter Lang.

Jessup, L. M., Connolly, T., & Tansik, D. A. (1990). Toward a Theory of Automated Group Work: The Deindividuating Effects of Anonymity. *Small Group Research*, 21(3), 333-348.

Juvonen T., & Kolehmainen M.(Eds.)(2018). *Affective Inequalities in Intimate Relationships*. Routledge.

Krotz, F. (2009). Mediatization: A Concept with Which to Grasp Media and Societal Change. In K. Lundby (Ed.), *Mediatization: Concepts, Changes, and Consequences*. New York, NY: Peter Lang.

Kundsen, B, T. & Stage, C. (2012). Contagious Bodies: An Investigation of Affective and Discursive Strategies in Contemporary Online Activism. *Emotion, Space and Society*, 5(3),148-155.

Lasén, A. (2004). Affective Technologies—Emotions and Mobile Phones. Retrieved from http://www.receiver.vodafone.com/11/articles/index03.html>.

Mascheroni, G., & Vincent, J. (2016). Perpetual Contact as a Communicative Affordance: Opportunities, Constraints, and Emotions. *Mobile Media & Communication*, 4(3): 310-326.

Massumi, B. (2015). *The Politics of Affect*. Cambridge, UK: Polity Press.

Mauri, M., Cipresso, P., Balgera, A., Villamira, M., & Riva, G. (2011). Why Is Facebook So Successful? Psychophysiological Measures Describe a Core Flow State While Using Facebook. *Cyberpsychology, Behavior, and Social Networking*, 14(12), 723-731.

Micalizzi, A. (2010). *Mourning Network: Ethnography and New Social Practices in Online Communities*. Digithum, I-VI.

Papacharissi, Z. (2015). *Affective Publics: Sentiment, Technology, and Politics*. Oxford University Press.

Poster, M. (1995). *CyberDemocracy: Internet and the Public Sphere*. University of California, Irvine.

Reddy, W. (2001). *The Navigation of Feeling: A Framework for the History of Emotions*. Cambridge, UK: Cambridge University Press.

Richard, B. (2018). The Emotional Public Sphere and Its Importance: Freedom of Speech as a Case Study. *International Journal of Communication*, 12, 2040-2051.

Risi, E. (2014). Emerging Resentment in Social Media: Job Insecurity and Plots of Emotions in the New Virtual Environments. In T. Benski, & E. Fisher (Eds.), *Internet and Emotions*. New York: Routledge.

Roggeveen, S., van Os, J., Bemelmans, K., van Poll, M., & Lousberg, R. (2018). Investigating Associations between Changes in Mobile Phone Use and Emotions Using the Experience Sampling Method: Pilot Study. *JMIR formative research*, 2(1), e12.

Röttger-Rössler, B. & Slaby, J.(Eds.)(2018). *Affect in Relation—Families, Places, Technologies*. Essays on Affectivity and Subject Formation in the 21st Century. New York: Routledge.

Schrock, A. (2015). Communicative Affordances of Mobile Media: Portability, Availability, Locatability, and Multimediality. *International Journal of Communication*, 9, 1229-1246.

Siegel, J., Dubrovsky, V., Kiesler, S., & McGuire, T. W. (1986). Group Process and Computer-Mediated Communication. *Organizational Behavior and Human Decision Processes*, 37, 157-187.

Slack, J. D. (2012). Beyond Transmission, Modes, and Media. In J. Packer, W. Crofts, & B. Stephen (Eds.), *Communication Matters. Materialist Approaches to Media, Mobility, and Networks* (pp. 143-158). New York, NY: Routledge.

Stieglitz S. & Dang-Xuan L. (2013) Emotions and Information Diffusion in Social Media—Sentiment of Microblogs and Sharing Behavior. *Journal of Management Information Systems*, 29(4), 217-248.

Vincent, J. (2010). Emotions and the Mobile Phone. In H. Greif, L. Hjorth, A. Lásen, & Lobet-Maris, C. (Eds.), *Cultures of Participation: Media Practices, Politics and Literacy* (pp. 95-110). Berlin: Peter Lang.

Vorderer, P., Hefner, D., Reinecke, L. & Klimmt, C. (2017). *Permanently Online, Permanently Connected: Living and Communicating in a POPC World*. New York, NY: Routledge.

Wagner, A. (2018). Do Not Click "Like" When Somebody Has Died: The Role of Norms for Mourning Practices in Social Media. *Social Media + Society*, 4(1), 1-11.

Walther, J. (1992). Interpersonal Effects in Computer-Mediated Interaction: A Relational Perspective. *Communication Research*, 19(1), 52-90.

Walther, J. (2012). Social Information Processing Theory. In Griffin, E. (Ed.), *A First Look at Communication Theory* (8th ed.). New York, NY, US: McGraw-Hill.

Williams, A., Wahl-Jorgensen, K., & Wardle, C. (2011). More Real and Less Packaged: Audience Discourse on Amateur News Content and Its Effects on Journalism Practice. In K. Andén-Papadopoulos, & M. Pantti (Eds.), *Amateur Images and Global News*. Bristol: Intellect.

Wyss, E.L. (2014). From the Bridal Letter to Online Flirting: Changes in Text Type from the 19th Century to the Internet Era. In Eva Lia Wyss (Ed.), *Communication of Love: Mediatized Intimacy from Love Letters to SMS. Interdisciplinary and Historical Studies*. Transcript Verlag, Blelefeld.

图书在版编目(CIP)数据

中国网络传播研究.数据新闻 / 夏倩芳主编. --北京:中国传媒大学出版社,2020.11
ISBN 978-7-5657-2847-1

Ⅰ.①中… Ⅱ.①夏… Ⅲ.①网络传播－中国－文集 Ⅳ.①G206.2-53

中国版本图书馆 CIP 数据核字(2020)第 232068 号

中国网络传播研究:数据新闻

ZHONGGUO WANGLUO CHUANBO YANJIU:SHUJU XINWEN

主　　编 夏倩芳
责任编辑 蒋　霞
特约编辑 于水莲
封面设计 宇宙尺度
责任印制 李志鹏

出版发行 中国传媒大学出版社
社　　址 北京市朝阳区定福庄东街 1 号　　**邮　　编** 100024
电　　话 86-10-65450528　65450532　　**传　　真** 65779405
网　　址 http://cucp.cuc.edu.cn
经　　销 全国新华书店

印　　刷 北京玺诚印务有限公司
开　　本 787mm×1092mm　1/16
印　　张 14.25
字　　数 243 千字
版　　次 2020 年 11 月第 1 版
印　　次 2020 年 11 月第 1 次印刷

书　　号 ISBN 978-7-5657-2847-1/G·2847　　**定　　价** 49.00 元

本社法律顾问:北京李伟斌律师事务所　郭建平